倫理学概説

小坂国継/岡部英男 編著

ミネルヴァ書房

まえがき

本書は大学での倫理学の教科書として編まれた。従来、「倫理学概説」といえば、徳、幸福、自由、良心、義務、価値、当為等の倫理的諸概念を学問的に解説し、東西古今の代表的な倫理学説を紹介・批評したものが多かった。しかし、このような紋切り型の教科書は今日ではまったくといっていいほど役に立たないであろう。

現在、科学・技術、生命・医療、地球環境、経営・ビジネス、情報・メディア、政治・経済、福祉・介護、等々、種々の分野や領域において、急激な時代の変化に即応した確固とした倫理的規範がもとめられており、倫理学の復権が叫ばれているが、しかしそこで要請されているのは、抽象的な理論としての倫理学ではなく、具体的な実践としてのそれである。すなわち、われわれが社会の諸々の領域において実際に直面している個々の問題に対して、具体的な行動の指針や原則を提示しうるような倫理学である。今日において切実にもとめられているのはそうした生きた倫理学であり、現実に即した倫理学である。従来のように倫理学はただ原理や理念だけを論じておればいいという時代は過ぎ去った。現在では個々の現実の場において実際に応用できるような実学的な倫理学がもとめられている。この意味で応用倫理学は時代の要請である。

一例を挙げれば、今日、科学・技術は種々の分野で驚異的な発展を遂げている。その進歩は止まるところを知らず、その行く末を予測することは困難である。たしかに科学・技術の進歩によって、われわれは多大の恩恵をうけているのは事実であるが、その際限なき進歩が最終的にどのような結末をもたらすかということに対して、われわれは一抹の不安と危惧をいだいているのも事実である。いったいその進歩はどこまでいったら止むのであろうか。また、そうした進歩の行きつく先はいったい何なのか。はたして技術的に可能なものはすべて作る価値があり、したがってまた作るべきなのであろうか。

科学・技術の発展はのぞましいことには違いないが、しかしその発展は人類の幸福に寄与するものでなければならず、またわれわれの有する健全なる良識と調和するものでなければならない。科学や技術そのものは没価値的であるとしても、それは人類社会の平和と安寧を究極目的とする価値観によって基礎づけられるものでなければならず、またそれによって支持されるものでもなければならない。そしてそのためには、われわれは科学・技術の発展に一定の方向性をあたえ、これを統御することができなければならない。それにはどうしても確固とした倫理的規範が必要である。それが応用倫理学の根本課題であるが、本書がめざしたのもそのような性格のものである。

第Ⅰ部「現代の倫理学」では、現代において特に重要だと思われる分野や領域において、具体的に倫理というものをどう考えたらいいかを論じた。生命や医療の現場における倫理的諸問題、地球環境の保存と保全に関する問題、経営や企業の戦略や方針にかかわる倫理的課題、政治的・社会的正義と公正の問題等、各々の領域において現在、具体的にどのような事柄が問題となり、またそれがどのように議論されているかを紹介するとともに、それぞれの問題に対してどのように考えていったらいいかの指針を提示した。

第Ⅱ部「倫理学史」においては、古代ギリシアから現代に至るまでの主だった倫理学説をそれぞれの社会的・歴史的状況と関連させて紹介した。われわれは今日的課題を解決しようとする際、歴史的に伝えられ蓄積されてきた先人の叡智から学ぶところがきわめて多い。この意味で、種々の倫理学説を振り返り、それを現代の問題に照らし合わせてみることはきわめて大きな意義を有するであろう。

巻末は資料集になっている。各章において触れられた思想家の著作からその思想のエッセンスとなる箇所を集めた。読者がこの資料集を読んで興味をもたれ、さらにその思想家の著作を実際に手にとって読んでみようという気持ちになっていただければ、この資料集は十分その役割を果たしたことになるであろう。

現代という時代の根本的特徴は価値観の多様化とは裏腹の価値のモノトーン化である。否むしろ没価値化である。現在ほど価値観の喪われた時代はないといわねばならぬ。そしてそれ故にまた、現在ほど真剣に倫理学の復権が望まれている時代もないであろう。本書が現代における生きた具体的な倫理を考える糸口になれば、これに過ぎる喜びはない。

倫理学概説　目次

第Ⅰ部　現代の倫理学

第一章　生命倫理学

1　生命倫理学の成立──人権運動としての生命倫理

生命倫理学は、三〇年ほど前からアメリカを中心に形成されてきた倫理学の新しい分野である。かつては、生命そのものが倫理学の大きな対象とはされていなかった。学問の原型を形作った古代ギリシアのアリストテレス(Aristoteles)は、学問をテオリア(観照)による理論的な学、プラクシス(実践)による学、ポイエシス(制作)による学と三つに分類したが、特別な場合とも言うべき第三の学を除外すれば、学問は理論的な学と実践的な学とに区分された。前者は必然的なあり方をするものを扱い、数学・自然学などが属し、後者は偶然的なあり方をするものを扱い、政治学・経済学・倫理学などが属していた。前者は人間がどう頑張ろうとその結果を変えられないのに対して、後者は人間の活動次第で結果が左右され、そこから人間の責任が生じる。

かつて生命は人間の力を超えたもの、人間にはどうすることもできないものと考えられていた、と言ってもいいだろう。生命の誕生は人間にとって偶然の賜物であり、生命の死は人間が受け入れざるをえない必然であった。だから、生命は倫理学の本来の対象ではなかったのだ。倫理学が扱ってきたのは、せいぜい、生命の誕生よりも後で死よりも前の状態、つまり自分で自分に責任がもてる自律的個人だけであった。こうした状況が、とりわけ二十世紀の後半に一変した。近年の科学・医療技術の進歩の結果、生命が人間によって左右されるもの、倫理的行為の対象となり、生命に対する人間の責任が生じた。

他方、医療の場面においても、かつては「ヒポクラテス（Hippocrates）の誓い」にまで遡る医の倫理が医療従事者の職業倫理であった。これは、専門技術を有し徳のすぐれた医師が患者に善行を施すというものであって、これが医師の権威と信頼の源泉であった。だが医療研究の名において非人道的な人体実験等が行われてきた事実が公にされた結果、患者の人権を守るのに医師の倫理性のみに期待することの危うさも認識されるようになった。

2　生命の始まりに関する問題

自己意識をもち責任能力のある個人が伝統的な倫理学の対象であったのに対して、生命倫理学がとりわけ対象とするのは、そうした自律的個人の枠外に位置づけられる人間ということになる。つまり、問題は生命の始まりの時期（胎児期・幼児期）と終わりの時期（昏睡状態・脳死・痴呆など）に集中する。かつては、生命の始まりは母親の体内から外界へと誕生したときであり、生命の終わりは心臓と呼吸が止まった瞬間である、という暗黙の前提があったため、生と死の境界はいわば目に見える明瞭なものであったが、医療技術の発達によってそうした生と死の境目がある意味で曖昧になった。生命の始まりに関する問題としては、体外受精、代理母、精子・卵子の売買（精子バンク）といったものがある。

▼体外受精　一九七八年に体外受精によって世界で最初の赤ん坊（ルイーズ・ブラウン）が誕生して以来、こんにちでは体外受精が不妊治療の大きな手段となっている。人工的妊娠のシステムとしては、人工授精・体外受精・顕微受精の種類があるが、もともとは良質の家畜を生産するために開発された技術が人間に適用されたものである。

人工授精とは、何らかの原因で自然のままでは子供の産まれないカップルに対し、男性の精子を女性の子宮に人為的に挿入して妊娠出産を促す方法であって、これまでにアメリカでは三〇万人、日本でも四万七千人近くが誕生したと言われている。これには、①夫の精子と妻の卵子と妻の子宮を使用する配偶者間の人工授精（AIH）と、②夫の精子が使えない場合、他人の精子と妻の卵子と妻の子宮を使用する非配偶者間の人工授精（AID）の、二つの場合がある。

体外受精（胚移植）とは、人工授精によっても妊娠に至らない場合、精子と卵子を採取した後体外で受精させ、複数の受精卵を子宮に入れて着床妊娠を促す方法である。これには、成功率の低さ（日本での成功率は二割弱）、排卵促進剤を使用する際の女性のリスク、多額の費用（日本では一回あたり五〇～一〇〇万円）、多胎妊娠の危険といった問題がある。成功率を高め多胎妊娠のリスクを軽減するため、現在では胚移植される受精卵は四個ほど（日本では三個まで）とされているが、先天異常発生の確率（三・三％）では通常の出産と変わらない安全性が確保されているため、日本でもある意味で医療として既に定着している。これにも、(1)夫の精子と妻の卵子と妻の子宮を使用する、配偶者間の体外受精と、(2)非配偶者間の体外受精がある。非配偶者間の体外受精には、精子のみ他人のものを使い、卵子と子宮は妻のものを使う体外受精（借り精子）と、卵子のみ他人のものを使い、夫の精子と妻の子宮を使う体外受精（借り卵子）と、精子も卵子も他人のものを使い妻の子宮で妊娠する体外受精（借り受精卵）の三つの場合がある。

顕微授精とは、人工授精や体外受精でも妊娠に至らない場合、卵子の膜に穴をあけガラス管を用いて精子を挿入するといった最新技術である。

▼代理母

次に、代理母については、人工授精型代理母の場合も体外受精型代理母の場合も、(1)何らかの原因で妻の卵子・子宮が使えない場合、夫の精子と他人の卵子と他人の子宮を使用する通常の代理母（サロゲートマザー）と、(2)妻の子宮に欠陥があるため、夫の精子と妻の卵子と子宮のみ他人のものを使用する代理出産（ホストマザー）の二種類がある。

▼精子・卵子の売買（精子バンク）

いずれにせよ、精子や卵子や子宮に問題があって、他人からそれらを得なければならない場合は、アメリカでは金銭を介在させるビジネスも成立している。アメリカには現在約一五〇社の商業的精子バンクが存在し、精子は提供報酬が五〇ドル（最近は二五ドル）、購入する際は一五〇ドル（場合によっては三〇〇〇ドル）、卵子は五〇〇〇～一万ドル（場合によっては五万ドル）ほどで売買されており、代理母は一五〇〇～二〇〇〇〇万円ほどの費用がかかるようである。日本にも一九九六年初の精子バンクが誕生したようだ。そのホームページには、精子提供の報酬は三万円、精子斡旋手数料は一五〇万円とある。

▼倫理的問題

こうした人工的妊娠については様々な倫理的問題が指摘されている。体外受精で夫の精子・妻の卵子・妻の子宮を使用する場合、倫理的問題は生じないが、他人の精子・卵子・子宮を使用する場合は多くの問題が生じてくる。まず、精子や卵子を売買してよいかという問題がある。アメリカや韓国にそうしたビジネスが存在し、日本からでもインターネットで注文することさえできる以上、一国で規制をしても何ら問題の解決にはならない。また、いわゆる精子バンクのホームページには、精子提供者の健康状態や人種・民族・血液型だけでなく髪の毛や目・皮膚の色、身長・体重、学歴・職業から趣味や知能指数まで様々な情報が記載されたリストが掲載され、それに基づいて買い手の選択が行われるため、より優れた子孫を残したいという新たな優生思想が生まれる素地があるとも言える。実際ノーベル賞受賞者やスポーツ選手などの精子バンクが存在し、通常の二〇倍以上で売買されている。そして、他人の精子や卵子によって体外受精で生まれた子供に将来そうした事情を開示するべきかどうかという問題もある。また、体外受精の成功率の低さを上げるために多くの受精卵を用いて多胎妊娠になった場合、その数を減らす減胎手術の是非の問題や、いわゆる余剰胚の処置の問題（人工妊娠中絶と同様の問題）

もある。

代理母については、金銭と引き替えの契約に反して出産した子供の引き渡しを代理母が拒否したことによる多くの訴訟がアメリカで報告されている。また、代理母には、不妊に悩む人を手助けしたいという善意の代理母以外にも、金銭が目的の代理母もおり、そうした役割は貧困層の女性が担っているとも推測される。高額の費用がかかってもどうしても子供をもちたいと願う豊かな人の欲望が、経済的に恵まれない人の奉仕によって実現されているとすれば、そこには社会の経済的格差が反映していると言わざるをえない。

3 生命の選別に繫がる問題

生と死いずれにも関係し、生命の選別に繫がる問題としては、人工妊娠中絶、出生前診断、胎児細胞の利用・クローン胚、優生思想、といったものがある。

▼人工妊娠中絶

人工妊娠中絶の問題は、日本では公の場所で議論すらあまりされることがないが、欧米では、選挙のたびごとに争点となる生命倫理のきわめて大きな問題である。そこでは何が問題であるのか。そしてどのような解決策が試みられてきたのか。

第一の争点は、人間はいつ人間となるのか、受精した瞬間か、それとも出生時か、という問題である。第二の争点は、この問題において産むか産まないかの決定は母親の権利だという立場を優先すべきか、それとも胎児の生存権を優先すべきか、という問題である。カトリック教会のように人間の始まりを受精時とし、胎児の生存権を優先するならば、中絶は殺人に等しく当然禁止すべきだとなるであろう。こうした立場はある意味で首尾一貫しているが、現実的とは言えない側面もあり、かりに中絶が公に禁止されれば闇の堕胎が横行し、新たな問題が発生することにもなろう。他方、リベラル派のように人間の始まりを出生時とし母親の権利を優先すべきだとすれば、中絶は容認されることになるだろうが、いずれにしてもそう簡単に割り切れる問題ではない。

現在、諸外国と比べて日本ほど簡単に中絶ができる国はほとんどないといってもいいだろう。日本で中絶の問題が大きく取り上げられることがなかったことは、その歴史と無関係ではない。一八八〇年に制定された旧刑法には「堕胎罪」があり、戦前は中絶は原則禁止されていた（この規定は実は今も残っている。刑法第二一二条［堕胎］）。こうした状況は一九四八年に制定された優生保護法（現在の名称は母体保護法）によって一変し、中絶が公に認められることになった。そして一九四九年に優生保護法にいわゆる経済条項が追加され、遺伝的疾患・強姦とともに経済的理由による中絶が認められ、日本での中絶は完全に自由化された。この背景には、中絶が認められていなかった敗戦後の混乱した日本社会で急激に多くの子供が誕生し、その結果子捨て・子殺しといった多くの事件が発生し社会問題化したことがある。一九五五年には一一七万件の事例が報告されているが、実際にはこれを遥かに上回ることは間違いない。現在でも年間三〇万件を超える中絶が行われている。

他方、もともと中絶を禁止していたキリスト教の教えを背景とする欧米諸国においては、十九世紀に各国で中絶禁止法が法的に制定されたが、中絶が自由化へと向かうのは二十世紀後半（イギリスでは一九六七年、アメリカでは一九七三年の連邦最高裁ロウ対ウェイド判決）になってからである。ロウ対ウェイド判決で採用されその後の立法化のモデルとなったのが三期説という考え方である。これは妊娠期間を前期・中期・後期と三カ月ずつに分け、前期三カ月では中絶の自由を認めるが、胎児の母体外生存可能性が発生する後期三カ月では中絶を認めないとする。もっとも、胎児の母体外での生存可能性をいつからとするかは医療の進歩によって変わりうるし、その線引きをどこにするかは国によって非常に異なっている（フランスは一〇週、デンマークは一二週、スウェーデンは二〇週、日本は二二週、イギリスは二八週）。こうした中絶自由化の動きと同時に、一九八〇年代以降社会全体が保守化しつつあるアメリカでは、中絶を行っている医師に対する脅迫や傷害事件なども多発しており、問題がきわめて先鋭化している。

だが現実は、こうした議論を既に追い越してしまっているのかもしれない。アメリカでは、六〇～七〇年代の性のモラルの自由化の背景に経口避妊薬ピルの普及があったのと類似して、八〇年代以降の社会の保守化の背景にはエイズの流行があるとも考えられる。そして、経口堕胎薬まで登場している現実をわれわれはどう考えればいいのだろうか。人工妊娠中絶に反対するにしても容認するにしても忘れてならないのは、教育の重要性であろう。アメリカなどでは小学生段階で中絶手術のビデオを見せている。

いずれにせよ、人工妊娠中絶の問題はきわめて人間的な営みであると言えよう。人間以外の動物にこの問題は存在しない。ペットの猫が不妊手術や中絶手術を受けることはあっても、それは猫自らが望んだわけではあるまい。むしろ人間以外の動物にとっては、子孫を残すことこそが生きる目的といっても過言ではない。中絶の問題は、知性と生殺与奪の力を手にした人間に、生命の意味・生命の重さの問題を訴えている。日本でも人工妊娠中絶の問題をタブー視することなく、教育や政治など多くの場面で議論するべきであろう。

▼出生前診断・着床前診断

出生前診断とは胎児の段階で、着床前診断とは受精卵の段階で、その遺伝子を調べることによって遺伝病の有無を検査する技術のことである。イギリスではこれにより二分脊椎症の患者が激減したと言われている。胎児がそうした遺伝病をもつと診断された妊婦のほとんどが中絶を選ぶからである。こうした政策は、障害者向けの福祉予算を削減できるであろうが、暗黙の内に社会から障害者を排除することにもなりかねず、使い方によっては優生思想が再来する危険性を伴っている。出生前診断によって何らかの異常（例えばダウン症）が見つかったならば、出産するか中絶するか、重い選択をしなければならないであろう。いずれを選ぶにしても誰もその選択を非難できないかもしれない。健康な子供を望む親を誰も非難できないからだ。だがそれは命の選別を意味することになり、優生思想の根がわれわれ自身の中にあることを示してもいる。

また、受精卵の段階で遺伝子診断によって男性または女性になる受精卵だけを選別すれば、それは男女の生み分けを可能にし、親の望む性の子供をもつことができる。これは単に理論的・技術的に可能というだけではなく、既に実際に試みられているが、倫理的に許されるかという社会的合意がいまだ得られていないことはいうまでもない。

▼胎児細胞の利用・クローン胚

また、生命力に満ちた胎児（中絶胎児）細胞を難病治療の目的に利用したり、クローン胚を人工臓器製造のために用いるといった試みもなされつつある。クローン胚も含めた初期の受精卵には後にあらゆる臓器に成長するＥＳ細胞（万能細胞）が見られ、それをいかにして各臓器に成長させるかというメカニズムの解明が、アメリカのバイオ企業などを中心に世界中で研究されている。クローン技術によって拒絶反応のない夢の臓器が生産できれば、それは将来莫大な富を生むと期待されるからだ。だが、胎児細胞やクローン胚はまだ人間ではないとしても、単なる物とも言えず、その利用には倫理的問題が残る。

▼優生思想

優生思想とは、人間を改良し優れた子孫を残すことと、劣った者を不適者として排除しようとする考え方であると言えるだろう。その背景には、十九世紀に生まれたメンデル（Gregor Johann Mendel）らの遺伝学とダーウィン（Charles Darwin）の進化論があった。優生学（eugenics）という言葉はゴルトン（Francis Galton）が一八八三年に作ったものだが、それはギリシア語の「良い種」に由来する。良い種が植物から家畜へ、そして人間へと適用されたとき、優生学が誕生したとも言える。十九世紀末のイギリスに誕生した優生学は、二十世紀前半に世界中に伝播した。アメリカ、ドイツ、スウェーデン、日本など、それぞれ暗い歴史を背負っている。

優生学が実践されたのは、そのほとんどが、望ましくない遺伝的要因をもつとされた不適者に断種・中絶を強制するというものであったが、それには人種政策が結びついていた。ドイツの場合がもっとも突出しており、最終的には六〇〇万人のユダヤ人を殺害することとなったが、それに使われた毒ガスは最初は障害者の安楽死に用いられたものであった。数万のドイツ人障害者が毒ガスで殺され、五万件以上の断種手術が行われた。またゲルマン民族至上主義を標榜したナチス政権下のドイツでは、純粋なゲルマン民族を保存しようとするレーベンスボルン（Lebensborn：生命の泉）という秘密組織が作られた。ノルウェーがゲルマン民族の故郷とされ、ドイツ兵士がノルウェー女性との間に子供を作ることが奨励された。そして生まれた子供は母親から引き離され、ドイツ本国へと送られた。

アメリカは優生思想に基づく断種法をもっとも早く取り入れた国であり、一万二〇〇〇件を超える断種手術が行われた。また優生思想は人種差別的考え方とも結びついて移民制限の論拠とされ、一九六五年の移民国籍法によって解消されるまで続いた。ドイツ、アメリカ以外にも一万件以上の断種手術が行われた国は多くあり、それが一九七〇年代まで存続していた例（スウェーデン）もある。

▼日本の優生思想

日本での優生思想の実践としては、優生保護法にその名前からして優生思想が含まれていたことと、一九七〇年代まで障害者が施設に入所する際、とりわけ女性障害者に対して不妊手術を要求するところが一部にあったこと、そして最大のものとしてはハンセン病患者に対し一〇〇年近く続いた絶対隔離政策が挙げられる。

ハンセン病そのものは昔から世界中にあった感染症であったが、かつてはその原因も治療薬も分からず、感染により末梢神経と皮膚が侵され病根が顔や手足に残ったために恐れられ、差別や偏見の対象となった。従来は遺伝病という一般の理解であったが、伝染病という見解が広まるといっそう恐れられ、一九〇七年「癩予防ニ関スル件」が公布され患者の施設への強制収容が始まった。その後一九三一年「癩予防法」が作られ、全国各地に設置された療養所への絶対隔離政策がすすめられた。一九四三年アメリカで治療薬プロミンが開発され、日本以外の国々では隔離政策が撤廃されたのに対して、日本では逆に一九五三年、新しい「らい予防法」が作られ、隔離政策はむしろ維持・強化された。そうした状況は、一九九六年の「らい予防法」廃止まで続いた。かつて療養所は高い塀に囲まれていたり孤島にあったりしたため、患者は一生（いや死んでからも）そこから出られないといった状況であったが、ハンセン病が完治することは医学関係者の間では常識であったので、七〇年代以降は患者の外出なども黙認されていたようだ。施設内での結婚は認められていたが、それと引き替えに数千件を超える中絶や断種までもが強制された。収容された患者や元患者は人生の大半を施設内で送ったのであり、現在入所者の平均年齢は八〇歳を超えている。こうした災禍を招いた絶対隔離政策が人権侵害にあたることはいうまでもなく、二〇〇一年熊本地裁は国の隔離政策の過失を認め国家賠償を命じた。

優生思想は遠い過去の忌まわしい考えであって現在のわれわれとは関係ない、と見なすことはあまりにも脳天気だ。われわれ自身の中に優生思想の根があると言わねばならないだろう。体外受精で他人から精子や卵子の提供を受ける際、優れた子供を持ちたいという欲望もそうであるし、男女の生み分けを望むこともそうだ。障害のない子供を望むといった当たり前の気持ちの中にさえ優生思想は潜んでいる。優生思想とはある意味で個人のエゴイズムが形となって現れたものだが、どうすればそれを克服することができるのだろうか。それは本章の最後で考えたい。

4　生命の終わりに関する問題

生殖技術の進展が生命の始まりの時期を曖昧にしたのと同様に、救命医療の発展は生命の終わりの時期を不明確なものとした。かつては心臓と呼吸が停止し瞳孔が開いたときがいわば目に見える死（心臓死）であったが、いわゆる脳死概念の登場によって、死が目に見えないものとなった。

生命の終わりに関する問題としては、脳死、臓器移植、安楽死、といったものがある。

▼脳　死

脳死とは、交通事故や脳内出血による脳の回復不可能なダメージによって脳幹の機能が停止することだが、それによって心臓や呼吸もその後停止することになる。したがって脳死は、心臓や呼吸が停止した後に脳の機能が停止する通常の心臓死とは逆の順序になるのだが、これを可能にしたのは人工呼吸器などの生命維持装置の出現であった。だが、いわゆる脳死は全死亡数の〇・五％以下のきわめて稀な現象にすぎない。脳死の症例がかつてはなかったということではないかもしれないが、かつては脳死という考え方そのものがなかったと言った方がいいだろう。それどころか、現在でさえも脳死が意味をもつのはもっぱら臓器移植と尊厳死の場合である（後述）。

脳死とはいわば目に見えない死であるだけに、何をもって脳死とするかの基準も、(1)全脳死説、(2)脳幹死説、(3)大脳死説、といくつかのものがある。全脳死説は日本・アメリカなど多くの国が採用しているが、これは脳全体の機能の不可逆的停止を脳死とする立場である。脳幹死説は、脳全体の機能の停止を確認しなくても生命維持に不可欠な脳幹の機能の停止を確認すれば脳死と見なせるという立場である。大脳死説とは、たとえ脳幹が多少機能していても思考・意識・感情をつかさどる大脳部分が甚大なダメージを負えば人間的な生はもはや不可能であるので、大脳の機能停止を脳死と見なそうという立場である（パーソン論、後述）。だがこの説では、脳幹が生きている植物状態と脳死の区別そのものが無意味となり、あまりに危険すぎるため、現在この説を採用している国はない。

脳死という現象は、死とは何か、生と死の線引きは可能かといった問題を再考させる。というのも、死への移行は連続した過程であるので、死の瞬間を厳密に特定することなど困難であるといった立場も十分に成り立つし、脳の細胞全体の死を確認する手段もないからである。つまり、脳死とは人間が決めた死にほかならない。そして脳死と認定するためには、脳死と判定する基準が必要となる。

脳死の基準には世界各国で種々の基準が作られているが、世界一厳密と言われる日本の厚生省基準（一九八五年）は以下の五つのものである。(1)深い昏睡、(2)自発呼吸の停止、(3)瞳孔の拡大（四㎜以上）、(4)脳幹反射の消失、(5)脳波が平坦。これらをまず検査し、六時間後に再検査して、変化がなく五つの条件が満たされれば、再確認時が死亡時刻とされる（再検査までに必要な時間は、六時間以外にも、一二時間、二四時間等の基準もある）。

日本では一九九七年一〇月「臓器の移植に関する法律」が施行され、脳死が法的に認められたが、脳死は目に見えない死、いわば人間が決めた死であるだけに、脳死に反対する立場も保障されねばならないであろう。脳死を人間の死として認め臓器移植に進んでもいいかどうかは、個人の意思の問題であると同時に、社会全体のコンセンサスの問題でもある。そのためにも、脳死判定は密室で行われることがないよう、個人のプライバシーを侵害しない限りにおいて情報公開が求められる。

▼臓器移植

欧米では、臓器移植が日常の医療として定着して既に二〇年位の歴史がある。皮膚の移植は数百年前から行われているものの、臓器そのものの移植が始まったのはほぼ一世紀くらい前からである。しかし二十世紀前半はまだ実験段階であって、臓器移植が医療として期待されるようになったのは二十世紀後半、一九六〇年代に入ってからにすぎない。免疫抑制剤が開発され、一九六七年南アフリカで世界初の心臓移植が行われたが、生存率はまだ低いものであった。八〇年代になると免疫抑制剤が改善されて生存率は飛躍的に向上し、世界各地で臓器移植が行われるようになった。

日本では一九六八年に初めて心臓移植が行われたが、臓器提供者の死と移植された患者（移植手術後八三日目に死亡）に本当に移植が必要だったのかについて多くの疑惑が浮かび、執刀医は告訴される結果（その後不起訴）となった。この和田移植事件はきわめて大きな医療不信を招き、その後三〇年にわたって日本で臓器移植がタブーとなる原因となった。そのため日本では一九九七年臓器移植法の成立*によって臓器移植が法的に認められるまでは、移植手術を求める患者は多額の費用を支払って海外で移植を受けるか、生体移植に頼るかしかなかった。

臓器移植は、(1)心臓死体からの移植、(2)脳死体からの移植、(3)生体からの移植、の三つに分類することができる。心臓死体からの移植は目の角膜と腎臓に限られ、他の臓器の場合は心臓死体からでは効果がない。そのため、ほとんどの臓器は脳死体から摘出しなければ成功しない。そして臓器移植が正当な医療行為として行われるためには、脳死が人の死として認められていなければならない。世界的な趨勢としては、脳死体からの臓器移植を容認する国がほとんどである。欧米では脳死体からの臓器移植がほとんどであるが、日本では長くそれができなかったために、緊急避難的に生体からの移植（主に生体肝移植）が発達し、現在でも臓器不足を補うために数多く実施されている。だが健康な人の体にメスを入れて傷をつけることに問題がないわけはないし、時には大きな危険を伴うことも忘れてはならない。

臓器移植には次のような様々な問題がある。(1)臓器を提供するドナーの意思確認の問題、(2)レシピエントの誰に臓器を優先的に提供するかの問題、(3)臓器不足の問題、(4)臓器売買の問題、(5)高額の費用の問題、(6)レシピエントおよびドナーの家族の心のケアの問題、などである。

▼ドナーの意思確認

基本的に臓器提供を望まない人から無理矢理臓器を摘出することはできない以上、脳死になった人が臓器提供に同意していたかどうか本人の意思確認が必要となる。誰もがドナーカードを所持しているとは限らないからである。ドナーの意思確認の仕方は国によって異なっている。最も厳しい日本では、(1)ドナーカードによる本人の意思確認に加えて家族の同意が必要とされている。条件が厳しければ、それだけ提供される臓器が少なくもなる。こうした基準以外には、(2)本人の意思だけで十分とする国、(3)本人の意思が基本だがそれが分からなければ家族の同意で十分とする国、(4)家族の同意のみで十分とする国、(5)本人や家族から臓器を提供しないという特別の反対がなければ臓器摘出ができるとする国（オーストリア、フランス、スペイン等）、などもある。またオランダやイタリアのように、臓器提供に同意するか・同意しないかを申告するための書類を一八歳になった全国民に送付し、三カ月以内に返送されなければ同意したと見なすという措置までとっているところもある。臓器を提供する本人の意思確認がなぜ重要かというと、もしそれがなければ、不正や犯罪が生まれる危険があるからだ。たとえば、一九九五年アメリカ・サンフランシスコでは臓器抜き取り事件が起きた。デンマーク人の旅行者が交通事故で脳死となり、パスポートがなかったために十分な身元調査がなされぬまま身元不明者とされて、収容された病院で臓器をすべて摘出されたという事件である。

▼臓器提供の優先権

臓器移植を多くの患者が望んでいるのに対して、提供される臓器は決定的に少ないために、提供された臓器を誰に優先的に与えるかが問題となる。通常は公平さを基準とする立場、つまり希望者を医学的見地と緊急性で選別した後待ち時間や抽選で最終的に誰に与えるかを決定する平等主義的立場から選定が行われている。だがこれ以外にも、臓器を提供されるレシピエントの社会的有用性で選別を行おうとする立場や、（十分な妥当性はないものの）レシピエントの年齢を基準に加えようとする立場（人生イニング公正論法）なども考え方としては成り立ちうるだろう。

しかし現状では平等主義以外の基準が社会的に受け入れられるとは言いがたい。というのは、個人の社会的有用性を測ることなど実際問題としてははなはだ困難であるし、移植手術にかかる高額の費用をレシピエントが個人的に負担するのではなく社会的に負担するためには、第三者が公正に選別するしか社会的合意は得られないからである。つまり、提供された臓器はもはやドナー個人のものではなく、提供された時点である意味で社会のものと見なされねばならない。ドナーがレシピエントを指名することは許されないのである。もしそれが許されれば、人種的偏見などから、この人種には提供するが他の人種にはいやだということにもなってしまう（実際過去にそうした事例があった）。そうした意味で、自分の親族にしか臓器を提供しないというドナーの希望を、近年日本の臓器移植ネットワークが認めてしまったことは大きな問題であり、今後十分に議論されねばならない。臓器移植を社会的に押し進める際、臓器は提供された時点で社会の共有財産・社会資源と見なされるということが前提されているのである。

▼臓器不足

脳死になる人がもともと少ないうえに、臓器を摘出できる条件を日本のように厳しくすれば、それだけいっそう臓器不足は深刻になる。それを補うために種々の試みがなされている。脳死になった本人の臓器提供を拒否する特別の反対がない限り臓器を摘出できるとするフランス、スペインなどの方針もそうであるし、遺伝子操作をした豚・ヒヒなどの動物からの異種間移植、無脳症や中絶胎児の臓器の利用などもそうした試みである。しかし、いずれにしても大きな問題を抱えている。異種間移植は未知の感染症の危険が伴うし、反対の意思表明をしていない脳死者や無脳症・中絶胎児の臓器使用は、本人の意思をまったく考慮しない点で問題であろう。人間の臓器は単なる「もの」としての資源なのであろうか。確かにそうした点を踏まえなければ臓器不足に対処できないのかもしれないが、臓器提供者の自己決定権を無視することには倫理的問題が残ると言わざるをえない。

将来的には、クローン技術を用いたＥＳ細胞から人工的に臓器を製造することが技術的に可能になれば、他人からの臓器移植は不要となり、臓器不足は解消するかもしれない。

▼臓器売買

移植用の臓器の売買は世界中の大抵の国で禁止されているが、闇では臓器が高値で売買されているという話も伝わっている。かつて日本人がフィリピンへ臓器を買いに行き、大きな非難を浴びたこともあった。インドの一部では臓器売買（主に腎臓）がなかば公然と行われているとも聞く。

臓器を売るのは当然貧しい人であり、それを買うのは豊かな人である。臓器売買が認められれば、臓器移植を受けられるのは豊かな者だけで貧しい者はそうした恩恵を受けられないといった不公平を生みかねない。つまり医療の公平性という大原則が危うくなる。臓器売買が認められない理由としてはこれ以外にも、臓器売買は臓器を「もの」として扱い、摘出される人の健康を害し、さらには人間の尊厳を侵害するといったことがあげられる。だが臓器の所有権の問題を考えると、（主に生体からの）臓器は本人のものであることを否定するのは困難であり、それを金銭で売買する自己決定権を否定するのも困難であると言わざるをえない。また通常の医療行為には金銭が介在する以上、移植用の臓器だけ無償で提供すべきだというのは無理があると言えないこともない。だからこそ臓器売買を社会的に認めないためには、むしろ貧しい者が臓器を売買せざるをえないような社会の格差を是正することこそ重要であろう。

▼高額の費用　臓器移植は先進的な高度医療であるために高額の費用がかかっている。日本で行われた最初の移植では、心臓移植の場合二四〇〇万円、肝臓移植は一五〇〇万円ほどかかった。こうした経費は高度先進医療として大学の研究費（つまり国費）から支出されているが、今後移植手術が増加した場合、費用を誰が負担するかという問題が現実的となる。全額本人の個人負担とすれば、豊かな人しか臓器移植を受けられないことになり大きな問題を生む。したがって、ある意味で社会的な負担とせざるをえないであろうが、たとえば健康保険制度に組み入れる場合、本人負担をどの程度にするかなど、今後多くのことを検討し、また国民全体のコンセンサスを得なければならない（現在は、臓器移植に健康保健が適用されている）。

▼心のケア　臓器移植が日常の医療として定着している欧米では、移植後のレシピエントおよびドナーの家族の心のケアの問題が浮かび上がっている。臓器移植は他人の死を前提とした医療行為であり、生体間移植の場合でも他人を傷つけたうえでの医療行為であるために、レシピエントには心理的負担がつきまとうという。また、ドナーの家族にも臓器摘出に同意して本当に良かったのかという負い目が生じるという。こうした問題に対しては、カウンセリングなどの社会的サポートが整備される必要があるだろう。

▼安楽死　安楽死とは、苦痛のない死、つまり苦痛に悩んでいる患者が自発的に望む死を意味するが、実際には末期ガンのように不治の病で耐え難い苦痛の患者を苦しみから解放し安らかに死を迎えさせることである。安楽死はその定義そのものが多義的で、尊厳死・自然死などの概念との区別も国によって様々でそれほど明確では

ないが、一応安楽死は積極的安楽死と消極的安楽死とに大別される。積極的安楽死は医師が致死量の薬物を投与するなどして患者を死なせる行為であるのに対して、消極的安楽死は無駄な治療を行わずにモルヒネなどの鎮痛剤を用いてもっぱら苦痛の緩和に努め、その結果として患者を死ぬに任せることである。

もっとも、オランダやアメリカ・オレゴン州などでは医師による自殺幇助を認めてはいるものの、積極的安楽死が法的に認められている国はまだ少ない。厳格な条件を課さなければ積極的安楽死と殺人を区別するのは困難であり、医師は自殺幇助や殺人罪に問われることになるからだ。一九九一年東海大学医学部付属病院で起きた安楽死事件が、日本では最初の医師による積極的安楽死であった。末期の骨髄腫で危篤状態の患者に、安楽死を願う家族の依頼に応じて医師が塩化カリウムを注射して死に至らしめた事件である。その判決では、医師による積極的安楽死を許容する要件（(1)患者が耐え難い苦痛に苦しんでいること、(2)死が避けられず死期が迫っていること、(3)苦痛を除去・緩和する他の代替手段がないこと、(4)患者本人の明確な意思表示）を提示した上で、そうした要件を満たしていない（(3)と(4)が欠けている）として、医師は有罪（懲役二年、執行猶予二年）とされた。

これに対して、一九六一年愛知県で起きた安楽死事件（不治の病で苦しむ父親を息子が薬物で安楽死させた）に対する判決では、消極的安楽死を許容する要件が初めて示された。それは、(1)不治の病で死期が迫っていること、(2)苦痛が甚だしいこと、(3)もっぱら苦痛の緩和が目的でなされたこと、(4)意識が明確で意思を表明できる患者の依頼か承諾があること、(5)原則として医師の手によること、(6)方法が倫理的に許容できること、という六つの要件である。この事件では(5)と(6)が満たされていないとして、安楽死を行った被告は有罪（懲役一年、執行猶予三年）とされた。

安楽死を社会的に認めようという流れは既に世界の趨勢になりつつあると言ってもいいだろう。不治の病で激痛に苦しむ患者が安楽死を望む場合、誰もそれを拒否できないからだ。生き方と同じく死に方を本人が選ぶ「死ぬ権利」も個人の自己決定権に帰属するとも言えるからだ。日本でも延命治療を拒否し尊厳死を望む意思表明を文書として残しておくリビングウィルが静かに広がりつつある一方、安楽死を実現する場所としてのホスピスは不足したままである。

先に安楽死を積極的安楽死と消極的安楽死とに区別したが、そうした区別そのものに異論がないわけではない。医師たちの一般的見解は、道徳的にも法的にも不正な積極的安楽死と違って消極的安楽死は道徳的にも法的にも認められるというものであったが、レイチェルズ（James Rachels）はそれに対して、治療を停止して患者を死ぬに任せる消極的安楽死も患者を意図的に死なせる作為的な行為の一つであって、積極的安楽死と消極的安楽死の区別は不可能だと反論した。消極的安楽死は患者の苦しみを減らすよりもむしろ増やすことになるにすぎず、積極的安楽死の方が正当であるというわけだ。だがこれに対しては、ビーチャム（Tom L. Beauchamp）など多くが反論し、積極的安楽死と消極的安楽死の区別を擁護した。それによると、もし積極的安楽死と消極的安楽死の区別が撤廃され殺人が一度容認されると、それが楔《くさび》となって正当な殺人と不正な殺人との線引きが不可能となり、滑り坂を転がるように社会全体が危ない方向に進んでいくというのだ。

積極的安楽死の場合も消極的安楽死の場合も必須の要件とされるのは、患者本人の明確な意思表示である。ではそれがない場合はどうなのか。カレン・クインラン事件（一九七五年）のような植物状態や昏睡状態の場合、欠損新生児のように対応能力（意識があって自分の意思を伝えられる能力）がない場合は、その安楽死を誰が決定できるのであろうか。家族・医師・社会は患者本人の生命の質と利益を最大限に考慮しなければならないであろう。

5 生命の質とパーソン論

▼生命の尊厳と生命の質

脳死や安楽死の問題などで明確になってきたのは、かつてのように「生命の尊厳」のみを価値基準とすることから、場合によっては「生命の質」をより重要視すべきだという価値基準の変化であろう。生命の尊厳だけを価値基準とすれば、脳死の人もある意味で生命は維持されている。また死期の迫った激痛に苦しむ患者や欠損新生児に安楽死を認めないとすれば、それは苦痛をいたずらに長引かせるだけであろう。これに対して、安楽死という選択は患者本人の生命の質を高めることにもなるだろう。だがそれはあくまで一つの選択であって普遍的なものではない。生命尊重の立場は普遍的なものであるのに対して、「生命の質」は個々の生き方の選択である限りにおいて個別的である。しかし、植物状態・昏睡状態や欠損新生児のように対応能力がなく自己決定できない場合は、誰がどんな客観的基準によって生命の質を判断すればよいのであろうか。「生命の質」という場合、その生命とはそもそも何を意味しているのであろうか。こうした問いに答えようとするのがパーソン論と呼ばれる試みであり、それは人間的な生とは何かを問題にする。

▼パーソン論

「人格」と訳されるパーソン（person）という語はラテン語のペルソナ（persona）に由来し、もともとは古代の仮面劇において役者が被る仮面を、そしてそこから役者が演じる役割を意味していた。十七世紀のロック（John Locke）はこうした意味に変革をもたらし、自己意識を有することが人格の基礎的条件と考えた。人格とは「理性と反省能力とをもち、自分自身を自分自身と考えることのできる思考する知的な存在者」だとされた結果、人格であることと人間であることとは同一ではない、ということになる。ロックが自己意識を人格の必須の要件とした理由は、障害や病気で自己意識をもてない責任能力のない人は裁判などで訴追されないことを言いたいためであった。

こうした背景をもつパーソンという語が、二十世紀後半トゥーリー（Michael Tooley）によって生命倫理の場面で再び用いられ、パーソン論という議論を形成した。トゥーリーは、生物学的に人間であることと生存権を有する道徳的人格とを区別し、自己意識をもつことを人格の条件とした。その結果、胎児や新生児は自己意識をもたない以上人格ではありえないので、中絶や新生児殺しも道徳的に許容されると主張した。シンガー（Peter Singer）は、人間の新生児よりも大人のチンパンジーやクジラの方が自己意識のレベルが高いので、後者により多くの生存権を認めるべきだと動物の権利を主張し、また障害新生児の安楽死を擁護した。

▼パーソン論の長所と短所

パーソン論が生まれた理由は、いうまでもなく医療・救命技術の進歩である。だが医療の進歩の結果、かつては考えられなかった状況が出現した。意識のないまま延命する植物状態や脳死状態といったものだ。意識のないまま延命するとしても、はたしてそれが人間的な生き方であろうかという疑問が生まれるのも当然だ。パーソン論はこれに答えようとする試みだと言える。「すべての人間の生命には尊厳がある」というヒューマニズムに満ちた耳障りでない言葉には誰も反対しないであろうが、それは現実を覆い隠してしまいかねない。すべての人間の生命に尊厳があるとすれば、当然中絶や安楽死は認められないであろうが、実際にそれらは存在し、その限りにおいて尊厳ある生命と尊厳のない生命との線引きが暗黙の内に行われている。パーソン論の長所は、何よりもそうした現実を直視することであろう。またシンガーの議論が示すように、パーソン論はわれわれの内なる人間中心的な考え方を告発してもいる。だが同時に、パーソン論は新たな差別問題を生みだし追認してしまう危険もはらんでいる。意識の有無によって一方を生きるに値する生命（意識ある人格）、他方を生きるに値しない生命（中絶胎児・障害新生児・認知症患者・植物状態・脳死状態など）として線引きすることに、果たして正当性があるのだろうか。むしろ差別の存在を追認するパーソン論は、われわれが直視したくない現実をさらけ出すことによって感情的とも言える反発を招いてきたことも事実である。

こうしたあまりにも直截的なパーソン論にエンゲルハート（H. Tristram Engelhardt, Jr.）は変更を加え、人格概念を二つに区別した。トゥーリー以来の意識を内実とする「厳密な意味での人格」に対して、幼児・知的障害者・痴呆老人などを「社会的な意味での人格」として位置づけた。そうした存在は厳密には自己意識を欠いているかもしれないが、家族にとってかけがえのない役割を果たしており、そのかぎりにおいて最小限度の社会参加を果たしている。人間をある意味で三つ（生物学的な意味での人間・社会的な意味での人格・厳密な意味での人格）に分けるエンゲルハートの区分は、自己意識要件というパーソン論の流れを受け継ぎつつも、人格の社会性を再び強調する。人格は物理的な「モノ」でも自己意識という心理的事実のみでもなく、弱者を社会から排除せずに逆に社会に迎え入れる相互承認の証となっている。

6 医療の倫理

▼パターナリズムからインフォームド・コンセントへ

「生命の尊厳から生命の質へ」という価値基準の変化は、医療の場面において大きな変化をもたらしつつある。それは医師と患者の関係において、パターナリズムからインフォームド・コンセントへの推移として特徴づけることができる。

パターナリズムとはラテン語の父親（pater）に由来する語であって、父権主義（保護的温情主義・後見的干渉主義）などと訳されるが、ある者（父親・団体・国家）が他者自身のためになるという理由でその他者に干渉する行為のことである。

歴史的背景はこうだ。知識と徳にすぐれた権威ある医師が患者に善行を施し、患者は医師に従順に従っていればよいというのが、「ヒポクラテスの誓い」以来の西洋の伝統的な医の倫理であった。だが患者の意思や人権を無視した医師の処置は以前からもあったし、医療研究の名を借りた非人道的な人体実験等も行われていた。ナチス政権下で行われた医師による残虐な人体実験は戦後ニュルンベルク裁判で裁かれ、そこからニュルンベルク綱領（一九四七年）が定められた。これは医学的実験には被験者の自発的承諾と同意が必要であると規定するもので、その後のインフォームド・コンセントの出発点となった。そして第一八回世界医師会でヘルシンキ宣言（一九六四年）が採択され、情報開示と自発的同意というインフォームド・コンセントの要件が示された。またアメリカの種々の医療過誤裁判においてインフォームド・コンセントの必要性が認められた。

パターナリズムが問題とされるのは、医師による非人道的な行為の場合だけではない。親が子供のためを考えるのと同じく通常医師は患者のためを考え治療を行うものだが、そうしたパターナリズム自体が時には患者の権利や人権を侵害することにもなりうるからだ。医師が考える「患者のため」・「患者の利益」と、患者の自己決定の内容が衝突する場合だ。通常の病気の場合、患者はその回復を願い、多少の苦痛を伴っても医師の指示に従うであろうが、回復の見込みのない終末期医療の場合などは、残された余命をどのように過ごすかは患者本人の意向が尊重されねばならない。

▼インフォームド・コンセント

インフォームド・コンセント（情報を提供されたうえでの同意）とは、医師による十分な説明と患者の同意を求めるものだが、医師には診断の内容、治療方法およびその成功の可能性とそれによる患者の利益・不利益、他の治療方法とその予後といったことを、治療にあたって患者に説明する義務がある。患者はそれを理解したうえで同意あるいは拒否することができ、患者の側に意思決定をする権利がある。医師は説明義務を果たさなければ過失責任を問われかねない。アメリカでインフォームド・コンセントが確立された理由としては、人権運動の高まりという側面とともに、裁判で敗訴した場合の賠償を避けるための病院側の責任回避という側面もあった。それに比べカルテの開示もセカンドオピニオンもまだ定着していない日本でも、徐々にではあるがインフォームド・コンセントの重要性が提唱されつつある。その証拠にエホバの証人の輸血拒否事件の裁判（最高裁判決平成十二年二月二九日）では国と病院側に賠償命令が出された。

▼自己決定権の問題——パターナリズムは不要か

患者の自己決定権を尊重するインフォームド・コンセントがあればパターナリズムはもはや不要なのであろうか。父が子を扱うように医師が患者を扱うというパターナリズムは、医師—患者の関係だけに見られる現象ではなく、われわれの日常生活（法律的場面など）にもきわめて多く見られる。シートベルトやヘルメットの着用を義務づける法律も、麻薬や覚醒剤を禁止する法律も、ギャンブルを禁止する法律もパターナリズムにもとづいている。したがって、パターナリズムも二つの場面では必要性が認められるであろう。

第一は障害新生児の安楽死のケースのように患者本人に対応能力がない場合だ。第二は患者本人の自己決定の内容に対する制限が必要な場合だ。例えば自殺を図った人を医師は本人の意思を尊重して助けるべきではないのだろうか。自己決定の自由（自律尊重の原則）という場合、本人が決定できるのは自分の所有するもの（身体・生命・財産）であって、本人の自己決定が他人に迷惑を及ぼすものでなければ（無危害原理）どんな愚かなことをしても構わない（愚行権）とも言える。だがそれでは臓器売買も売春も構わないといった危ない社会が出現するであろう。ではそれを阻止するパターナリズムの正当化は可能か。

通常の正当化の方法はこうしたものだ。愚かな決定をする人は合理的決定をするのに必要な条件（能力・情報・教育・経済力等）を欠いているからそうしてしまうのであって、必要な援助が社会から与えられれば合理的判断ができるはずだ。自己決定能力を欠いた知的障害者や幼児などに対してはこうした正当化は有効であろう。だが自己決定能力を備えた人の自己決定に対しては十分な有効性をもちえない。合理的判断とは通常社会の大多数の合意するところだといえるが、時には社会自体が誤ることもありうるからだ。それゆえ、パターナリズムの完全な正当化は困難かもしれない。だからといってパターナリズムをすべて社会から撤廃することもできない以上、社会自身がパターナリズムの内容を絶えず自己検証しなければならないであろう。

7 今後の展望の試み——欲望の行方

生命倫理のここ三〇年ほどの歩みは医療の進歩を背景に生じた様々な倫理的問題を考察する多様な局面・方法をもっており、容易に一元化できるものではないが、生命倫理誕生以前のかつての規範的倫理が適用されることはまずないだろう。ビーチャム／チルドレス（James F. Childress）は生命倫理の原則として、「自律尊重の原則」「無危害の原則」「善行の原則」「公正の原則」という四つの原則をあげているが、それらは一応の原則であって、個々の具体的場面での優先順位などがあらかじめ決まっているわけではない。だが、生命の質・インフォームド・コンセント・自己決定権の尊重といった生命倫理が確立してきた考え方の根底には、人権運動があったとも言えるだろう。ただ人権の尊重とは、自分の人権だけでなく他者の人権を尊重することであることはいうまでもない。

自分の生に満足できるような生き方を自分で決定したいという自己決定権・自律尊重の主張は、個人の欲望と表裏一体をなしている。歯止めのない欲望の追求が優生思想に容易に結びつくことは既に見た通りだ。ヒトゲノムを解読するまでの力を手にした人間に節度を求めることなど可能なのだろうか。人間の欲望はどこへ行くのか。

有性生殖を行う生命そのものが遺伝子レベルでは多様性を求めて変異していくものであって、そうした変異は人間にとって病気に対する耐性としてプラスに働くときもあるし、逆に障害や病気を惹き起こしマイナスに働くときもあるのだから、自分や自分の家族に障害や病気が現れないとしても、その身代わりとして社会の中で誰かがそれを引き受けなければならないのだろう。そうであるなら、社会が弱い立場に置かれた人をサポートする福祉的な仕組み、いわば新たな保険制度の構築が必要かもしれない。近代初頭の十八世紀に今日の生命保険・年金・健康保険が初めて構想されたが、それらは互助的仕組みであると同時にビジネスとして成立してきた。資本主義的欲望のメカニズムを認めつつ、それを社会化する仕組みが必要であろう。例えば、新薬の開発などはその好例だ。人間の欲望をただ否定するのではなく、欲望とうまくつきあって初めて現実的な共生社会、誰もが自分の生に満足できる社会も可能となろう。そのためには公正な医療とともに、ホスピスなどに見られるケアの重要性をより考慮しなければならない。

（岡部英男）

【参考文献】


木村利人『いのちを考える＊バイオエシックスのすすめ』日本評論社、一九八七年。

今井道夫・香川知晶編『バイオエシックス入門』東信堂、一九九五年。

エンゲルハート、ヨナスほか著、加藤尚武・飯田亘之編『バイオエシックスの基礎』東海大学出版会、一九八八年。

ピーター・シンガー『実践の倫理』昭和堂、一九九一年。

ヒポクラテス『古い医術について　他八編』岩波文庫、一九六三年。

生命倫理と法編集委員会編『資料集　生命倫理と法』太陽出版、二〇〇三年。

生命操作事典編集委員会編『生命操作事典』緑風出版、一九九八年。

近藤均・酒井明夫・中里巧・森下直貴・盛永審一郎編『生命倫理事典』太陽出版、二〇〇二年。

＊二〇〇九年に臓器移植法の一部が改正され、翌二〇一〇年七月より施行された。主な改正点は以下の通り。①脳死者本人の意思表示がない場合でも、家族の同意で臓器の摘出を可能とする。②年齢制限を撤廃し、十五歳未満からの臓器提供を可能とする。③書面による本人の明確な意思表示があれば、親族への臓器の優先提供を認める。

第二章　環境倫理学

今日、人類が直面している最大の課題は地球環境の急激な悪化の問題であろう。それは人類の生存そのものをも脅かしかねない重大な問題である。地球環境の悪化には、大きく分けて資源の枯渇の問題と環境の汚染の問題がある。そしてこの二つの問題は相互に密接に連関している。例えばわれわれはエネルギー源として化石燃料に依存しているが、石油や石炭は非循環型の資源であるから、その大量消費は不可避的に天然資源の枯渇を招来する。その埋蔵量が無尽でない以上、消費したら消費した分だけ資源が乏しくなっていくのは自明の理である。また、それと同時に、化石燃料の大量消費は地球の温暖化を招き、それによって生態系への種々の悪影響が懸念される。地球の温暖化によって海水面が上昇し、いくつかの島嶼国家が海面に没すると予想される。こうして生息地を失った多くの生物種は絶滅の危機へと追いやられ、生物の多様性が次第に消滅していく。また、地球の温暖化は台風やサイクロンやハリケーン等の異常気象を誘発すると心配されている。同様に、熱帯雨林の大量伐採は単にエネルギー資源の枯渇を招くだけでなく、多くの生物種の絶滅と大気や水質の汚染、土壌の砂漠化、人体への悪影響が懸念されている。

しかしながら、化石燃料の大量使用と熱帯雨林の大量伐採には、それ相応の理由がある。それは、現代における商品の生産と消費の手段と方法がもっぱら化石燃料に依存する仕組みになっているからであり、また熱帯雨林を伐採し、それを輸出資材にしなければ生活していけない発展途上国の台所事情があるからである。自分で自分の首を絞めるような行為をしているということを百も承知していながら、なおかつ今日を生きる糧を得なければならないというジレンマがそこにある。

このように地球環境の問題はエコロジーの問題であると同時に政治経済の問題でもある。そしてこの点で、エコロジー（ecology）も経済（economy）も、ともに家を守るもの、家事管理人という意味のギリシア語 *οικονόμος* に由来していることは興味深い。もともと経済学が家計学であったとすれば、エコロジーは生物の家計学である。しかし、正確にいえば、このような家計学には、当然、倫理や規範の問題が入ってくるから、地球環境問題は人間とその生活環境とのあり方についての倫理的な問題でもある。地球環境学は単なる生命現象の記述学ではなく、人間行為の規範学でなければならない。ここに、今日、環境倫理を早急に確立すべしという切実な要請のなされるゆえんがある。

1 二人の先達――A・レオポルドとR・カーソン

▼地球環境問題に対する取組

アメリカでは一九七〇年前後から、日本では一九八〇年代の後半から環境倫理とか環境倫理学という言葉が人口に膾炙するようになった。無論、それは地球環境の急激な悪化の事象と関連している。既述した二酸化炭素の大量放出による地球温暖化や熱帯雨林の大量伐採による生態系への悪影響のほかに、酸性雨による森林や湖沼の被害、フロンガスによるオゾン層の破壊とそれにともなう人体への悪影響、産業廃棄物による環境汚染すなわち大気汚染、土壌汚染、水質汚染、海洋汚染等々の問題に対して、いったいわれわれはどう対処したらいいのか。また、どのような原理や原則にもとづいて行動すべきなのかが問われるようになった。

ローマ・クラブの「人類の危機」プロジェクトの委嘱をうけたD・L・メドウズ（Dennis L. Meadows）を中心と

するMIT研究グループは、その報告書『成長の限界』（一九七二年）のなかで、もし世界人口、工業化、汚染、食糧生産および資源の使用が今後も現在の成長率をそのまま維持していくとすれば、一世紀以内に地球上の成長はその限界点に達するだろう、と警告した。また、同年、ストックホルムで開催された「国連人間環境会議」のブルントラント報告書では、今後、人類の進むべき方向は「持続的発展」（sustainable development）の方向であることが示された。そして、この持続的発展という言葉が以後の環境保護運動の合言葉となり、その精神は一九九二年の「環境と開発に関する国連会議」（リオ・サミット）において合意されたリオ宣言とアジェンダ21や、温室効果ガスの排出量の削減を取り決めた「京都議定書」（一九九七年）に受けつがれている。

ところで今日でいう地球環境問題に関してその重要性と緊急性を説きつづけた二人の先達がいる。一人は生態学者アルド・レオポルド（Aldo Leopold, 1887-1948）であり、もう一人は海洋生物学者・作家レイチェル・カーソン（Racel Carson, 1907-64）である。

▼レオポルドの土地倫理

レオポルドは一九四九年に出版された遺稿『砂の国の暦』（邦訳名『野生のうたが聞こえる』）のなかで、「土地倫理」（land ethic）なるものを提唱した。土地倫理とは、倫理の適用範囲を従来の個人と個人、個人と社会の関係のレベルから、さらに個人と土地（環境）の関係のレベルにまで拡大すべきであると説くものである。仮に個人と個人、人間と人間との間のあるべき関係を定める個人倫理が倫理の第一段階であり、また個人と社会や国家との関係を律する社会倫理が第二段階であるとすれば、個人と土地すなわち環境との関係を論ずる土地倫理はその第三段階ともいうべきものであり、この第三段階としての土地倫理の到来は生態学的進化という観点から見て必然的である、とレオポルドは説いている。

このように土地倫理は生態学と倫理学との融合の試みであり、したがって生態学的倫理であると言えるが、このような土地倫理の提唱によって今日の環境倫理学の端緒が開かれた。レオポルドが環境倫理学の父と呼ばれるゆえんである。そして彼の精神は、哲学的にはJ・B・キャリコット（J. Baird Callicott）によって、また法学的にはC・D・ストーン（Christopher D. Stone）によって受けつがれていった。

▼カーソンの『沈黙の春』

一方、カーソンは一九六二年に『沈黙の春』を書いて、除草剤や殺虫剤として一般に用いられている合成化学物質の脅威を説いた。沈黙の春とは、文字どおり、春は来れども小鳥たちの鳴き声の聞かれない死の世界を意味している。このまま有毒な合成化学物質による環境汚染が進めば、いずれ世界は沈黙の春を迎えることになるだろうという警鐘の書である。カーソンは、一九五〇年代の後半から一九六〇年代の初頭にアメリカ合衆国やカナダで多発した河川や湖沼における異常現象すなわち水鳥や魚介類の大量死の原因を調べているうち、それがDDT、クロールデン、ディルドリン、パラチオン等の有機塩素化合物であることをつきとめた。今日、よく知られている生物濃縮という現象が解明されたのもこの本においてである。もともと合成化学物質は人工的に作られた化合物であるから容易に自然に分解することはない。それはいつまでも生物の体内に残留し、また生物の食物連鎖によって蓄積され濃縮されていく。こうして生命の輪が一転して毒の連鎖に変わり、やがて生物の大量死をもたらすのである。

また、カーソンは合成化学物質の人体への悪影響とくにその発ガン性を指摘したが、それから三〇年後、内分泌系攪乱化学物質研究の専門家であるシーア・コルボーン（Theo Colborn）を中心とした研究グループは、一九九六年に出版された『奪われし未来』において、PCB（ポリ塩化ビフェニール）やDES（ジエチルスチルベストロール）等いわゆる「環境ホルモン」のホルモン攪乱作用による生物の性発達障害や生殖異常を指摘した。このような障害や異常は人類もその例外ではなく、膣ガンの多発、性器の奇形や精子の減少等が多数報告されている。これらの書物は、生物や人類の個体ばかりではなく種そのものの生存をも脅かしかねない化学物質による環境汚染の実態を暴露し、今日の先端科学や技術のあり方に対して警告を発するとともに、従前のわれわれの生き方や考え方や価値観に対しても厳しく反省を迫っている。

以上、環境倫理学の二人の先達を紹介した。以下、環境倫理学のいくつかの問題領域を順次、検討していこう。

2 土地倫理

▼生態学と全体論

レオポルドによれば、倫理というものは相互に依存しあう諸部分から構成された共同体において成立する。個人は共同体のなかで自分の権利を保持し行使するために、他人と競争したり協同したりする。そこに倫理の始まりがある。そして人類の歴史の進展とともに、共同体の範囲は徐々に拡大していった。また、それとともに倫理の適用範囲が広がっていった。例えば最初は自由な白人男性だけに認められていた権利が次第に女性、子供、有色人種、奴隷にも認められるようになった。それは、それだけ共同体の範囲が広がっていったということを意味している。レオポルドのいう土地倫理とは、倫理の基盤である共同体の範囲を、人間と人間、人間と社会から、さらに人間と土地にまで拡大した場合の倫理のことを指している。この場合、土地とは土壌、水、植物や動物等一切のものの総称であるから、それは今日でいう地球環境（global environment）にあたっている。したがって土地倫理とはすなわち環境倫理のことであるといっていい。

これまで人類の歴史は土地の収奪の歴史であり、征服の歴史であった。人間は自己中心的な観点から土地というものをただ利用と搾取の対象としてしか見てこなかった。いいかえれば、土地というものを、そこから経済的な利益や富を引きだす手段ないし道具としてしかあつかってこなかった。これに対して土地倫理は、土地を人間にとっての共同体と見なし、人間の位置を土地の支配者や征服者から、その単なる一構成員、一市民へ変える。人間はこれまでもっぱら土地を功利主義的な動機にもとづいて実利や効用という観点から見てきたが、それは間違いであって、もっと違った観点から、尊敬と愛情の対象として見るべきである、とレオポルドは説く。

このような土地倫理の背景にあるのは生態学であり、土地倫理は生態学的知見にもとづいた生態学的な倫理、具体的には生態系中心的な倫理である。その点は、例えば生物共同体全体の統合や安定や美に寄与するものが善であり、その反対が悪である、という善悪の定義によくあらわれている。それは個々の個体の福利よりもその全体の安寧の方に力点をおく全体論的な主張である。彼のエッセイの題名「山の身になって考える」（thinking like a mountain）は土地倫理のもつこのような全体論的な傾向を象徴的に表現したものであるといっていいだろう。それは事物をシカとかオオカミとかいった個々の個体種の観点からではなく、それらを包括した山という生態系全体の立場から見ていかなければならないという主張である。したがって、仮に山の一構成員であるシカやオオカミが山全体の秩序を乱すほど繁殖した場合、躊躇なくそれらを間引くべきだという主張がそこから帰結される。重要なのは生態系全体の秩序と安寧であって、個々の構成員の幸福や利益ではない。

このような全体論的な主張は、個々の動物の固有の権利や価値を主張する動物保護論者や解放論者の考え方と真っ向から対立している。動物の解放論者からすれば土地倫理は個体の自由と権益を蹂躙し、個体を全体に従属させようとする全体主義の主張である。T・レーガン（Tom Regan）がレオポルドの土地倫理を「環境ファシズム」として厳しく批判するゆえんであろう。そしてここに「全体論か個体主義か」という止めどない争いが生ずる。けれども、少なくとも生態学的な観点から見るならば、レオポルドの主張はきわめて理に適っているといわなければならないだろう。重要なのは種の保存であって、個の権利ではない。

▼土地倫理の意義と課題

さて、以上のような土地倫理は地球環境問題全般に関して包括的な視点をわれわれにあたえてくれる。環境の保全や保護という問題について、また天然資源やエネルギーの循環と再生に関して、さらには経済の持続的発展等々の課題に対して、土地倫理はわれわれに一貫した行動の原則や指針をあたえてくれる。

すなわちどのような問題に対しても、またどのような状況においても、われわれはつねに土地という共同体の全体の統合と多様性、安定と美の保持に寄与すると思われるような行為をすべきであり、それに反すると思われるような行為を避けるべきである。

たしかにレオポルドの土地倫理は、一方では生態学的「事実」と倫理的「当為」を混同する、いわゆる「自然主義的誤謬」を犯しており、また他方では「全体論か個体主義か」という論争の火種をかかえているが、従来の人間中心主義的な世界観に対して生態系中心主義的な世界観を対置したこと、また土地を経済的な実利主義の立場から見るのではなく、われわれを包む共同体として尊敬と愛情の対象として見ることを説いた点は注目すべきであろう。ここに環境倫理学の基礎が築かれたといっていい。

レオポルドの土地倫理の精神はキャリコットによって継承され、哲学的に補正されるとともに、動物解放論との異同が明確にされていった。キャリコットによれば、動物解放論――キャリコットはそれを人道的道徳主義 humane moralism と呼んでいる――は従来の人間中心主義的な倫理――倫理的人間主義 ethical humanism――と同様、生物の価値を個体に内在的なものと見る原子論的な観点に立っているのに対して、土地倫理は究極の価値を生物共同体にもとめ、個々の個体の価値を生物共同体全体の利益を中心にして相対的に決定するという点で根本的に異なっている。したがって、土地倫理においてはすべての生物が平等の価値と権利をもっているという考えは否定されるばかりでなく、また往々にして個々の生物よりも海・山・川・湖等により高い価値があたえられる。こうして土地倫理は動物解放論よりもはるかに広い視点から、生物共同体のそれぞれの構成員に対して――個体間の競合する利害にとらわれることなく――相対的な価値と優先順位をあたえることができ、さらにはわれわれに統一的で一貫した行為の原則を提示することができる、とキャリコットは力説している。

3 世代間倫理と持続的発展

▼未来世代に対する責任

「土地倫理」とともに環境倫理学のもう一つの主要な研究対象は、一般に「世代間倫理」（intergenerational ethics）と呼ばれる領域である。世代間倫理というのは、一言でいえば、未来世代に対するわれわれの義務や責任を問うものである。地球環境の悪化すなわち資源の枯渇と環境の汚染の影響をもろにうけるのは未来世代の人たちである。われわれの行動のつけは確実に未来世代に回っていく。しかし、彼らはそれに対して抗議することもできなければ、自分たちの権利を主張することもできない。彼らはきわめて弱い立場にある。未来世代の生殺与奪の権はわれわれの内にあるといっても過言ではない。

では、このような未来世代に対してわれわれはどのように行動すべきであろうか。また、われわれは彼らに対してどのような義務と責任を負っているのであろうか。それを探究するのが世代間倫理と呼ばれる領域である。

レオポルドのいう土地倫理が、倫理の領域を、従来のような個人と個人、個人と社会の関係領域から、さらに個人（人間）と環境（土地）にまで、いわば「空間的に」拡大した倫理であるとすれば、さしずめ世代間倫理は、それを現代世代と未来世代の関係にまで、いわば「時間的に」拡大した倫理であるということができる。あるいは土地倫理が「共時的」（synchronic）倫理であるとすれば、世代間倫理は「通時的」（diachronic）倫理であるといってもいい。そしてこの土地倫理と世代間倫理が環境倫理学の両輪をなしていると言える。つまり環境倫理学は従来の倫理の枠組みを空間的にも時間的にも大幅に拡大し、倫理についてのわれわれの通念を打破し意識の変革をもとめようとするものである。

▼持続的発展と南北間の経済格差

ところで、世代間倫理は通時的な倫理であるという点で、「持続的発展」の問題とも関係してくる。未来世代のためにどのような良好な環境を残してやるかという問題は、同時にどのように経済の持続的発展を図るかという問題につながる。したがって、ここに環境倫理と経済倫理の接点が見出される。一時的な未曾有の繁栄のあとに破滅的な経済状態に陥るよりも、安定した経済状態を持続的に維持することの方がはるかにのぞましい。そしてそのことは、未来世代が現代世代と同様の良好な環境を享受するということにつながる。

しかしながら、経済の持続的発展という標語や世代間の公正という理念は必然的にわれわれに対して資源や富の使用の自主的な制限を要求する。地球の資源や富の無際限の使用を認めては持続的発展も世代間倫理も実現し得ないからである。しかし、この制限が、日常の生活における無駄を省き節約に心がけるという程度のものであればいいが、それが社会的弱者に耐えがたい犠牲を強いるとなると問題である。未来世代に対する配慮と社会的弱者に対する配慮をどのようにバランスのとれたものにするか、その優先順位をどう決めるかはそれほど単純な問題ではない。

また、それは南北間の経済格差の問題とも深くつながってくる。現実における地球資源と富の偏在を打破し、経済格差を縮小していかなければ世代間倫理も意味あるものとはならないであろう。未来世代は可能的な弱者であるのに対して、発展途上国は現実に存在する弱者である。たしかに未来世代は自分で自分を護ることができないから、彼らを護ってやるのはわれわれの責任だと言えるが、それにともなう負担や負荷を過剰に発展途上国に押しつけるのはどう考えても公平とは言えない。このアポリアをどのように解決していくかは世代間倫理の重要な課題である。

▼世代間倫理の諸問題

ところで、この世代間倫理の成立根拠に関して疑問を投げかけるものもいる。その一つは、そもそも倫理というものは相互の契約にもとづく「互恵性」の原則の上に成立するものであるが、われわれと未来世代の関係は一方向的関係であって双方向的なものではないから、そこに倫理的関係は成立しないというものである。われわれは未来世代に何らかの恩恵をあたえることができるが、未来世代からは何の見返りも期待できないというわけである。また、未来は事実の上でも価値の上でも不可測であって、われわれは未来のことを正確に予測することはできないし、また未来世代がどのような価値観をもつかを予想することはできない。したがって、われわれが未来世代のためにあれこれと心配するのは無意味だという意見もある。さらには、それぞれの世代は自力で難局を乗り越えていくべきであって、われわれが未来世代に対して種々の配慮をするのは却って未来世代のためにならない、それは結局パターナリズム（温情主義）に陥るという意見もある。

これらの主張にそれぞれ一理あることはたしかであるが、そこには共通して現代世代のエゴイズムが隠されていると言えよう。われわれは未来世代から何も見返りも期待できないというのはそのとおりであろうが、しかしわれわれ自身も祖先からうけた恩恵に対して何の返礼をもしていない。祖先から恩恵をうける権利はあるが子孫に恩恵をあたえる義務はない、というのは不合理であろう。したがって、われわれは祖先からうけた恩義を子孫に返すことによって権利と義務を相殺しているのだと考えるべきではなかろうか。実際、「恩」という観念や「縁起」の思想にはそのような知見が含まれている。

また、世代間倫理の基礎は互恵性ではなく愛情だという意見もある。例えばダニエル・キャラハン（Daniel Callahan）は、親が子供をつくるということは、その子供に対する一方的な義務を喜んで引きうけるということであり、その子供が長じて親に感謝し、自分も子供をつくろうと決意したとき、子に対する親の愛情は報われたと言える、といっている。また、ハンス・ヨナス（Hans Jonas）も、未来倫理の原型は親の子に対する保護責任であり、われわれの未来世代に対する義務は「創始者であることに由来する義務」であるといっている。かつてレオポルドは土地（環境）に対して、自己本位の実利的な見地からではなく、尊敬と愛情をもって接するべきだと説いたが、そのことは未来世代に対しても同様に妥当する。

▼ロールズの正義論

しかし、世代間倫理に対して最も包括的で合理的な視点をあたえてくれるのはロールズ(John Rawls)の『正義論』(一九七一年)であろう。ロールズは公正としての正義がそこから導出される基礎ないし土台として「原初状態」を考え、それに「無知のヴェール」を設定している。「無知のヴェール」というのは、自然的環境を誰も自分に有利になるよう利用できなくするために、誰もが自分の個人的情報に関してまったく知らされていないという仮定である。そしてロールズは社会における自分の境遇、階級、身分、親から受けついだ資産、自己の能力や特性などとともに、世代についての無知すなわち各人は自分がどの世代に属しているかの情報を何一つもっていないという条件を加えている。その理由は、当事者がどの世代に属しているかという偶然性によって公正という正義が曲げられる危険性を排除するためにほかならない。

ロールズの原初状態の仮説は、公正としての正義の実現にとって不可欠の制約である。しかし、このような原初状態の理論は、各人の意識が変革され個人的エゴが消滅したとき、初めて受けいれられるのではなかろうか。そしてこの意味で、それはロールズのいうように論理的な仮説状態ではなく、むしろ倫理的な当為状態であり、自覚状態である。

4 動物の解放

▼土地倫理と動物解放論

土地倫理は共同体の概念を土地すなわち環境にまで広げた場合の倫理のことであった。すると当然、そこには動物や植物および自然物が含まれる。したがって、土地倫理の理念からすれば、われわれは動物や植物および自然物をも尊敬と愛情の対象として見なければならないということになる。そして、この点においては土地倫理と動物解放論や自然の権利論とは容易に結びつく。土地倫理がいわば環境倫理学の総論だとすれば動物解放論や自然の権利論はその各論であり、前者がその原理編だとすれば、後者はその応用編であるとも言える。

しかしながら、前述したように、土地倫理がつねに生態系全体の統合と安定を目指しているのに対して、動物解放論はむしろ個々の動物の保護や擁護を第一義としている。したがって、前者が全体論的であるのに対して、後者は個体主義的である。また、前者がそれぞれの構成員に相対的な価値と優先順位をもうけようとするのに対して、後者は（感覚をもった）すべての動物は平等な配慮と権利を享受すべきだと説く。それゆえ動物解放論者（レーガン）は土地倫理を「環境ファシズム」であると批判し、一方、土地倫理の主唱者（キャリコット）は動物解放論を「まったく滑稽で哲学的議論にも値しない、風刺小説の好題材」だとこき下ろす。両者の議論はなかなか嚙みあうことなく、不毛の様相を呈している。

このように地球環境問題に関しては対立する意見がそれぞれにいわば大義名分をもっていて、白黒をはっきりつけるのはなかなか困難である。この点は動物の解放や自然の権利をめぐる議論においてとくに顕著である。相互にほどほどのところで折れ合う必要があると思われるが、そのほどほどのところを何処に定めるかがまた論争の的になる。ここに地球環境問題に本質的なアポリアがある。

▼種差別の問題

さて、動物解放論の旗手はP・シンガー（Peter Singer）とT・レーガンである。シンガーは『動物の解放』（一九七五年）のなかで畜産動物と動物実験における動物虐待の現状を告発し、動物の解放を説いた。同様に、レーガンは『動物の権利の擁護』（一九八三年）において畜産業そのものの廃絶と菜食主義を説き、またあらゆる動物実験に反対の態度をとった。

シンガーはまず「種差別」（speciesism）の問題に触れている。種差別という言葉はR・ライダー（Richard Rider）が最初に用いた言葉である。英語としては語呂が悪いが、「人種差別」（racism）との類似ないし連関をよくあらわしている。「衆生」（sattva）すなわち「生きとし生けるもの」という仏教用語に見られるように、一般に東洋人は人間と他の生物とを截然と区別することをしなかった。これに対して、古来、西洋においては人間中心主義的な価値観に由来する「種差別」が顕著であり、それは今日においてもなお根強く残っている。

このような種差別は旧約聖書の創世記の冒頭の言葉に端的にあらわれているといわなければならない。そこでは人間は「神の似像」(imago Dei) として描写されていると同時に、他の一切の被造物は人間の供用のために造られたということが記されている。このような人間中心主義的な自然観はアリストテレス (Aristoteles) やストア学派の教説にも見られるが、それは中世においてキリスト教の教義のなかで一段と明確にされた。リン・ホワイト (Lynn White) は、十三世紀以降に栄えた西洋の科学・技術は人間中心的なキリスト教にその起源を発していることを指摘している。

▼自然支配の思想

このような伝統は近代においてベーコン (Francis Bacon) やデカルト (René Descartes) の思想に受けつがれ、強化されていった。ベーコンは学問のなかに自然支配という観念を最初に導入した哲学者である。彼は自然を支配し利用するための実用的な科学を提唱し、自らの著作に『ノヴム・オルガヌム』という表題をつけた。この著作の副題は「自然の解明と人間の支配についてのアフォリズム」となっており、そこでは「知は力なり」という確信と、「自然は服従することによって支配される」という洞察から、人類の生活を豊かにし安楽にするための方法として帰納法が説かれている。ベーコンにおいては学問の実用性や有効性が最重視され、人間中心的な観点からの自然利用が学問の目的と見なされた。

デカルトの自然観の特徴は、物心二元論の立場から自然を主観としての自我に対立する客観としての世界と考えたことと、この客観としての自然を、生命的な原理を欠いた無機的・機械的な世界と考えたことである。彼は自然の世界を幾何学的な延長と運動からなる一種の大仕掛けの機械と考えた。このように自然が精神も生命も、また色や香りをも欠いた単なる機械的・物質的な世界だとすれば、もはや自然はその美しさと神秘をもってわれわれを魅了するものではなくなり、したがってわれわれは自分の意のままに自然にメスを入れ、それを大きさ・形・運動等の要素に分解することによって、そこに法則や原理を見出すことができ、またそれによって自然の支配者にして所有者になることができる。

このような人間中心的・主観主義的な考えはカントの思想にも見られる。カント（Immanuel Kant）は『判断力批判』（一七九〇年）において、自然が一つの目的論的体系と見なされるときには、人間はその使命から見て自然の最終目的であると述べ、『人間学講義』（一七九八年）においては、人間は人格をもつことにおいて他の被造物とはその地位と尊厳においてまったく異なっており、理性をもたぬ獣のような類を人間は自由にあつかうことができると説いている。

▼シンガーの動物解放論

ところで、現今の動物解放論はまさしくこのような伝統的な考え方に対するアンチ・テーゼであり、「異議申し立て」であった。それがシンガーの「種差別」の撤廃という主張になってあらわれている。

シンガーが依拠しているのはベンサム（Jeremy Bentham）の功利主義理論である。功利主義は倫理学説としては快楽主義の一種であるから、快楽を善とし、苦痛を悪と考える。しかし、功利主義の特徴はこの快楽や苦痛を個人的なレベルにおいてではなく、社会的なレベルにおいて考えようとする点にある。功利主義が「公衆的快楽主義」（universalistic hedonism）と呼ばれるゆえんである。よく知られているように、功利主義のスローガンは「最大多数の最大幸福」（the greatest happiness of the greatest number）であるが、この原理は「誰も一人として数え、一人以上に数えてはいけない」という平等主義の精神によって支えられている。

ベンサムの功利主義の特徴は、その平等主義の原理を単に人間ばかりでなく、一般に快楽や苦痛を感ずることのできる生物へと拡大した点である。彼は『道徳および立法の諸原理序説』（一七八九年）において、今日でいう種差別に反対し、重要なのは理性を有しているとか、言語を使用することができるとかいう点にあるのではなく、端的に苦痛を感ずることができるかどうかという点にある、と主張している。

このようなベンサムの主張すなわち苦痛を感ずることのできる生物には、われわれはできるだけ苦痛をあたえてはいけないし、またあたえる場合でも、その苦痛は最小限に食い止められるべきであるという考えが、シンガーの動物解放論の基点となっている。けれども、シンガーは動物に対する「同等のあつかい」(equal treatment) をもとめているのではない。彼が要求しているのは「同等の配慮」(equal consideration) である。一方には配慮をして他方には配慮しないというのは不平等だというのである。それは、各々の動物の固有の本性を無視して、どの動物も一律にあつかうべきだという主張では無論ない。皮膚の色の違いによって人間を差別したり、男女の性の違いによって人間を差別してはいけないように、人間か人間でないかという違いによって動物を差別してはいけないという主張である。

このようなシンガーの考え方には、単なる平等主義という原理のほかに、各々の動物は固有の権利と価値を有しているという主張が含まれている。そして、ここまでの点ではシンガーの主張は正論であると言えるだろう。もし、そこに問題があるとすれば、それは同等に配慮すべきかどうかという問題そのものよりも、むしろ同等に配慮すべき範囲をどこまで広げるか、あるいはどこで線引きをするかという点にあるであろう。シンガーは、ベンサムに倣って、その基準を、感覚を有しているか否かという点にもとめ、哺乳類、鳥類、爬虫類、魚類と下っていって、甲殻類であるカニやエビと軟体動物であるカキやホタテ貝の間に境界線を引いている。カニやエビは苦痛を感じているように見えるが、貝類は感じているようには見えないというわけである。

しかし、この線引きにはとうてい同意することはできないであろう。第一に、それは事実認識において間違いがあると言えるし、また第二に、それは新しい種差別を持ち込むことになるからである。カニとカキの間にいったいどのような違いがあるというのだろうか。カニとカキの優劣を定めるのは実際上きわめて困難である上に、たとえいかなる合理的な基準を設けるにしても、そこにはなおプロタゴラス流の人間尺度論の残滓が見られる。

また、動物解放論者の多くは肉食をやめて菜食主義者になるべきだと主張しているが、その趣旨はともかくとして、どのような食生活を選ぶかは基本的には個人の自由であって、強制すべきものではないのではなかろうか。そのような主張は、肉食主義者からすれば、個人の快楽を奪い、苦痛をあたえるから、功利主義の原則にも反することになるであろう。

けれども、動物解放論者が種差別に反対したり、菜食主義を主張する理由や動機については十分理解することができる。その背景には非情な動物虐待の現状がある。シンガーはとくに非人

▼食用動物の虐待

道的な食用動物の飼育方法と動物実験のあり方を槍玉にあげている。同様のことがR・ハリソン（Ruth Harrison）やL・プリングル（Laurence Pringle）等、多くの研究者によっても指摘されている。そしてそこに共通しているのは、いかに動物が肉体的な苦痛をあたえられているかという事実の指摘よりも、むしろ動物が本来の正常な生活をさせてもらえないという苦痛の指摘であるといっていい。食用動物はその誕生から死まで、その特有の性癖や嗜好を満喫したり、本能的な行動や遊びを享受することなく、ただ単に肉や乳や卵という商品を産みだす機械のごとくにあつかわれる。いいかえれば、彼らは人間本位の経済的効率という観点からのみあつかわれる。ニワトリの嘴をカットするデビーキング、狭く傾斜したケージや身動きできない柵のなかでの生活、ボビー・カーフ（搾乳用のメスウシから生まれたオスの子ウシ。生後まもなく処分される）やヴィール・カーフ（固形飼料をあたえられず、ミルクや液状の飼料で育てられたピンク色をしたやわらかい子ウシ。生後一六週間以内に処分される）の悲劇はそのほんの一例である。彼らは生きものとしてではなく、工場における機械や商品と同様に処遇される。

▼動物実験の現状

また、食用動物の飼育方法に見られる残虐性や非人道性は動物実験においても見られる。例えばＬＤ50テストというものがある。ＬＤ50というのは median lethal dose（半数致死量）の略で、物質の毒性実験の一つの基準として用いられるものである。ある毒物をどの程度の量ないし濃度のものをあたえれば動物の半数が死亡するかの実験である。この場合、無論、生き残った半数の動物も毒の影響をうける。通常、被実験動物は死ぬまでそのまま放置される。死にかかった動物でも回復することがあるので、安楽死させると結果を歪めることになるおそれがあるからである。しかし、当の動物にとっては、それはまるで真綿で首を絞められるような地獄の苦しみである。また、商品の安全性をテストするドレイズ・テストと呼ばれるものも残虐きわまりないものである。例えば化粧品やシャンプーの安全性をテストするのによくウサギの目が用いられるが、その際、悲鳴をあげて逃げ回るウサギは逃げられないように頭だけ出した状態でオリに入れられ、ときにはまばたきできないように目を金属のクリップでとめて開けたままにしておかれる。それから化粧品などの濃縮液がウサギの目に注入され、目の腫れ具合や、赤さ、傷などの程度によって、その製品の安全性が決定されるのである。レーガンが「たとえ百万人の生命を救うような癌の治療のための実験であっても、ただの一匹たりとも動物を実験のために使用してはならない、動物は人間の毒見役ではない」と批判するゆえんである。

しかし、このような動物実験によって人間の健康と安全が確保されているのも事実であり、その是非善悪の判定はむつかしい。ほどほどのところで折り合いをつけるのが現実的な解決策だと思われるが、そのほどほどのところを何処にもとめるかはきわめて困難な問題である。動物実験に代わる種々の代替実験を主張する意見もあるが、安全性や信頼性の問題をも含めて、そこにはまたいろいろな難問が残されているようである。むしろ問題なのは動物実験それ自体ではなく、動物実験に携わる者の惰性による感覚の麻痺であり、動物を「生きもの」としてではなく、「統計値」と見なすような非情な態度であろう。この意味で、動物実験の現場にもとめられているのは、犠牲になる動物に対する感謝と哀惜の念であると言えるのではないだろうか。

5 自然の権利

▼西洋における自然保護論の系譜

動物の解放論が環境倫理学の一契機として位置づけられるとすれば、同様に自然の権利論もまたその重要な一要素と見なすことができる。前節でも触れたように、アニミズム的伝統をもち、自然に親しむことに安らぎや喜びを見出してきた東洋とは異なり、「自然は神聖なものではなく、人間の供用のためにある」という伝統のもとで、人間中心主義的な自然の支配と利用の考えをもちつづけてきた西洋において、自然の権利や保護の主張は多数意見となることはなかった。

たしかに、太陽や月や風や火に対しても「兄弟よ！　姉妹よ！」と呼びかけたアッシジの聖フランチェスコ（Francesco〈Assisi〉）や、神を自然に内在的なものと考え「神即自然」（Deus sive natura）の汎神論を説いたスピノザ（Baruch de Spinoza）、またエマーソン（Ralph W. Emerson）の影響をうけ、地球は生命あるものであり、一つの身体であり、精神を有しているという全体論的な立場から「神はすべてのものを一括して保有している」とする「神学的生態学」（theological ecology）を主張した『ウォールデン』（邦訳名『森の生活』）の著者ソロー（Henry D. Thoureau）、神によって創造された共同体の構成員であるという認識から自然や動物にも固有の権利を認めるべきだと主張し、環境保護団体シェラ・クラブの創設に貢献したジョン・ミューア（John Muir）、『水と原生林のはざまに』においてあらゆる生あるものへの畏敬を説いたアルベルト・シュヴァイツァー（Albert Schweitzer）のような例外的な人物はいたが、しかし彼らの考えが主流になるということはなかった。自然の権利という発想そのものが自然の支配という思想の裏返しであり、そのアンチ・テーゼである。

▼「樹木の当事者適格」

それはともかく、この自然の権利論において画期的な役割を果たしたのはC・D・ストーンの「樹木の当事者適格――自然物の法的権利について」（一九七四年）という論文である。

一九六五年、ウォルト・ディズニー社はシェラ・ネヴァダ山中のセコイア国立公園内の鳥獣保護区ミネラル・キング渓谷に大規模なリゾート開発を計画していた。それは八〇エーカーの土地に三五〇〇万ドルを投資して、モーテル、レストラン、プール、駐車場などを建設するという内容のものであった。それには、セコイア国立公園を横断する道路と高圧電線の建設が含まれており、そのためには内務長官の認可が必要であった。そして、当時の内務長官モートンはその建設を認可した。これに対して自然保護団体であるシェラ・クラブが内務長官の許可が違法であることの宣言と、ディズニー社の開発計画の執行の差し止めをもとめて提訴した。それでこの事件はシェラ・クラブ対モートン事件と呼ばれる。

通常、市民や市民団体が、行政機関が下した決定に対して不服を申し立て提訴できるのは、市民ないし市民団体が、法律上保護された利益ないし法的権利を侵害されたときにかぎられる。しかし、シェラ・クラブはこの提訴は公共的な利益や権利のためのものであり、自分はその代表者であるという理由から、あえて自分の権利や利益が侵害されたという主張はしなかった。そこで、裁判はもっぱら原告適格の是非をめぐって争われることになった。そして、一審ではシェラ・クラブの原告適格が認められたが、二審では却下され、連邦最高裁判所に審理が持ち込まれた。

ところで、いずれは自然および自然物にも法的権利が認められるようになるだろうという考えを以前からもっていた南カリフォルニア大学ロー・スクールの教授ストーンは、このシェラ・クラブの提訴に関心をもち、「樹木の原告適格――自然物の法的権利について」という論文を書いて、自然や自然物にも人格と法的権利を認めるべきだと主張した。われわれは著作には著作権を、発明には特許権をあたえたように、またプライバシー権を創出したように、ワシや自然原野にも同様の権利をあたえるべきだというわけである。

このストーンの論文は最高裁のダグラス判事の目にとまり、ダグラス判事はストーンに賛成する意見を述べた。シェラ・クラブの訴訟は、結局、三対四の僅差で否決されたが、この訴訟を契機として自然や自然物の権利の擁護の動きが活発になっていった。こうしてレオポルドが生態学的な見地から説いた土地倫理がにわかに法的な実効性をもつようになり、現実味を帯びるようになった。

ストーンはこの論文のなかで、これまで船舶、教会、国家、会社、組合等に法的人格が認められてきたように、森林や河川やその他あらゆる自然物や自然環境にも法的権利を認めるべきであると主張し、またその具体的方法としては、幼児や禁治産者に認められているような後見人制度を援用して、個人や団体がその後見人となり、自然物の侵害に対して、自然物に代わって、自然物の利益のために代弁し、また代行する制度の創設を説いている。

▼日本における自然の権利を守る運動

このような自然や自然物の権益を守ろうとする運動は、近年、日本でも活発になっている。例えば日光東照宮が原告となって起こした日光太郎杉訴訟がそうである。これは日光東照宮の参道の道路拡張のため、杉並木の一つ太郎杉の伐採を認めた建設大臣の事業認定を違法として起こした訴訟事件である。この判決は原告勝訴となり、太郎杉の権利が認められた。その判決文は太郎杉の文化的・景観的・宗教的・歴史的・学術的価値を認めた内容になっており、そこでは太郎杉の法的人格が全面的に承認されている。

また、アマミノクロウサギ訴訟事件も自然物の権益を守ろうとする運動の一環である。これは奄美大島に計画された二つのゴルフ場の建設の認可をめぐる訴訟であるが、この建設が認可されると、アマミノクロウサギ、オオトラツグミ、アマミヤマシギ、ルリカケスなどの天然記念物や希少動物が生息地を失ってしまう。そこで野鳥保護団体を中心として、知事の認可の取り消しをもとめた訴訟である。この訴訟は現在も係争中であるが、この訴訟のユニークな点はアマミノクロウサギほか四名を原告とし、それぞれ「アマミノクロウサギことA某」「オオトラツグミことＢ某」という原告名を記載して争ったことであろう。このほか、最近では、諫早湾の干拓工事をめぐるムツゴロウ訴訟が記憶に新しい。

たしかに自然や自然物の権利をめぐる法的訴訟の細々《こまごま》とした経緯を論ずるのは環境倫理の本分ではなかろう。しかし、このような訴訟は自然（物）について、あるいは自然（物）と人間との関係について反省する良い機会をあたえてくれている。前節でも触れたように、従来われわれは自然（物）を人間の支配と利用の対象としてしかあつかってこなかった。自己本位の実利的見地からのみ自然（物）を見てきた。しかし、それは間違いであったのではなかろうか。自然の権利論はこうした人間中心主義的・主観主義的な自然観に対して深刻な反省を迫るものである。

実際、自然を無残に切り崩し、その形姿を勝手に変形して、ダムを建設したり、スキー場やゴルフ場を造成したりする権利がはたして人間にあるのだろうか。あの美しい山肌を削り取って道路を作ったり、行楽地を建設したりする資格が人間にあるのだろうか。はたして宇宙における人間の位置は何なのか。われわれはあまりに傲慢にすぎないだろうか。その行為はあまりに不遜ではなかろうか。しかも、このような利己的で自己本位な行為が回りまわって人間自身を苦しめる結果になっているのではなかろうか。これらの点は大いに熟考し反省する余地があるだろう。また、それは自然との共生にもかかわってくる問題である。

6　環境と共生

▼共生と当為

「共生」（symbiosis）という言葉は、元来、生物学の用語であり、異種の生物が一緒に生活していること（living together）を指している。それは異なった生きものが何らかの関係を結んで共に生きていることを意味しているだけで、その関係がどのような性質のものであるかということは問われていない。したがって、双方が共に利益を得ている場合（相利共生）はもちろん、一方が利益を得て、他方は利益も不利益も得ていない場合（片利共生）も、さらには一方が利益を得て、他方が不利益を被っている場合（寄生）でさえも、一緒に生活しているという事実には変わりはない。それだから、いずれの形態も共生と呼ばれている。

このように生物学的な意味での共生の概念は没価値的である。そこには善悪の基準は当てはまらないし、「望ましい」とか「べきである」とかいった表現も適切ではない。それは「事実」の世界であって、「当為」の領域ではない。しかし、われわれが環境と人間との共生ということをいう場合、その共生という言葉には明らかに価値的要素が含まれている。そこでは、環境と人間が事実としてどのような関係にあるかということが問われているのではなく、むしろ両者はどのような関係にあるべきであるか、またどのような関係にあるのが望ましいか、ということが問われているのである。それは「事実」の問題ではなく、「当為」の問題である。

しかも、ここで留意すべきは、自然は人間なくして存続しえるが、人間は自然なくしては存続し得ないということである。この意味では、人間はもともと自然に寄生的な生きものであると言える。それゆえ、人間と自然との間には相利共生はあり得ない。聖書においては、人間は「神の似像」であり、自然の支配者であるが、自然の方から見れば、人間はまぎれもなく加害者であり、搾取者である。それだから、人間の作為が加わらなければ加わらないほど自然は良好な環境を維持することができる。自然との共生を考える場合、重要なのは、従来の人間中心的な価値観を斥けて、逆に自然の側から、また自然の営為に即して物を見る視点である。それは、老子の「無為自然」や親鸞の「自然法爾」の思想に見られるように、東洋には昔からあった考え方であり、その精神は現代でもなお、例えば西田幾多郎の「物となって見、物となって行う」行為的直観の思想に生きているが、ディープ・エコロジーの提唱者アルネ・ネス（Arne Naess）にもそれに近似した考えが見られる。

▼ネスのディープ・エコロジー

ネスは論文「シャロー・エコロジー運動と長期的展望に立ったディープ・エコロジー運動」（一九七三年）のなかで、エコロジー運動を浅いタイプのものと深いタイプのものとに分けた。シャロー・エコロジーというのは、環境悪化の問題をただ環境の汚染と資源の枯渇の問題としてのみとらえ、諸々の制度の改革や規約の制定によって、この問題を技術的に解決していこうとするものである。そこでは、主として先進国の人々の健康と物質的な豊かさの維持・向上に運動の目的がおかれている。つまり現在、自分が享受している豊かな生活水準を維持し向上させるには、現実の環境悪化の諸現象に対してどのように対処し、どのように行動すればよいかが、その発想の基礎になっている。

これに対してディープ・エコロジーとは、環境悪化の問題を単なる技術的に解決可能な問題とは考えず、それをもっと深くもっと根本的な観点から考察していこうとするものであり、概してこの運動は自然と人間との関係においてわれわれの意識の変革をもとめている。ネスは同論文においてディープ・エコロジーの七つの特徴をあげているが、その要点を示せば次のようである。

まず、それは個体主義的ないし原子論的な世界観を否定して、一切のものは有機的な相互連関のなかにあるという関係論的で全体論的な世界観をとっている。個々の個体や部分から、その集合として世界を考えるのではなく、反対に世界の方から、その構成要素として、しかも相互に密接に連関しあっている網目として個体を考えようとしている。

また、それは人間中心的・位階制的なものの見方を否定して、生命圏平等主義的な立場や反階級制度的な立場をとっている。ここでは人間はもはや「神の似像」でも「統治者」でもなく、世界の一構成員として位置づけられており、すべての生物はそれぞれ固有の価値と権利をもっていると考えられている。また、南北間の経済格差をも含めた人間社会における一切の差別や抑圧に対して、したがってまたあらゆる階級制度に対して反対の立場が示されている。

さらには、それは生命の多様性と複雑性をもとめるとともに、その調和的な共生を支持している。近代の精神はあらゆる領域における原理の単純化・モノトーン化を目指してきたが、ディープ・エコロジーは反対に自然や社会における多様性や複雑性を大切にし、またその多様で複雑な諸要素や種相互の調和のとれた共生を目指している。

最後に、それは従来の中央集権主義的な発想を否定して、地方や地域に、その特徴や特性に応じた政策を実行する権限をあたえるようもとめている。

▼自己実現の観念

ところで、ネスはディープ・エコロジーを展開するにあたって、彼の考え方の基本として「自己実現」(self-realization) の観念を強調した。ネスの考えでは、人間は一般に自分がもっている能力を過小評価している。通常、われわれは偏狭で利己的な「自我」(ego) を「自己」(self) だと思っているが、人間はバランスよく成長すれば、自分を無限に拡大し、あらゆる存在と自分を同一視するようになる。いいかえれば、人間は自己を実現するのであり、この自己実現が進むにつれて、生の喜びや意味も深まっていく。こうして人間は無限に自己を拡大し、環境全体と自己を一体化することができる。そして、そこに環境との真の共生がある、とネスは考える。

ネスによれば、自己とは、その人が同一化した当のものであり、またこの同一化は「共感」によって生ずる。すると自己は他のものに共感すればするほど、ますます自己を拡大し、ついには自己を環境全体と同一化することができる。人間はしばしば自分の地位や財産や家を自分と同一化するように、自分が愛する川や海や山と自分を同一化し、究極的には自然や環境全体と自己を同一化する。それが究極的な自己実現である。

このようにネスはその自己実現の思想でもって自己と自然や環境との同一化を説いた。この自己実現を誤って自我実現と考えれば、自己の可能性が不当に過小評価され、ラッシュ (Christopher Lasch) のいう「ミニマル・セルフ」（最小の自己）になるが、逆に自己を他のものと同一化することによって、どこまでもこの自己を拡大していけば環境全体が自己の身体となる。そしてこのような自己と環境との一体不二の関係こそ人間がとりうる唯一の共生形態であると言えるであろう。

以上のようなネスのディープ・エコロジーや自己実現の思想はレオポルドの土地倫理の精神と一致しているばかりでなく、西田の行為的直観の思想とも呼応している。ただ、ネスにおいては、自己は無限に自己自身を拡大し、他のものを自己の内に包み込む方向で環境との同一化が考えられているが、逆に自己が無限に自己自身を喪失し、他のものの内に自己を消滅していく方向においても環境との同一化は考えられるのではなかろうか。前者が際限なき自己肯定の方向であるとすれば、後者は徹底した自己否定の方向である。「物となって見、物となって行う」という境位がそれである。両者は行為の目的や結果においては一致するが、そこへと至る方途や過程は正反対である。ここに東西の文化の違いが端的にあらわれていると言えよう。

7　人口問題と南北問題

今日の地球環境問題を惹起した要因としては二つあげられる。一つは人口の爆発的増加の問題であり、もうひとつはエネルギーの大量消費の問題である。そしてこの二つの現象はともに十八世紀後半の産業革命期から顕著になった。

▼人口の爆発的増加

一六五〇年の世界人口はおよそ五億人であったと推定されている。年間の増加率は〇・三パーセントであり、したがって倍増に要する期間は約二五〇年と予測されていた。しかし、一九〇〇年の世界人口は一六億人に達し、年間増加率は〇・五パーセントで、実際に倍増に要した期間は一四〇年に過ぎなかった。さらに、一九七〇年には世界の人口は三六億人に増加し、年間増加率も二・一パーセントとなった。わずか七〇年間で二倍以上に膨れ上がったことになる。マルサス（Thomas R. Malthus）は人口は幾何級数的に増加すると主張したが、メドウズもいっているように、これは単なる幾何級数的成長ではなく、成長率そのものが成長したという意味で、超幾何級数的成長である、といわなければならない。その後も人口は爆発的に増加しつづけ、一九九〇年には五四億人に達し、現在では六〇億人を超えている。国連の予測によると、向こう五〇年間で世界人口はさらに四〇億人増加して一〇〇億人に達する見込み（中位予測）だという。

このような世界人口の急激な増加が地球環境問題を惹起した要因の一つであることはたしかであろう。フロンティア時代であれば、開拓者は好きなだけバイソンを屠殺し、その舌だけを食べて残りは捨ててしまうことが許された。また、河川に汚水を垂れ流しにすることが許された。それは自然の再生と循環に少しも悪影響をあたえなかったからである。そこではボールディング（Kenneth E. Boulding）のいうフロンティア倫理が成立した。しかし、それは今日においては決して許されることのない暴挙である。

このように倫理や道徳は状況と関連がある。かつては許されたことが今日では許されない。地球環境問題もこのような状況の変化と関連している。そしてこのような状況の変化を生んだ最大の要因は人口の爆発的な増加である。ギャレット・ハーディン（Garett Hardin）は人口問題に関しては技術的な解決は不可能であることを、その刺激的な論文「共有地の悲劇」（一九六八年）や「救命ボート上に生きる」（一九七四年）で指摘し、その解決策として「相互間で同意された相互強制」という原則を提示した。それは、平たく言えば、自由駐車による無秩序と混乱を避けるためにパーキング・メーターの設置を提案するようなものである。たしかに、それは長時間の駐車を抑制する効果はあるだろうが、社会に厳然としてある貧富の差を無視している。金持ちにとっては駐車料金や罰金の支払いなど痛くも痒くもないから、彼は好きなだけ駐車しつづけるだろう。しかし、貧乏人にとってはそうはいかない。彼は料金をできるだけ少なくするよう心がけ、あるいは車を使用すること自体を断念するかもしれない。相互強制というシステムはこのような不公平をかかえているが、そのことを十分承知の上でハーディンは「不公正も完全な破滅よりはましである」と主張している。

▼負傷者選別の原理

　このような「弱者切り捨て論」はP・R・エーリック（Paul R. Ehrlich）によっても説かれている。彼は『人口爆発』（一九六九年）のなかで、人口制限の緊要性を力説し、とくに人道という名のもとにおこなわれる食糧援助に疑問をなげかけ、援助に関しては、戦場での軍隊医療における「負傷者選別の原理」を導入すべきである、と説いている。負傷者選別の原理とは、負傷者を「治療を受けても死んでしまうであろう者」「治療を受けなくても助かるであろう者」「迅速な治療を受ければ助かるであろう者」に分け、この内、最後のグループに属する者だけを助けて、他のグループのものは放っておくというものである。

　このような主張は一見すると非人道的であるように見えるが、現実のわれわれの行動の長期的な結果に関して正しく目を向けていると言える。しかし一方、それは一人のアメリカ人がインド人の五〇人分以上のエネルギーを消費しているという事実を無視している。たしかに人口の爆発的増加は問題であるが、それは人口抑制のためのソフト面での援助、すなわち避妊方法の知識や技術の普及、堕胎の緩和の法制化、家族計画の普及等々によって徐々に改善されつつある。むしろ問題なのは先進諸国の罪悪ともいうべき浪費癖であり、際限なき欲望の追求であろう。

▼大量生産・大量消費・大量廃棄

　今日の世界経済のシステムを端的にあらわす言葉は「大量生産・大量消費・大量廃棄」である。商品を大量に生産し、それを大量に消費し、そして大量に廃棄する。また新しくより便利な商品を大量に生産し、それを消費し、廃棄する。こうして際限なく商品を大量に生産しつづけ、それを消費しつづけ、そして廃棄しつづける。しかし、このように商品を大量に生産しつづけるということは、それだけ貴重な天然資源を食い潰していくということであり、また商品を大量に廃棄するということは、それだけ環境を汚染していくということである。このように現在の経済システムは環境の漸次的悪化という代償によって、かろうじて維持されている。「大量生産・大量消費・大量廃棄」という経済システムは必然的に悪循環を繰り返し、貴重な環境を破壊していく。しかもこうして生産される商品は必ずしも人間の必要を満たすものとはかぎらない。企業家にとっては、ただ商品が売れて儲かりさえすればいいのであり、また技術者にとっては、技術的に可能なものは何でも作るべきなのである。そこにはいかなる倫理的規範意識もない。かつてカントは、自己の内なる義務意識に対する尊敬の念から「汝為すべきがゆえに為しあたう」と揚言した。君はそうすべきなのだから、そうできるはずだ、というのである。ここでは行為に先立って義務の意識がある。これに対して技術の論理は、それは技術的に可能なのだから、それを作るべきだと主張する。ここでは、義務の意識は行為の後に作為的に作られる。技術的に可能なものは何でもまず先に作っておいて、後からその商品に対する需要や欲求を惹起させればよいというわけである。

こうした技術の論理と結託した企業の論理によって、本来、それが人間にとって必要なのか否かの議論を抜きにして、次から次へと新製品が生産される。そしてわれわれはまるで魔法にでもかかったかのようにそれを買いもとめ、消費し、たちまちそれを廃棄する。「消費は美徳である」と煽動され、それが自分にとって本当に必要なのかどうかを反省し吟味することもなく、こぞって「大量消費・大量廃棄」の御先棒をかついできた。一九六〇年代の初頭に、電通の子会社である電通PRセンターの出した「電通PRセンター十訓」は、高度に発達した資本主義社会における異常な大衆心理を巧みに操作しようとしたものであった。曰く「もっと使用させろ。捨てさせろ。無駄遣いさせろ。流行おくれにさせろ」等々。

▼豊かさとは何か

われわれはそろそろ「生き方の質」を変えるべきときではなかろうか。今日のような生活水準の量的向上は決して真の充足感をあたえはしない。むしろシューマッハー（Ernst F. Schmacher）のいうように、ますます貪欲と嫉妬心をあおり、法外な欲望を解き放ってしまうだけである。「衣食足りて礼節を知る」という言葉があるが、われわれは「衣食足りて自足を知る」ようにならなければならないのではなかろうか。

　昔、エピクロス（Epikuros）は「パンと水さえあれば、ゼウスと幸福を競ってみせる」と豪語したといわれるが、われわれが生きていくうえで本当に必要なものというのはごくわずかなものであろう。そこに種々の贅沢や奢侈が加わり始めると、われわれはかえって真の幸福や満足というものを見失って、「もっともっと病」に罹ってしまうように思われる。ある程度の物質的な富は豊かな生活に不可欠であるが、しかしそのような富がいくら増加しても、それが心理的満足をもたらすわけではない。心理的な充足感は生活の量からではなく、生活の質から生ずる。この点からすれば、現在の先進国の生活水準は既に適正レベルを超過しており、この度を過ぎた物質的豊かさが、かえって真の豊かさをわれわれから遠ざけて見えないようにしているように思われる。

　また、このような物質的豊かさは、もっぱら自然を搾取し収奪することによって築かれてきた。自然はわれわれがその一構成員であるような共同体として見られたことはなく、そこから何か富や利益を引き出す対象界と考えられてきた。要するに、それは手段的・道具的存在にすぎなかった。このような自然の支配ないし人間中心的な思想によって、人間と自然との緊密な紐帯は失われてしまった。自然はわれわれの外にあってわれわれに対立しているものであり、それは利用と支配の対象以外の何ものでもないと考えられた。

　これはベーコンやデカルト以来の自然支配の思想と二元論的世界観の必然的帰結であるけれども、本来、われわれは自然の支配者として自然の外にあるのではなく、むしろその一構成員として自然の内にあるものである。また、自然は色や音や香りを欠いた機械的な物質界ではなく、われわれの心情を穏やかにし、和《なご》ませ、ときめかせる生命的世界である。われわれは自然を支配し統御するときに真の心の満足を得るのではなく、むしろわれわれが自然のなかに抱かれ、自然と融和したときに真の心の満足を得るのではなかろうか。春には桜の花を愛《め》で、秋には紅葉を愛でる日本人の心性には、まだこのような自然との一体感や連帯感をもとめる性向が根強く残っているように思われる。われわれは真の「豊かさ」とはいったい何なのかを虚心に反省してみるとともに、人間と自然とのかかわり方はどうあるべきであるのかを、もう一度検討しなおしてみる必要があるであろう。

（小坂国継）

【参考文献】


シュレーダー＝フレチェット編、京都生命倫理研究会訳『環境の倫理』上・下、晃洋書房、一九九三年。

ジョイ・A・パルマー編、須藤自由児訳『環境の思想家たち』上・下、みすず書房、二〇〇四年。

加藤尚武『環境倫理学のすすめ』丸善ライブラリー、一九九一年。

加茂直樹・谷本光男編『環境思想を学ぶ人のために』世界思想社、一九九四年。

加藤尚武編『環境と倫理』有斐閣、一九九八年。

桑子敏雄『環境の哲学』講談社学術文庫、一九九九年。

小坂国継『環境倫理学ノート』ミネルヴァ書房、二〇〇三年。

高坂節三『国際資源・環境論』都市出版、二〇〇五年。

第三章　経営倫理学（ビジネス・エシックス）

1 経営倫理概説

▼経営倫理の定義

経営倫理という分野はわが国では、まだ十分な進展を見せておらず、したがって明確な共通認識にもとづく定義があるようには思えない。わが国の研究書を見ても、内容は倫理を理論的に研究するもの、実務的あるいは法的、さらには実利的、また個別の問題や全体の問題など、経営倫理という表題があってもまったく統一がない。アメリカでも事情はそれほど変わらないようである。アメリカの研究者も、バイオエシックスが一九六〇年代から始まったとされるのに比べると、この分野が学問的な特定の領域と認められたのは一九七〇年代からと、一〇年ほど遅く考えている。そして一九八〇年代に体系化されたと述べている。

しかし、私はこの分野の倫理観の一般の倫理意識への影響は、生命倫理や環境倫理などの分野よりも大きいと思う。というのも生命倫理は、病気の人か、最新の医学的な問題に関わるものだし、環境倫理においてよく引き合いに出される未来世代は、まだ社会には実在していない。これに対して現に生きているほとんどの人は、生活するために何らかの形で経済活動に関わっている。したがって経営倫理の主要な学説は社会一般の倫理観に直接に関係してくるはずである。そのためもあるのだろう、今ではアメリカの主要なビジネススクールのほとんどのカリキュラムにビジネス・エシックスの講座が組まれており、他国でもこの分野への学問的関心が増しつつある。今後わが国でもこの分野の研究が加速することになるだろう。

アメリカの一般的な定義では、ビジネスの際にどのような行為が倫理的に許容されるか、その事例について結論を出すだけでなく、その結論を導くための方法論の研究までも含むとされている（ジャクソン）。

わが国の研究者による定義としては、水谷のものがある。水谷はビジネス・エシックスは、営利組織である企業だけでなく、非営利の組織体でも、経営がある以上、倫理問題が生じると考えている。水谷の研究の特徴は、これまでの効率性原理と競争性原理に、新たに人間性原理と社会性原理を加えて、新しい変化への対応を実践的に可能にする方法を考えたところにある。

このように、水谷が組織体における倫理問題を強く意識しているのに対して、アメリカでは個人の倫理道徳も含むように感じられる。水谷においても個人の問題が意識されていないわけではないので、基本的には両者の違いは大きくはないのだが、アメリカの諸論文ではたしかに個人が直面する問題が多く見られる。これは功利主義から発した倫理観に照らしながら問題を解明しようとするアメリカと比較すると、企業の不祥事が大きな社会問題とされる現状だけでなく、企業をひとつの共同体とする東洋的な伝統を持つわが国の違いから来ているのかもしれない。いずれにせよ経営倫理は、ビジネスに関する個人道徳と組織倫理を含むと考えてよい。

私が見た範囲で比較的納得がいく定義はディジョージ（Richard T. De George）のものである。彼はビジネスとは、個人間、個人と営利組織、営利組織間の経済取引であると明確に述べている。その際に生じる倫理問題がビジネス・エシックスである。しかしこの定義でも、水谷に見られる企業以外の組織体という考えは入っていない。

▼経営倫理の諸問題

もちろん経営倫理で扱う問題は古くからあった。ジャクソン（Jennifer Jackson）によれば、キケロが次のように言っているという。予想される買い手に、自分の所有する建物に虫が食っていることを伝えないのは、倫理に反するか否かと。だから、経営倫理が明確な主題を持つ領域であることは新しい学問的成果だが、そこに含まれる課題や問題群は、すべてが新しいわけでないのは当然のことである。この分野は哲学、倫理学の研究者にはなじみのある分野だろう。というのも人間や社会については哲学、倫理学は古くから考察を重ねてきたからである。

ディジョージの分類ではビジネス・エシックスは四つの種類の活動に関わるとされる。第一、一般倫理原理をビジネスの特定の事例あるいは実践に適用することである。つまり、同じような事件の発生を防ぐにはどうすれば良いか、企業が道徳的であるためにはどう行動すべきかなどである。また政府がどのような政策を採るべきかという局面に遭遇する場合なども含まれる。第二は、メタ倫理的なものである。企業は統制される必要があるものなのか。あるいは権利を持っている道徳的な実体であって、個人と同じように良心を持っているのか。第三は、ビジネスの前提条件の分析である。財産、搾取、競争などの言葉の倫理的な意味の規定や、費用、会計手続きなどの前提となる条件の分析のことである。第四に、倫理学の領域を越えて、哲学の他の領域、また経済学や組織理論といった別の知の領域に踏み込まねばならないという立場である。例えば、豊かな国々は貧しい国々に対して何らかの道徳的な義務を負うのか。また多国籍企業は進出している国に対して道徳的義務を負うのかといった問題などである。しかし私の見るところ、現在のわが国の倫理学研究への応用の可能性からすると、この四つの分類は二種類に区分できる。つまり、第一の一般倫理原理をビジネスの特定の事例あるいは実践に適用することと、第四の、別の領域に踏み込むとされる研究が、事例研究をその方法とし具体的であるのに対して、第二のメタ倫理的な領域、第三のビジネスの前提条件の分析は理論研究であると考えられるのである。

さらに発生している経営倫理の問題群について、経営倫理学が必要とされるに至った原因を、水谷はおよそ次のように考えている。(1)企業不信への市民社会の批判、(2)経済成熟化による市民関心事の変化、(3)自由主義経済の進展による規制緩和及び廃止への対応の必要、(4)グローバル化による国際ルールへの適応、(5)地球環境保全の必要。

したがってこれに準拠して問題群があると考えてよい。例えば、⑴企業不信への市民社会の批判に関しては、贈収賄、不当表示などが具体的な問題と言える。⑵経済成熟化による市民関心事の変化に関しては、情報公開などが典型だろう。また公益通報（内部告発）の倫理性はアメリカの研究者にとっては関心の高い主題でもあり、今後わが国で研究の対象になるだろうが、これも企業の一員であることを優先するか、市民の倫理を優先するかの問題ととらえることができる。⑶自由主義経済の進展による規制緩和及び廃止への対応の必要では、企業の系列問題、市場の不透明性などを挙げてよいだろう。また国によってリベートへの感覚が違うことに、アメリカの研究者は神経をとがらせているようである。これは世界各国に企業が進出している国ならではの悩みだろう。つまりある国の文化では賄賂になる行為が、他の文化では当然のことである場合などである。また彼らは賄賂についての考えも厳密で、要求された贈り物が賄賂になるのであって、単なる贈り物は賄賂にはならないなどの議論は、わが国企業がこれからさらに海外展開する際の、切実な問題を先取りしていることになるであろう。⑷グローバル化による国際ルールへの適応については、例えば環境対策としてのＩＳＯ１４０００シリーズや、国際会計基準の導入などに伴う倫理観の変化が、現在、企業の関心事となっている。⑸地球環境保全の必要については、企業の環境対策や公共事業による環境破壊、環境会計などを挙げることができる。

しかし経営倫理の最も基本的な問題は、とくに企業の場合、利益と公益をどう一致させるかにある。アメリカではこの点を追求しているのが良い経営者だという評価を受けている。ゼネラル・エレクトリック社（ＧＥ）が、成功した例として挙げられることもある。

このように経営倫理学は生命倫理、医療倫理に比べるとまだ新しい印象を受けるが、いずれにしても、応用倫理の一領域として、この領域の議論も倫理と現実の中間的な位置で考察が進められること、したがって相対的価値観を基本とすることを確認しておこう。

②　用語の紹介とその背景

経営倫理に関しては一般に理解されていない用語もあるので、その紹介と背景の解説が、この領域の理解には有用だと思う。

▼コーポレートガバナンス　企業統治と訳される。企業における意思決定の仕組み、および企業経営が暴走することのないよう監視する仕組みのこと。誰が意思決定および監視をするのかという点と、どのようにそれをするのかという二つの点がある。

前者については、誰が企業の主権者かが問われる。会社法の規定によれば会社は株主（ストックホルダー）の所有するものとされている。したがって狭義のコーポレートガバナンス（corporate governance）とは、経営者が企業を運営する際に、株主の主権を優先させ、株主の利益を最大に考える経営を意味する。しかしながら、企業に利害を持つ者は株主だけでなく、従業員、顧客や取引先、地域社会などが考えられるのであり、これら多様な利害関係者（ステークホルダー）を考えながら行う経営のあり方をコーポレートガバナンスと捉える場合もある。とりわけわが国では株主主権ではなく会社を従業員のものとする発想が根強い。アメリカの有力企業で株価上昇を企図した不正会計が続発したこともあって、現在では単なる株主重視ではない経営が、より正しいコーポレートガバナンスであるという議論がなされることも多い。

後者については、企業が効率的に運営され、かつ一時的な不調からすばやく回復するにはどのような仕組みが良いのかが問われる。具体的には、監査役制度の充実、社外取締役によるチェック、執行役員と取締役の分離による執行役員の監視といった方法が提案されている。

コーポレートガバナンスが問題とされるようになった契機はアメリカに発する。アメリカでは、株式所有の分散によって企業の所有と支配の分離が生じ、会社は経営者の意のままに経営され、株主の委託機関である取締役会が形骸化するという状況が生じていた。しかし一九九〇年代以降から主に年金資金などの大株主が現れ、株主利益にかなう経営を唱えるようになった。この結果、従来は内部出身者で占められていた取締役会が社外取締役中心に再編されるなど、業務執行にあたる執行役員から独立して経営を評価・監視する制度が整えられるようになったのである。

また日本においては、バブル崩壊以後の不況の中でコーポレートガバナンスが脚光を浴びるようになった。経済の低迷が長期化したことから従来の日本型コーポレートガバナンスの限界が指摘されるようになったことが原因である。さらに、大手企業の総会屋に対する利益供与や、放漫経営をつづけた末の破綻、さらには雪印乳業などがずさんな衛生管理によって食中毒事件を引き起こした不祥事などが頻発したことも、コーポレートガバナンスの再構築を求める気運を高めている。

具体的な動きとしては一九九三年の商法改正で監査役制度の強化、株主代表訴訟の手数料引き下げなど、経営をチェックする機能の強化が試みられた。また二〇〇三年の商法改正では、執行役と取締役を明確に分離し、取締役会において社外取締役が過半数を占めるように定めた委員会等設置会社の導入が認められた。こうして評価、監視制度が充実していくので、経営者は積極的なディスクロージャーを行い説明責任を果たしていく必要に迫られている。

▼モラルハザード

一般に倫理の欠如などと訳される。危険回避のための手段や仕組みを整備することにより、かえって人々はそれをあてにして注意が散漫になり、規律が失われ、危険や事故の発生確率が高まってしまうことを指す。

元来は保険用語で、例えば自動車保険に加入した人が、そのためにかえって自動車事故に対する注意をおろそかにしてしまい、事故を起こしやすくなるという現象のことである。最近ではこの言葉が主に企業の経営破綻問題に際して使われるようになり、広く知られるようになった。例えば金融機関は、倒産すると社会に与える影響が大きいという判断から、規制で幾重にも守られている。しかも経営難に陥った場合も本来の法的手続きである破産手続きをとらず公的資金の注入によって解決が図られ、当事者の経営責任はあいまいになる。こうして放漫な経営が温存されたままになるというモラルハザード（moral hazard）が生じてしまうのである。また経営危機にある企業が、巨額の債権放棄をあてにして負債を放置したり、不採算事業の改善をしないまま、債務を膨らませていってしまうのも根を同じくする問題である。モラルハザードを防止するためには、企業や個人が健全な行動をするようなルールを整備し、それを順守する倫理観を形成していくことが必要である。

▼コンプライアンス

法令順守、または倫理法令順守とも訳される。企業活動において、関係法令から社内規則だけでなく、社会規範や倫理面まで含め、これらを順守して行動すること。したがって法令順守といっても、利益供与、インサイダー取引、カルテルといった明らかな違法行為を犯さないというだけでなく、実定法を越えた企業倫理の面まで踏み込み、良き企業市民として社会貢献をしていくことを求める概念である。

コンプライアンス（compliance）の概念は一九六〇年代から独占禁止法違反、株式のインサイダー取引事件などを経験したアメリカで深められてきた。一九九一年には「組織に対する連邦量刑ガイドライン」が施行され、違法行為を犯した組織に対する罰金の基準を定めると同時に、違法行為を発見し未然に防ぐためのコンプライアンス・プログラムが奨励された。この結果、現在ではアメリカの大企業の九割以上がコンプライアンス・プログラムを持っているといわれている。

日本でも、八〇年代から国際的な産業スパイ事件や共産圏への不正輸出事件をきっかけに議論されたが、コンプライアンス体制の本格的な構築が要請されるようになったのはバブル崩壊以降、大企業の不祥事が相次いで表面化して、コンプライアンスが企業の存亡に関わる重要課題として認識されるようになってからのことである。例えば近年でも、衛生管理上のルールを軽視した結果一万三〇〇〇人の食中毒被害を出した雪印乳業や、三〇年間に及ぶリコール隠しが発覚した三菱自動車工業、放漫経営、乱脈融資の末に破綻したそごう、外国産肉を国産と虚偽記載し、国の買い取り制度を悪用して利益をあげようとした日本ハムなどといったように、社会的な影響力を持つ大企業が信頼を失墜した事例には枚挙にいとまがない。

日本企業では、特有のコーポレートガバナンスがあって経営や業務執行へのチェック機能が働きにくく、自浄作用が働かないまま不正を続けてしまうという場合がしばしばみられる。こうした組織の頽廃を招かないためには、まず第一に、不正行為を未然に防ぐための法令順守基準や倫理綱領、さらにはそれを具体化するための手続きを確立することが急務であろう。また第二に、これらのルールが順守されていることを監視する責任者や監視機関を整備することである。例えば、コンプライアンス委員会や担当役員を企業内部に設置し、適切な業務の遂行についてチェックしたり、不正行為の告発を受理し報復行為が起こらないようにするなどの措置である。第三に、これらのコンプライアンス体制を文書と教育研修によって周知徹底することが大切である。そして最後に、完全な組織はあり得ないのであるから、もし不正行為が発見された場合は、同様の問題が二度と起こらないよう速やかに適切な対応を講ずることである。

コンプライアンスを強化するメリットは、不祥事が発覚すると企業のイメージ低下や売上げ減をまねいたり賠償責任が課せられるなどで、企業経営が存続できなくなるのを防止するというだけではない。自社の価値基準を社員に徹底することは、強固な組織風土を作ることにつながり、結局はより高い業績につながる。また社会的に見ても、環境対策など法令の要求するところを越えて積極的な取り組みをしているブランド製品が高く評価されたり、コンプライアンスが確立している企業に投資する社会的責任投資（ＳＲＩ）ファンドがつくられ、アメリカではすでにきている。

一兆円以上の資金を有するなど、企業のコンプライアンス向上は企業自身にとっても利益につながるものになって

▼株主代表訴訟

取締役が違法行為等によって会社に損害を与えたにもかかわらず、会社がその責任を追及しなかった場合に株主が会社に代わり取締役を相手取って起こす訴訟。商法二六七条に規定されている。

取締役の会社に対する責任は、本来会社自らが追及すべきものである（商法二六六条）。しかし、現実には追及されるべき取締役と他の取締役との関係から、会社が積極的に非をただすことが期待できない場合も多い。そこで、個々の株主が、本来会社の有する権利を会社のために代わって行使することを認め、会社の利益の回復さらに株主の利益確保を図ることを保障する仕組みが、株主代表訴訟である。

訴訟を提起できるのは六カ月以上の株主。会社に損害を与えた取締役（監査役を含む）個人を相手に提訴できる。明白な犯罪行為だけでなく、経営者の経営判断の妥当性そのものを問うことができる。株主が勝訴した場合、弁護士報酬ならびに調査費用の相当部分を会社に請求することができるが、株主代表訴訟は会社のための訴訟であるから、株主が損害賠償金を得ることはできない。賠償金は会社に支払われ、株主は間接的に利益を受ける仕組みである。

この制度は一九五〇年の商法改正時にアメリカの制度に倣って導入された。提訴の際の手数料（印紙税）が賠償請求金額に比例して増える仕組みで、場合によっては数千万円にものぼったことからほとんど利用されることがなかったが、一九九三年の商法改正で手数料が一律八二〇〇円に引き下げられ、利用しやすい形に改められたので、現在では訴訟が急増するようになった。代表訴訟の内容は、蛇の目ミシンなどの自社株取引、ゼネコンの汚職、証券会社の損失補填や銀行の不正融資、財テク失敗など様々である。

こうした動きに対して、濫訴や特殊株主による悪用を招くという批判もあるが、被告は提訴が悪意から出たものであることを疎明すれば原告の担保供与を申し立てることができる（商法二六七条⑤）。このため日本が訴訟大国に

なると見る向きは少ない。

むしろ、商法上株主が経営者に対して株主権を直接行使できる場は株主総会と株主代表訴訟の二つだけでありながら、その両方が従来から形骸化してしまっていたこと、またバブル経済崩壊以降に企業不祥事が続発したことを考えると、株主による経営のチェック制度をより活性化させることによって、日本型コーポレートガバナンスの再構築を図っていく必要があるだろう。

▼**公益通報（内部告発）**　内部告発と同義。元来は、組織内部の人間が内部の人間にしか知り得ない不正・リスク・怠慢などの情報を、公益を守る目的で外部に通報することを指した。近年では社内通報制度や相談窓口制度のような企業内部での通報を含んだ使われかたが多くなっている。

企業の利潤追求が公益に反しているという場合はしばしばある。しかし一方で、企業社会が発展するにつれて、内部者にしか知り得ない違法行為や公衆に重大な影響をおよぼす行為、専門家にしか予見できない技術的問題など、組織の内部者と外部者の情報格差はますます進んでいると言える。ここに公益通報の意義があるのであり、企業活動が暴走しないようチェックするコーポレートガバナンスの見地からも必要な仕組みである。日本では、内部告発を受けて二〇〇二年に発覚した雪印食品の偽装牛肉問題や、同年に公表された東京電力の原発自主点検記録の改竄問題が記憶に新しい。

こうした不正行為の告発が容易になれば、事件や事故の発生を未然に防ぎ、社会的な損失を最小限に抑えられる可能性がある。ただし公益通報という行為は、内部者は所属する組織に対する忠誠心や守秘義務からなかなか踏み切りにくい。それだけでなく、公益のために通報した結果、会社から報復的な人事処遇を受けたり解雇されたりするリスクもある。このことから現在では通報者の地位保全と解雇の禁止、プライバシー保護といった法的保護が必要だと考えられている。内部告発者の保護が進んでいるアメリカでは、八九年に連邦政府職員を対象にした「内部告発者保護法」が制定され、また十五余りの州で民間企業の内部告発者を保護する州法が定められている。また企業側でも、公益通報を受け付ける社内相談窓口やコンプライアンス委員会などといった制度を整備し、経営の透明性を高めていくことが求められている。

今後、公益通報が増加していくことは避けられない趨勢であると思われる。なぜなら第一に、非正社員や離職者の増加といった雇用の流動性が高まり会社への帰属意識が比較的弱い社員が増えてきているからであり、第二に情報技術が発達して個人の情報発信力が強くなっているからである。したがって大切なことは、通報を抑えこむのではなく、通報の対象となるような違反行為を早い段階で把握してそれを改めていくことであろう。さらには流言や誹謗中傷に類した通報が横行することのないよう、公益通報という行為の意義と限界を倫理学的な観点から議論し、社会的コンセンサスを形成していく必要があるだろう。

▼リスクマネジメント

危険管理または危機管理と訳される。企業経営の継続に影響を与えるリスクを洗い出し、それらを最小限にとどめるようコントロールする管理手法のことである。

リスクとは、企業に損失をもたらす現象のうち、その原因・経過・発生頻度・発生時期・発生場所などが確定しないという不確実性をもち、そのため主観的な基準にもとづいて対策をたてるしかない潜在的危険と定義できる。したがってきわめて多様なリスクが想定され、かつ企業活動が発展していくにつれ新しいリスクが生まれていく。こうしたリスクを最少費用で最小限にとどめる仕組みを構築するのが、リスクマネジメントの目的である。

リスクマネジメント（risk management）の手法は、一九五〇年代半ばごろからアメリカにおける保険の領域で発達してきた。当初の概念はリスクヘッジを保険で行おうというものだったが、企業社会が高度化するにつれ、保険で損失補塡をするというタイプにあてはまらない様々なリスクが認識されるようになった。今日では、リスクは純粋リスク（静態的リスク）と投機リスク（動態的リスク）の二つに大別するのが一般的である。純粋リスクとは損失のみを発生させるリスクで、火災・地震・風水害・交通災害・カントリーリスク（外国政府の政策変更や債務不履行のリスク）などが挙げられる。投機リスクとは損失ないし利得を発生させるリスクで、為替リスク・設備投資リスク・海外進出リスク・製品多角化リスクなどが挙げられる。

さらに、これらのリスクに対処する方策としては、潜在リスクを除去または削減するリスクコントロールと、なお完全に除去しきれないリスクに対し資金手当を行うリスクファイナンスとがよく用いられる。リスクコントロールの方法には、その事業自体を中止するなどの回避、防護措置を講じるなどの軽減、予備を設置するなどの分散といった方法がある。一方リスクファイナンスには、損失が生じた場合に自己負担する保有という方法と、損失が生じた場合第三者から補填を受ける移転という方法がある。これらの手法を計画―実行―評価のマネジメントサイクルの中で展開していくことで、リスクの最小化とそのための費用の最小化とを図っていくのである。

日本におけるリスクマネジメントの歴史は浅い。一九八四年のグリコ・森永等企業脅迫事件を皮切りに、世田谷通信ケーブル火災、日航ジャンボ機墜落事故、あるいは近年では雪印乳業の食中毒被害などの事件を契機にリスクマネジメントの必要性が叫ばれてきたが、理論体系としても一般企業での実践としても未だ発展途上と言えるだろう。特にアメリカでリスクヘッジの技術が洗練され、一般企業でもリスクマネジメント部門を持ちリスクマネジャーのポストが設置されているものがあるのに比較すると、そのリスク意識の違いは鮮明であろう。

グローバリゼーションを経て複雑化した現代経済の中では、様々なタイプの高度なリスクが潜在するようになった。例えば海外派遣の管理者・技術者に対するテロや誘拐事件が好例だ。同時に変化のスピードが加速し、リスク管理を誤った企業が即時に市場から退出を迫られるケースすら見られるようになった。こうした経済状況から、より意識的自覚的なリスクマネジメントの実践がますます求められていると言えよう。そしてこのリスクマネジメントについてのそれぞれのケースに倫理問題も内在しているから、そこに倫理に対するリスクマネジメントも必要とされるのである。

③ 事例研究

応用倫理においてはつねに事例研究においてその倫理的判断の有効性を検証しなければならない。以下、具体例の中で倫理問題を考えてみよう。

グローバリゼーションにおける具体的な経営倫理の問題を扱っておこう。ここでは、米国大和銀行の事件を取り上げてみる。この事件についてはすでに井上泉が「ケーススタディ『大和銀行事件』」で、「最適なバランスをもたらす解決策は何かを考える訓練」という目的で、詳細な研究を行っている。しかし、ここでは組織論的な視点ではなく、さらにその根底にある倫理的な視点からこの問題に触れておきたい。詳細は井上の論文に譲るとして、同論文によって一応事件の概要をみておくと、一九八三年に大和銀行ニューヨーク支店の井口俊秀行員が変動金利債の取引の失敗をした。そして権益外取引である米国債の取引でも失敗して損失を被った。これらを取り戻そうとして米国債の先物取引を繰り返して、最終的に損失は一一億ドルに達した。このため、客から預かった証券類を無断で売却して穴埋めするとともに、一九八四年から一一年間にわたって帳簿類の偽造を行った。問題はそれだけでなく、その間米国支店トップの承認の下に、米国当局を欺く工作を続けたこと、さらに、損失隠しを本店経営者指示の下に、銀行ぐるみで実行したこと、そしてついには大蔵省も損失隠しに関与したと、ニューヨーク連邦地検から指弾を受けるまでにいたったことである。

▼米国大和銀行事件

結果として、本店会長、頭取、常務が辞任、ニューヨーク支店長が共同謀議で禁固、罰金、井口被告が背任、文書偽造で禁固四年、罰金二〇〇万ドルなどの判決があった。さらに重要なのは、大和銀行本体が、米国における銀行業務の免許剝奪―追放、共同謀議、重罪隠匿等一六の起訴事実を認め、罰金三億四〇〇〇万ドル、という結果にもなったことである。

この事件の経営管理上の教訓としては、売買取引と管理と決済が同一人に任されるという、あるべきではない環境だったこと。井口行員が同じポストに一〇年もいたこと。一定日数の連続休暇を強制的に取らせて、業務チェックを行うという、基本動作を行ってないこと。頭取が密室会議で方針を決めた、つまりオープンな形の経営でなかったこと。また、営業第一主義、温情主義、など多くの教訓を、井上は経営管理の上から挙げている。

しかし私はここで、法的、経済的、組織論的な観点からではなくて、それらの問題の根底にある、倫理的観点からこの事件を分析したい。この場合、米国の司法当局から最も非難されているのは、不正自体もさることながら、不正を隠し続けようとしたことである。この事件の訴状では、特に大和銀行本体について、ここでは訴因だけを挙げておくと、「欺くための謀議」「隠匿」「虚偽記載」「偽造」「偽った報告」など二四の訴因のうち、実に二三までがいわゆる嘘についてのものである。つまり大和銀行本体がアメリカから追放されたのは、様々に嘘をついたからである。ニューヨーク連邦地検のホワイト検事は言っている。「連邦に対し偽った陳述や記録破壊指示など偽装工作の跡がある。記録の改ざんなどだ。もし彼らが何も悪いことをせず、それを開示していれば、起訴にはいたらなかっただろう」（『日本経済新聞』一九九五年一一月四日　朝刊）。また、グリーンスパンＦＲＢ（米連邦準備理事会）議長も、大蔵省を非難して、「この大蔵省の失態は遺憾だ。国際金融システムの誠実さを維持するには各国の監督当局によるオープンな意志疎通と緊密な協力が不可欠だからだ」（『日本経済新聞』一九九五年一一月二八日　夕刊）と述べている。つまり両者ともに情報の開示が必須であるとしているのである。さらにダマト米上院銀行委員長は、この処分について「組織ぐるみで違法行為を隠していた問題に対する措置としては適切」（『日本経済新聞』一九九五年一一月四日　朝刊）と述べて、嘘についての厳しい対応を評価している。これに対して日本側の反応は「これほど厳しい処分はだれも予想していなかったろう」（同右）というのが、大方の感想だろう。すなわち、徹底して隠し続けようとしたことに対して、日本では予測できなかったほどの厳罰が下されたのである。

したがって組織論上の教訓を導いたくらいでは、同じことがまた起こる可能性がある。むしろ嘘をつくこと、また情報開示しないことが、アメリカ社会の中では、わが国とはまったく違って、激しい非難を浴びることに、十分注意しておくことが今後とも必要である。日本では、事件当時の銀行法では、検査回避、虚偽報告、検査妨害等が、懲役刑なし、個人法人ともに、罰金五〇万円以下に過ぎなかった。現在では、個人は一年以下の懲役、または三〇〇万円以下の罰金、法人は二億円以下の罰金（銀行法第六三条、六四条）になってはいるが、大同小異の感は免れないだろう。おそらく嘘に対するこのような日本的な感覚が、大和銀行の行員たちの中にも無意識にあったと思われる。

▼Jennifer Jackson 'Business Ethics, Overview' の主題

以上のような分析を基礎に、Encyclopedia of Applied Ethics の経営倫理の諸論文を総括するジャクソンの論文の主題と、米国大和銀行事件と重ね合わせてみる。ジャクソンの関心は、商取引における仕入れと売り出しの価格差が、反倫理的ではないことを示すところにあったと理解できる。ジャクソンの立論は次のところにある。「本質的な批判にさらされている根本的な問題については、われわれは満足していない。つまり高利貸についての問題であり、それはアリストテレスを困惑させ、キリスト教徒や、イスラム教徒を悩ませた問題である。すなわち、他の人々の労働から利益を得ることと、その資産の合法性についてである」（ibid. p. 410）。ジャクソンは言う、「商取引は、利益のための取引と言えるのだろうが、その本質はあなたが何かを安い値段で買い、それをより高い値段で売ろうとするところにある」（ibid.）。そしてジャクソンの結論はこうである。「ある値段で買い、他の値段で売るのは不正であるという考えの背後には、おそらく間違った前提がある。つまり個々の商品について正しい価格があるという前提である。実際には物の価値は不定なのであり、外的な環境によるのである。例えば、流行だとか天候だとかがそうである。冬、誰がアイスクリームを買おうと思う

だろうか（とくにイギリスの冬に）」（ibid. p. 411）。ジャクソンの立場は明確だし、一応の説得力もある。しかし、人々は個々の場合に、はっきりした倫理の方針を求めているのであって、原則的に価値が相対的であると言われても、現実のケースの判断にはほとんど役に立たないのである。

けれども今ここではジャクソンの解決自体の成否はおいて、ジャクソンが数ある経営倫理の問題の中で、問題の本質をそこに見ていることに、私は注目しておきたい。このような主題に固執したのは、その根底には一つの商品が固有の価値を持つのなら、それを生産者から買い、客に売る商人は、必然的に両者を騙している、つまり嘘をついているのではないかという、抜き難い後ろめたさが、ジャクソンに存するからである。そしてその後ろめたさは、正しい価格はないとすることで、解消されようとしている。つまり嘘はつかれてはいないのだ。言い換えれば、絶対的な価値を立てず相対主義的な立場を取る事によって、ジャクソンが回避できた最大の問題点は、嘘であるように思える。逆に言えば嘘は絶対主義的な立場を取るところに生じるのである。

またジャクソンが、必ずしもすべてにわたって情報開示する必要はないという立場に立っているのも、その気持ちを表している。正直と情報の公開は違うことなのだから、ビジネスにおいて秘密を守ることは必要であり、義務である。正直なビジネスマンでも、相手が欲しがっている情報を意図的に知らせないかもしれない（ibid. p. 410）。ここに現れているのは、正直であることと、情報を知らせないことが両立するという立場である。嘘をつくことと情報を知らせないことは、それを行う主体者からすればはっきりした違いがある。けれども相手にとってみれば、嘘をつかれることによっても、情報を開示されないことによっても、軽重の差こそあれ不利益を被ることは同じである。ジャクソンが、正直であることと、情報を知らせないことが両立すると言うとき、そこにはやはり情報開示しないことが嘘と同じく非倫理的であるという後ろめたさをみる思いがする。そして二つの行為の両立によって情報非開示の非倫理性が、嘘の場合と同様、暗黙のうちに擁護されている。ジャクソンが意識的に嘘に議論を集中したと私は述べているのではないが、ジャクソンの立論は多くの場合その点に収斂しているのである。

結論として言えることは明らかだろう。米国大和事件とジャクソンの論文を通じてみられるのは、アメリカ社会における、嘘に対する徹底した嫌悪である。実質的に言えば、嘘をつくことと、情報非開示とは、基本的には相手に不利益をもたらす点ではほとんど同じである。彼らの社会では、情報開示して、その問題について国民が自主的に判断し決定する。彼らは社会をそういう倫理システムで運営している。だから銀行という経済の要にある企業が、情報開示しないだけでなく、嘘の情報開示をするということは、銀行が社会の運営システムを破壊することになる、と彼らは感じているように思われる。それは取引の失敗自体などよりも社会的な影響が大きいのである。きちんと情報開示をしてくれなければ、銀行の運営システムが守られないだけでなく、嘘の情報によって、あるいは情報開示がないままに人々は自己決定してしまって、その自己決定の責任を負うことはできない。したがって嘘をつくことは、その相手だけでなく一般の人々にも害を与えることになる。それで彼らは嘘についてわれわれよりはるかに神経質であると考えられる。

ジャクソンの議論の基本方針も、おそらく以上のような背景によるのではないだろうか。ジャクソンもまた、嘘が最も本質的な問題だと言っていることになる。ジャクソンのこの論文は膨大な *Encyclopedia of Applied Ethics* I-IV という論文集の中で、経営倫理学を総括している論文である。したがって女史の立論を認めるにせよ否定するにせよ、この議論そのものがきわめてアメリカ的な文化、伝統、あるいは社会構造から生まれたものだと考えて差し支えないだろう。われわれ日本人は、ビジネスの取引自体が嘘を含んでいるかどうかに、彼らほど倫理的な問題を感じているだろうか。むしろ漠然とではあるが、仕入れと販売の際の差額は、商売をする人の生活費となり、そのことで雇用の機会が増え、社会の発展に寄与していると了解しているのではなかろうか。だからジャクソンのような立論は理解はできても、少なくともわれわれには重要なものとは感じられないのである。

このように米国大和銀行事件とジャクソンの論文には明確に同じ主題を読むことができる。そしてこのような社会運営システムをもったアメリカが、わが国と商取引を行うので、彼らのいわゆるグローバル・スタンダードとしての情報開示が、様々な場面で要求されていると考えられる。グローバル・スタンダードとはいえ、実のところはアメリカン・スタンダードであるとよく言われる。しかし嘘についての反応は、アメリカだけではなく、キリスト教文化圏に共通する倫理意識のように私には思われる。したがって、文化相対主義がすでに国際的なコンセンサスになりつつあるとはいいながら、好むと好まざるとにかかわらず、あるいは正しいか否かにかかわらず、わが国の経営倫理、また実際の企業運営は、大きな方向づけとしては、現在よりもさらに明確に、嘘の排除、あるいは情報開示を理念とする方向へと進まざるをえないと予測されるのである。

以上のように、応用倫理学のひとつの領域としての経営倫理においても、個別の事例によって問題の解決法や理念の研究を行わなければならない。

【参考文献】

Jennifer Jackson 'Bussines Ethics, Overview', *Encyclopedia of Applied Ethics* I, Academic Press, 1998.

Robert Larmer 'Improper Payments and Gifts', *Encyclopedia of Applied Ethics* II, Academic Press, 1998.

Michael Davis 'Conflict of Interest', *Encyclopedia of Applied Ethics* I, Academic Press, 1998.

Francis J. Aguilar 'Corporations, Ethics In', *Encyclopedia of Applied Ethics* I, Academic Press, 1998.

リチャード・T・ディジョージ、永安幸正・山田經三訳『ビジネス・エシックス』明石書店、一九九七年。

水谷雅一『経営倫理学のすすめ』丸善ライブラリー、一九九八年。

水谷雅一『経営倫理学の実践と課題』白桃社、一九九八年。

T・R・パイパー、M・C・ジェンタイル、S・D・パークス、小林俊治・山口義昭訳『ハーバードで教える企業倫理』生産性出版、一九九五年。

塩原俊彦『ビジネス・エシックス』講談社現代新書、二〇〇三年。

井上泉「ケーススタディ『大和銀行事件』」『日本経営倫理学会誌』第五号、日本経営倫理学会、一九九八年。

『日本経済新聞』一九九五年一一月四日（朝刊）。

『日本経済新聞』一九九五年一一月二八日（夕刊）。


（小阪康治）

第四章　正義論

1　正義という問題

▼9・11テロの衝撃

二〇〇一年九月一一日に米国で起きた同時多発テロは、その多大な犠牲とともに風化することのない衝撃を私たちにもたらした。この事態に対して、米国大統領はそれが「新しい戦争」であると言明し、その対立軸が「正義と悪」であることを主張しつつ、アフガニスタン攻撃に踏み切った。テロリズムという悪に対抗することは正義であるというのである。通常の用語法に従うなら、正義には不正が、悪には善が対応するように思われるが、あえて「正義と悪」という対立が掲げられたことには、現代倫理学のひとつの課題との連関を見出すことができる。

もし掲げられた対立軸が「善と悪」だったとしたらどうだろうか。テロリズムの根絶を目指してアフガニスタンを軍事攻撃する米国の価値観が独善的なものであるという印象を与えないだろうか。そして、その印象が世界各国との連帯を妨げたのではないだろうか。では「正義と不正義」だったらどうか。その場合、米国とテロリストとの間で正義観が共有されていることになり、これは国際的な司法手続きを経ずに軍事攻撃を加えることを妨げたのではないだろうか。そのとき、テロの遠因のひとつであると指摘される南北経済格差の拡大を放置してきた「正義」側の国々もまた裁かれねばならないのではないか。

その後、米国の行動を批判する側からは、米国の掲げる正義の他にも正義はあるという主張もなされた。それに対しては、次のような疑問が浮かぶ。正義が複数あってそれらが相互に対立しているとき、それは真に正義の名に値するのか。仮に正義が複数あるとしたら、その複数の正義にとって共通の尺度を提供する上位の審級があるのか。他方、こうした議論において前提されている、「善」は他人と共有することの困難なあるいは不可能なものであるという考え方は、はたして疑うことのできないものなのだろうか。かりにそうだとすると、私たちは人間としての善さを共有できずに、自分固有の善さを追求しつつ別々に生きるしかないということになるが、本当にそうなのだろうか。こうした問題を考えるにあたって私たちに手がかりを与えてくれるのが、現代の正義論とそれをめぐる議論である。

▼ロールズの『正義論』

本章では、ジョン・ロールズ（John Rawls, 1921-2002）の『正義論』（初版、一九七一年）を中心にすえる。なぜなら、この著作は次の三つの観点から現代正義論の古典であると見なせるからである。まず第一に、この著作の刊行には、ひとつの画期的な意義を指摘できる。当時、倫理学研究の主流は、行為実践をめぐっては功利主義に、理論研究をめぐっては道徳言語の分析をするメタ倫理学にあったが、ロールズは功利主義に反対しつつ、しかも言語分析に終始することのない所説を提示したからである。次に、この著作が刊行されるや、倫理学や政治哲学の分野で「正義」という観念が大いに論じられるようになったことが挙げられる。実際、この著作は、ロールズの自由主義的思想傾向に賛成する側からも反対する側からも、たいへんに多くの文献を産み出した。さらに、そうした議論状況を経て著者自身の立場も変化しているものの、彼は一九九九年に同書の改訂版をほとんど従来のもののままに短い序文を付しただけで刊行している。より正確には、改定版は、既に一九七五年にドイツ語訳が刊行される際にロールズ自身の施した改訂をそのままに、さらに一九八七年のフランス語版への序文と同一内容の序文を付して刊行されたのである。この事情は、『正義論』という著作が、既に著者自身の手さえも離れて、古典と呼ばれるべき位置を占めるものになったことを意味しているとも見ることができるだろう。（ロールズは、一九二一年米国に生まれ、プリンストン大学などで学び、ハーヴァード大学を中心とした教授活動の後、一九九一年、同大学名誉教授になった。『正義論』の他の著作として『政治的リベラリズム』などがある。二〇〇二年没。なお、ロールズの生涯とともに彼の思想の全体像を周到に描き出した著作として次のものがある。川本隆史『ロールズ――正義の原理』講談社、一九九七年。これはロールズの所説に関心をもった人が、まず手にすべき好著である。また、『正義論』改訂版をめぐっては、次の文献が詳しい。渡辺幹雄『『正義の理論』改訂版（一九九九年）――回顧的ロールズ論』、渡辺幹雄『ロールズ正義論の行方――その全体系の批判的考察』増補新装版、春秋社、二〇〇〇年。）

そこで、本章では、同書を特徴づける主要な論点をいくつかを確認した上で、同書の所説を紹介することで、正義を論じる視座を得たい。さらに、正義論に対する代表的な反対勢力である共同体主義の主張にも目を向けることで、現代倫理学のひとつの課題を明らかにする。

2 正義論への視点

正義という観念は、哲学の歴史とともに長い歴史をもっている。特に有名な「正義」の定式としては、ストア派の哲学者キケロによる「各人に各人自身のものを」が挙げられるが、ここでは伝統的な正義論の代表としてアリストテレスの所説に触れた上で、その問題点を指摘したい。また、ロールズの正義論がそれと対峙しようと企図している功利主義にも目を向けることで、彼の所説の特色を明らかにしたい。

▼平等としての正義

ギリシア神話に登場する正義の女神、ディケーは、一方の手に天秤を掲げ、他方の手に剣をもっている（ことが多い）。天秤である以上、一方の皿に計測の対象となるものが置かれ、他方の皿に尺度となるおもりが置かれるのであろう。このバランスがとれている状態が正義である。また、バランスが崩れている状態が不正義であり、剣はこのバランスを回復させる力のシンボルである。ここから分かるのは、正義は一定の尺度が平等に適用されることで実現すると考えられていることである。

アリストテレスは、人間を、言語使用によって正・不正を問題とする「ポリス的動物」として捉えている。そのとき彼の言う「正義」は言わば「平等としての正義」である。彼は『ニコマコス倫理学』において、次のような正義の主要な分類を提示している。

まず正義は、「全体としての正義」とそれに属しつつもそれから区別される「部分としての正義」に分けられる。前者は、ポリスの法を守り、過多を貪らないという意味で平等なことである。後者はさらに二つに分けられる。すなわち、配分的正義と規制的正義である。前者は、ポリスの財が有限であることを前提としている。その財を配分するにあたり、ポリスの成員の働きが均一でないことに着目し、その働きに比例的に配分することである。後者の規制的正義は、ポリス的な共同性を前提することなく、各人の他人に対する関係を規制するものである。すなわち、そのような個別的な関係において、過多を貪って利得を得た人とそれによって損失を被った人を規制し、平等を回復させることである。

しかし、このような「平等としての正義」の議論には問題点も指摘される。本章で紹介するロールズの正義論との関係で重要なのは、森末伸行の『正義論概説』による次の指摘である。すなわち、正義の本質が平等にあるとする場合、その平等を語るための尺度が設定されねばならない。しかし、その特定の尺度が正当なものであると、どうしたら証明できるのだろうか（例えば、労働に対する賃金は、労働時間に比例して支払われるべきか、労働の成果に比例して支払われるべきか）。かりに尺度の正当性はその都度の合意によって保証されるとするなら、その場合、私たちは合意の正当性の条件についてもまた問わざるを得なくなる。実は、ロールズもまた正義を平等と関係づけるが、彼においては、平等は正義の一条件であり、正義のほうが平等の条件になることさえある。そこで必要になるのは、設定される尺度への合意の正当性が、尺度とともに保証されるような議論である。

ロールズの『正義論』では、しばしば功利主義について言及され、その問題点が指摘されている。したがって、功利主義の問題を捉えることも、ロールズの所説の特色を明らかにすることになるであろう。

▼功利主義の問題

功利主義とは、何らかの行為や規則の採用に関して、その結果が幸福を増大させる場合は正であり、幸福を減少させる場合は不正である、とする倫理学説である。これは、十八世紀英国のベンサム、十九世紀のJ・S・ミルなどを代表とし、「最大多数の最大幸福」を原理とするものとして当時の社会状況に対して革新的な意義を有した思想であり、また、快楽計算に代表される（ある程度の）客観性と分かりやすさを備えているがゆえに、二十世紀にも流布していた。しかし、ロールズはこの思想にいくつかの問題点を見出す。

功利主義は、その前提として、快楽を善とほぼ同一視し苦痛を悪と同一視する。そして、快楽が最大化され苦痛が最小化された状態を幸福と考え、その促進が正しい行為のあり方だとする。したがって、その内実に潜む善悪をめぐる個人の多様性に目を向けることがないままに、「最大多数」の名の下に正しい社会制度のあり方を考える。すなわち、この思想では、個人間の差異に深刻な意味が見出されることがないのである。次に、功利主義は「最大幸福」を原理とするが、その内実において多数者の幸福のために少数者の自由が毀損されていたとしても、それが不正である理由を示せない。あるいは、フランケナ（William K. Frankena）が規則功利主義を批判して述べているように、少数者が多くの善を享受する規則と、多数者が等しく善を享受する規則があったとして、その総合点が等しい場合、規則功利主義者は後者の規則の方が正しいという理由を示せない。ということは、南北経済格差が拡大していく経済のしくみを不正であるとは必ずしも言えないことになる。これらに対してロールズの正義論は、善悪に関する個人間の差異を尊重しつつ、しかも分配の仕方に無関心でない議論を提示しようとするのである。

3 正義をいかにして構想するか

合意という経験的事実や功利主義の経験的人間像に依拠せず、自由で多様な人間たちが合意できる「秩序ある社会」、すなわち正しい制度をもった社会を構想するにあたり、ロールズは十八世紀プロイセンの哲学者カントの思想と類似した立場をとる。後年、彼は自らの立場を「カント的構成主義」と呼ぶが、既に『正義論』においても自らの所説を「カント的」であると表明している。ロールズは人間を合理的に思考する自由な存在者として捉え、そうした存在者がどのような環境の下でも無条件に採用しそれに従う正義の原理を構想したが、たしかにこれは、カントが無条件的な道徳原理を探求しそれを定言命法として提示したこと、そうした命法の主体が実は各人の自律的な自由意志であると主張したこと、無条件的な道徳原理の下での理性的存在者の共同体としての「目的の国」を構想したこと、に通じている。

▼公正としての正義

ロールズの構想する正義をたんてきに表現すれば、それは「公正としての正義」（justice as fairness）となる。実際、彼は同名の論文を既に『正義論』に先立つこと一三年前に発表している。この表題は、公正こそが正義の本質であることを強調することで、従来、正義に適っていると思われていたことが、実は公正を欠くがゆえに正義に適っていないことを私たちに気づかせてくれる。

例えば、二〇〇〇年には拡大する南北経済格差を背景に、「南側」に位置する重債務貧困国の抱える債務を帳消しにしようという運動が世界各地で広がった。借りた金を返すのが正義を実現することだという観点からすれば、この運動は理解しづらいものになる。しかし、この運動が多くの人々の共感を呼んだのは、「北側」先進国と借款を合意した時点に、歴史的・社会的に形成された見逃しがたい不平等が既に存在していたからではないだろうか。先進国が生み出し維持している不平等な国際関係の中で、当の先進国と発展途上国との間で交わされた契約には、その遵守こそが正義であることを疑わせるものがある。では、公正（フェア）であるとはいかなることか。一般に、フェアプレーと言えば、スポーツ選手の行うルールに従った行為のことである。スポーツ選手は自らの自由意志でフィールドに立つにあたって、何者にも強制されずに自らの参加する競技のルールに従うことに合意しているはずである。したがって、公正としての正義を構想するには、自由で対等な人々が合意するに相違ない原理を提示しなければならない。

▼原初状態

そこでロールズが導入するのが「原初状態」（original position）という概念装置である。これは、ホッブズ、ロック、ルソー、カントなど近代の一群の哲学者たちが国家の存在理由を明らかにしようとした社会契約論における「自然状態」論を洗練した上で援用したものである。社会契約論者は、国家が存在しないよりも存在した方が望ましい理由を明らかにするために、世俗の政治権力がない状態、すなわち自然状態を考えた。そして、哲学者によってその内容は異なるが、そこでは生存や所有や自由が脅かされると考えられるがゆえに、人々は相互に契約を結んで政治権力を形成し国家体制に一致して入ることが合理的であると主張された（このような思想は、自然状態にせよ社会契約にせよそうした歴史的事実が存在しないという観点から、既に同時代において批判を浴びていた）。

さて、ロールズは、自由で対等な人々が普遍的に共有する原理を選択しようとしている場面を原初状態として描き出す。そこでの各人には「無知のヴェール」が掛けられているがゆえに、知らされていることと知らされていないことがある。まず、知らされていないことは自己のアイデンティティの内容をなす具体的な情報のすべてである。自分の性別も社会的境遇も個人的能力も何も知らない。自然状態が歴史的現実でないように、このような状態もまた現実には存在しない。しかし、自己に関する何らかの具体的情報があれば、それは自己に有利な原理の選択へと人を誘うので、普遍的な原理を探求する場面では、あえて「無知のヴェール」が必要とされるのである。他方、知らされていることは、自分は自分であるという形式的な自己同一性のほか、自分を含むすべての人間は合理的に思考し自己の状態を自分にとってよりよいものにしようと意図していること、また、各人は自己のよりよい状態を実現しようと努力するものの、各人の希望をすべて満たすほど社会には財も地位もないがゆえに形成させる社会体制には競争が発生し、その結果として何ほどかの格差が生じること、さらには、それでも各人の状態の改善には一人で努力するよりも社会的に協働した方が有利であること、である。

このような場面で、ひとは自分に有利な選択ができないのみならず、他人に不利な選択をすることもできない。無知のヴェールを外したとき、自分がその他人である可能性があるからである。したがって、原初状態において選択される社会は、平等な社会であることになる。

▼正義の二つの原理

では、このような原初状態で合意される原理とはどのようなものだろうか。求められているのは「正しい社会」すなわち「秩序ある社会」の原理である。社会を構成する人々はそれぞれ自分にとっての善を追求している。したがって、問題は、各人がその人生において何を善として欲しようとも、それを実現するために必ず欲するに相違ないものを可能にするための財をいかに分配するかである。そのような財をロールズは「社会的基本財」(the social primary goods) と呼ぶ。彼はその例として「権利、自由、機会、そして所得と富」を挙げ、さらに「自分自身に価値があるという感覚」を付け加えている。

ロールズが『正義論』で提示し、同書全体を通してその有効性を論証しようとしている原理は次の二つである。第一原理は、平等な基本的自由を定めるものであり、他の人々の自由を侵さない限り最大限の自由が各人に権利として認められるべきことを定める。第二原理は、社会に存在する不平等に関するものであり、「格差原理」と「公正な機会均等原理」の二つからなる。前者は、社会的・経済的不平等は最も不遇な立場にある人の期待便益を最大化するものでなければならないこと、すなわち最も恵まれない生活をしている人が特定されるなら、その人の生活が最も大きく改善されるような社会制度でなければ承認できないことを定める。後者は、不平等を伴う職務や地位については、それに就く機会の均等が公正に保たれねばならないことを定める。社会的基本財のこのような分配が正義であり、反対に、不正義とはたんてきに「すべての人の便益になるわけではない不平等」のことである。

これらの原理については、いくつかの補足説明が必要である。まず、これらの原理を何か自明の前提から導出されたものと見てはならないことである。ロールズは自ら「反照的均衡」(reflective equilibrium) と呼ぶ次のような方法を用いる。すなわち、私たちは既に何らかの道徳的確信をもっている。例えば、人種差別は不正であるという判断は正しいと確信している。このとき、この判断を暫定的な不動点として、それに正義の諸原理の構想を照らし合わせる。第一原理に関わるこのような場合は、判断と原理が問題なく合致するが、さらに複雑な状況を念頭に置いた第二原理に関わるような場合、私たちが正しいと確信している様々な道徳的判断と、理論的に構想された正義の諸原理を照らし合わせ、そこに不整合がある場合、両者を「行きつ戻りつ」することで、すなわちある場合には判断を修正し、ある場合は原理を修正して、判断と原理が合致する事態すなわち均衡を見出すのである。ロールズ自身、提示した正義の諸原理を「自由、博愛、平等」という伝統的な観念と結び付けているが、それはこれらの原理が反省的均衡を実現していることを示すものである。

次に、正義の諸原理には優先順位があり、第一原理が第二原理に優先し、格差原理は公正な機会均等原理に優先することである。すなわち、社会的経済的に最も不遇な人の状況を最大に改善しつつ社会全体の有利さを拡大する制度形態であっても、それが平等な基本的自由を侵害するものであれば、正当化されない。まずもって第一原理が満足されねばならないのである。同様に、格差原理を満足させない不平等は、それに対する機会の均等が確保されているとしても正当化されない。特に第一原理の優先は、ロールズの立場がリベラリズム（自由主義）と呼ばれる理由を示している。

さらに、格差原理がゲーム理論におけるマキシミン・ルール（maximin rule）と関連していることである。マキシミン・ルールとは、自分にとってどれが最も有利な選択肢であるかが分からない不確実な状況の中では、自分の選択が最悪の結果を生むことを避けるように指示するものである。たしかに無知のヴェールが掛けられた状態では、私たちは自分にとって何が有利か分からない。だから、かりにヴェールを取ったときに自分が最も不遇な立場に置かれていたとしても、その立場からの改善の見込みがあるような社会制度に合意するのが合理的であるということになる。こうした関係はロールズ自身認めていることだが、しかし正義の原理としての格差原理と危険回避のためのマキシミン・ルールは区別すべきであるとも指摘していて、やがて一九八〇年代になると、このルールの援用を放棄することになる。さらに付言すれば、渡辺幹雄が前掲書で指摘しているように、格差原理を採用する社会制度論は一種の福祉国家論であるとの誤解を招きやすいが、正義は「分配」を問題にしているのであり、「再分配」を問題にする福祉とは区別しなければならない。

4 制度における正義、個人における善と正義

『正義論』は三部からなっていて、以上のような正義の諸原理は第一部「理論」で確立される。その後に続く第二部「諸制度」では、正義の諸原理が社会制度に適用され、第三部「諸目的」では、個人における正義と善の関係が論じられる。ここでは、その中からいくつかのテーマを選んで紹介する。

▼制度形成の四段階

ロールズが正義の諸原理を適用しようとするのは立憲民主主義の制度である。第一段階は原初状態である。そこで正義の諸原理が採択された後、当事者たちは第二に、憲法制定集会に

行く。ここでは無知のヴェールが一部引き上げられ、社会についての一般的事実に関する情報を得る。相変わらず自己のアイデンティティに関する情報は欠けているが、自分の属する社会の自然環境、経済的発展、文化的特性などを知るのである。その上で、主として第一原理にもとづいて、その社会の政治形態を規定する憲法が採択される。第三段階は立法段階であり、立法集会が開かれる。ここでは社会についての具体的事実がすべて明らかになり、代表者がそれを踏まえて議論することで、主として格差原理にもとづいて立法が行われる。この際、代表者は代表である以上、自分の特殊事情にもとづいては議論できないはずであるから、自己に関しては無知のヴェールが掛かっているのと同じであろう。なお、第二段階と第三段階は不可逆なものではなく、相互を行き来することで、最善の憲法が制定される。最後に第四段階だが、これは司法・行政による特殊事例への法の適用と、市民による法の遵守の段階である。ここではもはや無知のヴェールは完全に取り払われている。以上の四段階はきわめて形式的な図式であり、具体的にどのような憲法や法律が選択されるかには不確定な要素が確実に残る。しかし、ロールズ自身それを認めつつ、そうした不確定性の範囲が慎重な判断によって確定されることで重大な社会的不正が排除されるならば、正義論は価値ある理論であると述べている。

▼正義感と善

正義論の前提する自由で合理的な人間像は、多分に個人主義的である。したがって、正義の諸原理が確立したとしても、その原理を各個人が自分のものにしなければ、社会システムは安定しない。そのためには、正義に適った社会制度は既存の正義感との均衡を実現し、それ自体が正義感を呼び起こすようなものでなくてはならない。ロールズは、正義の諸原理にはそれが可能であると考えているが、その根拠を道徳的心理の発達に求めている。すなわち、家族において愛と信頼を身につけ、仲間関係において友愛と相互信頼を身につけた人は、公正としての正義に適った社会制度の下で、他の成員とともに生きていきたいと願うようになる、というのである。この観点から、彼が次の二つの義務を正義論の見地から最も重要な「自然的義務」（natural duty）として挙げていることも理解できる。すなわち、もし正義に適う社会制度が存在しそれが自分に関わるなら、それを受け入れ、自分の持分を果たすべきであるという義務と、正義に適う取り決めがない場合、その確立を促進すべきであるという義務である。

さて、個人が正義感を自分のものにするということは、その個人にとっての善と正義が整合するということでもある。そこで、以上のような正義をめぐる議論が倫理学の中心概念の一つである善とどう関係するのかを整理しておこう。

ロールズの立場の特色は、正と善を区別し善の具体相から独立に正義の諸原理を規定し、その後で、正義と善の整合を論証することで正を善に優先させるところにある。これは功利主義と対照的である。功利主義は人間の望む善がほぼ同一であるという仮定の下に、その善を促進することが正しいとした。すなわち、善が正に優先しているのである。しかし、ロールズは正と善を区別する論点の例として三点を挙げている。まず、正義の原理は原初状態において合意される原理だが、善に関しては社会的基本財の次元を離れればもはや合意が問題にならない。次に、善について各人の考え方が異なるのはそれ自体善いことだが、秩序ある社会の市民は同じ正義の諸原理をもつ。さらに、正義の諸原理は無知のヴェールの下で適用されるが、各人が何かを善であると評価するに際しては、むしろ事実についての完全な知識が求められる。こうした視点において前提されている善の本質を、ロールズは合理性に見ている。正義論全体を貫く彼の人間観は既に見てきたように合理的思考を基盤にしている。正義の諸原理においては市民がその合理性によって一致することが課題だったが、善においては各人が自分の人生に関するしっかりした見通しの下に合理的に採用する人生計画が問題であり、何が善であるかはそうした人生計画によって決定されるのである。

さて、彼は、このような善と正が適合すると主張する。これは言い換えれば、正義感をもつことは合理的であり、正義の諸原理による規制を受けることは各人の善と矛盾しない、ということである。なぜなら、秩序ある社会に依存しつつ自分だけ利己的に行為しようとすることは、自分にとって心理的負担になるとともに、不特定の他人に損害を与えるがゆえに、自分の尊重する人にも損害を与えるかもしれないからであり、私たちは秩序ある社会で他人との絆をもっている方が、より大きな善を実現することが見込めるからである。

以上のようにロールズの正議論は、秩序ある社会の原理を提示しつつ、それを制度に関しても自由な人間の有意な行為に関しても展開する、きわめて包括的な理論である。しかし、この理論は、ロールズと立場を異にする人々からも、また彼と近い立場の人々からも様々な批判を浴びることになる。例えば、経済学者アマルティア・セン（Amartya Sen, 1933-）もまた、ロールズの所説の批判者の一人である。ロールズは社会的基本財の分配を基礎に据えて正義論を展開したが、かりに基本財を平等にもっていたとしても、各人の実際の自由が大きな不平等を被っている場合には正義が実現しない。そこで、センは正義を構想するにあたって「潜在能力」（capability）に注目することが必要であると主張する。潜在能力とは、各人が価値ある人生を選択する実質的な自由のことである（アマルティア・セン、池本幸生・野上裕生・佐藤仁訳『不平等の再検討　潜在能力と自由』岩波書店、一九九九年、一一五～一三九頁）。次に、そうした批判者の中でも代表的なものである共同体主義の所説を紹介する。

5　共同体主義による「正義論」批判とその主張

一般に共同体主義者としては、マッキンタイア、サンデル、テイラー、ウォルツァーらが挙げられるが、共同体主義（communitarianism）という特定の学派が存在するわけではない。それは、一九八〇年代にロールズの正義論に代表されるリベラリズムに対する批判勢力として注目を浴びた近似した傾向をもつ思想家たちの総称である。井上達夫は、共同体主義によるリベラリズム批判の論点を、普遍主義批判・原子論的人間観批判・反卓越主義批判の三つにまとめている。正義論は、普遍的正義を構想することで特定の共同体のコンテクストを離れるが、これは正義の構想を無力にする。また、正義論の前提する個人は、他人との具体的関係を欠いているがゆえに、かえって強い倫理的方針をもてない。さらに、正義論は個人が善を目指すことを社会の共通善と切り離したが、それはアノミーやアパシーを進行させてしまう。こうした批判を通して、共同体主義は実効力ある善の構想を社会的紐帯において描き出そうとするのである（井上達夫『他者への自由――公共性の哲学としてのリベラリズム』創文社、一九九九年、一一四～一一六頁）。一般に、共同体主義者は個人にではなく、宗教共同体や言語共同体を含む共同体の道徳に対しても つ意義に注目する。共同体とは、歴史的に形成された、何らかの目的を（意識的にせよ無意識的にせよ）共有している人間集団のことである。そこで、ここでは共同体主義の特徴的な論点を確認しておきたい。

▼共同体主義の視点

近代の倫理学は――自律を機軸に据えたカントの倫理学に典型的なことだが――「生」とは、まず個人の生であると考えた。道徳的価値の問われる行為を、個人の主体的行為に見たのである。その上で、いつでも・どこでも・だれにでも妥当する普遍的な道徳原理を探求した。それは一面では、人間一人ひとりの尊厳を基礎づけ、人権思想を確立しようとするものではあったが、他方で、「ともに生きる」という側面を背景に退かせることによって、古代以来重視されてきた人間の「役割行為」の意義を見失わせることにもなった（この論点については、次の文献に詳しい。越智貢「モラル・モニズムが忘れたもの――徳倫理学再考」、日本倫理学会編『徳倫理学の現代的意義』日本倫理学会論集29、慶應通信、一九九四年、所収）。しかも、普遍性を志向する倫理学は、その探求する原理が抽象的にしか示されないがゆえに、具体的に人間を動かす力を生み出すことが容易ではない。共同体主義は、こうした欠如がロールズの所説にも見出されるとし、伝統に根ざした具体性と歴史によって裏打ちされた有効性の認められる役割行為を復権させようとするのである。

このように行為主体を個別化したがゆえに、近代の倫理学は道徳的価値の根拠をも主体化しなければならなくなった。それは、従来、宗教的教義や伝統的慣習によって根拠づけられてきた道徳原理を、あらためて自覚的に基礎づけようとする試みでもある。その際、近代の哲学者が道徳的判定の根拠として着目したのは、あるいは感情・感覚であり、あるいは合理性だった。

前者の例としては、スコットランド啓蒙に関連する哲学者、ハチソン、ヒューム、アダム・スミスに見られる道徳感覚説を挙げることができる。後者の例は、カッドワース、ヘンリ・モアなどに代表されるケンブリッジ・プラトン派の所説に見られる。しかし、前者は、その主観性のゆえに、同一の道徳的感情・感覚を共有しないと主張する人を説得することが不可能であり、後者は、なぜそもそも合理的であることは不合理であることよりも善く、人間は合理的に行為すべきであるのか、という論点を同語反復に陥ることなしには説明できない。

このうち、後者の立場は、ロールズの前提する合理的な人間像にも引き継がれているがゆえに、彼もまた同じ困難を抱えることになるはずである。それゆえにこそ、彼は善の追求は各人に任せ、それに先行する正義を普遍的なものとして探求したのである。それに対して、共同体論者は、以上のような道徳的価値の主観化の動向を離れ、他人と共有できる客観的な善、あるいは具体的に人間の身についた徳を復権させようとするのである。

▼自我と共同体

ロールズの正義の構想は、原初状態において自分のアイデンティティの内容に無知のヴェールを掛けることによって成立していた。したがって、各人は家族や地域共同体からいったん切り離されたところで、秩序ある社会を構想する手続きに入るのである。それに対して、『自由主義とその限界』（一九八二年）の著者であるマイケル・J・サンデル（Michael J. Sandel, 1953-）は、ロールズの正義の構想において手続き上前提される自己を「負荷なき自我（the unencumbered self）」と呼び、これを批判する。アラスデア・マッキンタイア（Alasdair MacIntyre, 1929-）も『美徳なき時代』（初版、一九八一年）で同様のことを指摘している。すなわち、私たちは社会において、たんに私は私であるという形式的な自己同一性をもって存在しているのではなく、むしろ誰かの娘や息子として、特定の学校の生徒として、あるいは特定の会社の社員として、さらには特定の地方自治体や国家の成員として存在している。このような具体的な社会的自己同一性をもつことで、私たちは自己反省を行うことが可能になるのであり、善く生きることができるのである。サンデルは、このような自我を「位置づけられた自我」(the situated self) と呼ぶ。

自我が共同体の中に位置づけられていることを、共同体主義者はさらに自我の自己理解、あるいは自我の生成の観点から説明する。マッキンタイアは人間を「物語を語る存在」と規定する。人生における生誕―生―死を、物語における発端―中間―終わりになぞらえることで、私たちは人生の統一性を手に入れる。実際、私たちは他人の特定の行為を理解しようとするとき、その行為という挿話を一続きの物語的な歴史の文脈の中で理解する。それは、自分の行為を理解しようとしたり、自分を他人に紹介しようとする場合でも同様である。さて、そうした他人や自分の物語を、それが舞台で演じられるものとして考えてみれば、その舞台は背景として歴史をもっていることに気づく。この歴史は、個人の一続きの人生をも超えて、共同体の歴史としても語られうる。このとき、私たちの行為は共同体の歴史と不可分ではないことが明らかになり、私たちが未来に向かってどのような行為を選択するかは、私たちの帰属する共同体がどのような過去をもっているかと無関係ではないことになる。

物語が語られるものであり、言語的に理解されるものであることに注目すると、共同体の中心的性格のひとつとして、それが言語共同体であることが挙げられる。実際、私たちは自分のアイデンティティの内容を言語で表現するが、その言語は他人との対話によって学びとったものである。したがって、自我の生成の場として、それに先行する言語共同体が存在し、そこに帰属するかたちで自我が形成されるがゆえに、自我と言語共同体あるいは言語に代表される文化的共同体とは不可分なのである。この観点から、チャールズ・テイラー (Charles Tayler, 1931-) は近代哲学の「独白的な傾向」を批判した。ロールズの想定する無知のヴェールを掛けられた人間も、他人との具体的関係を欠いているがゆえに、その一変奏であると見ることができるだろう。なお、テイラーの観点は、今日「多文化主義」と呼ばれる政治的立場を基礎づけるものでもある。（テイラーはカナダのケベック州生まれで、英国に学び、母国のマギール大学や英国のオックスフォード大学などで哲学・政治学を講じる。主著として大著『自己の源泉』（一九八九年）が挙げられるが、他に『ヘーゲルと近代社会』（渡辺義雄訳、岩波書店、一九八一年）、『〈ほんもの〉という倫理　近代とその不安』（田中智彦訳、産業図書、二〇〇四年）などがある。）

▼徳の復権

では、あくまで自我とその行為を共同体との連関の中に見ることで、共同体主義者はいかにして徳の復権を試み、どのような徳を語るのだろうか。ここでは、その例をマッキンタイアの所説から示してみたい。そのためには、彼の「実践」概念と、「内的な善」の概念が理解されねばならない。

まず、彼は「実践」という語に固有の意味合いを込めた。すなわち、彼は広い意味での人間の行為を、個人的で一時的な単純な行為である動作と、社会的な関係の中で複雑な形態をもちつつも一貫した行為である実践を分ける。このような「実践」概念によって、彼は客観的な共通善を語る場を拓くのである。たんなる動作であるならば、私たちはそれを学ばなくても行うことができる。しかし、彼の言うような実践は、他人から学ばなければ可能にならない。さて、私たちが学ぶときには、自分より優れた者の存在、あるいは権威の存在を認めなくてはならない。このとき、権威は歴史的に形成されるものであるがゆえに、実践は行為共同体の歴史との連関の中で成立するのである。

次に、マッキンタイアは「善」に二種があることを指摘する。すなわち、「外的な善」と「内的な善」である。前者は、金・名声・地位のように、ある実践の達成によって、その外部に得られるような善である。このような善は、誰かがそれを手に入れれば、他の誰かがそれを失うような善であり、しばしば、「よい人」がその「ひとのよさ」のゆえに失いがちなものでもある。他方、「内的な善」は、誰かがそれを達成することが、その人を含む行為共同体にとっても善であるような善である。というのは、実践にとって「内的な善」は、これまで伝統的に達成されてきた善に従属することによって、それを維持しより豊かにするからである。例えば、誰かが英会話を学ぶことで英語圏の人々と上手に会話できるようになることは、英会話という共同的行為にとって内的な善である。各人が英語をよく話せるようになればなるほど、英会話の相互理解がよりよいものになるからである。なお、このような善は、行為者がよい人であることと矛盾しない。

以上のような観点から、マッキンタイアは、徳とは、それを身につけ行使することで実践に内的な善を促進できるようになる性質である、という。すなわち、徳ある人になるためには私たちは、共同体の中での自分の位置が担うべき役割を権威ある伝統から学び、まずはそれに服従しつつ、場合によってはそれを改良することで、社会的連関をもつ実践に内的な善を維持し促進する人になることが必要なのである。ここで語られる善は、もはやロールズの語るような合理性としての善、すなわち個人がおのおの企図する人生計画から逆算されるようなひとそれぞれの善ではなく、具体的な共同体において客観的に見出される共同善である。

▼社会と繫がった社会批判

このような共同体主義の思想は、伝統の価値を重視する点で、いかにも旧守的であるという誤解を招くかもしれない。しかし、マッキンタイアの所説を含め共同体主義は、ロールズの正義論に対する保守的な反動思想なのではない。むしろ、それは社会を有効に批判する視点を提供しようとするものである。その点を、『解釈としての社会批判』の著者、マイケル・ウォルツァー（Michael Walzer, 1935-）の所説から確認してみよう。（ウォルツァーは、米国生まれの政治学者。プリンストン高等研究所社会科学教授。『解釈としての社会批判』の他に、『正義の領分』や『正しい戦争、不正な戦争』などがある。）

彼は、同書において道徳哲学には三つの道があることを指摘する。すなわち、発見の道、発明の道、解釈の道である。まず、発見の道は、それまでは発見されていないが、いったん発見されれば普遍的に人間を支配する道徳原理を語るものである。例えば、ユダヤ・キリスト教の宗教道徳や、ヘレニズム期以降の自然法思想にその典型を見出すことができる。次に、発明の道だが、これは従来存在しなかった道徳原理を新たに発明しようとする。これを試みた代表的人物はデカルトだが、ウォルツァーはロールズもまたこの類型に属すると考えている。これらに対して、解釈の道は、何らかの道徳的問題が生じたとき、その問題発生のコンテクストに立ち返り、その内部で共有されている道徳のテクスト（価値・基準・慣習）を解釈することで、それへの同意・不同意を決めるというものである。そして、これがウォルツァーの立場であり、共同体主義者の立場である。

私たちは、道徳的に無記の社会に生まれて来るのでなく、必ずや何らかの道徳的規範のある社会に生まれ、その中で自我とその価値観を形成する。したがって、ロールズのような発明の試みは不要であるし、そもそも、発見や発明の道から得られたとされる道徳原理と、私たちが従来からもっているものとの間に大きな差異が存在するわけではない。

共同体主義者は様々な観点から自我と共同体の連関を語るが、その観点は彼らが語る社会批判のあり方にも通じている。すなわち、社会との繋がりを欠いた社会批判に対して、あくまでも社会と繋がった社会批判である。前者が外部からの操作や抑圧という形態をとりがちであり、共同体内部での共感を得ることが困難なのに対して、後者はそうした難点を克服しつつ、かえって共同体内部の連帯を強める契機にもなる。解釈としての社会批判とは、そのように社会で共有されている道徳的価値との連繋において行われる社会批判なのである。

▼共同体主義の問題点

ロールズの正義論と対比したとき、以上のような共同体主義の所説にはより強いリアリティと実効力が感得される。しかし、共同体主義にもまた多くの批判が加えられている。

例えば、川本隆史は『現代倫理学の冒険——社会理論のネットワーキングへ』で、いくつかの批判をまとめつつ三つの論点を提示している。まず第一に、「共同体」の無規定性である。共同体は広狭様々に規定できるし、人間が共同体で「生きている」ことと「生きるべきである」こととが混在することで混乱を招いている。第二に、権力論の欠如である。社会構成には権力作用が内在しているが、その権力のもたらす負荷に自覚的でない限り、共同体主義は無批判に留まってしまう。第三に、どの共同体の文化を促進し、どの共同体の言語を向上させるのか、という具体的な共同体どうしの連関における検討が欠けている。私たちは、同時に様々な共同体に帰属している。そのそれぞれの共同体のもつ道徳規範が両立不可能な場合、私たちはどうするべきなのだろうか。

さらに一点加えるなら、共同体主義の語る共同体の外部との関係の問題がある。すなわち、共同体が同じ物語を語る人々によって成立しているとすると、その物語を共有しない人々と私たちはいかに関わるべきなのか、そこが不分明なままである。地球規模の問題、例えば地球環境問題やグローバリゼーションが話題になっているとき、共同体主義の所説には不十分さが指摘できる。地球をひとつの共同体と考えるのは、共同体主義者の発想そのものに背反する。なぜなら、人類全体がひとつの物語を伝統的に語ってきたなどという歴史は存在しないからである。

以上紹介してきた正義論と共同体主義は、たいへん鋭い対立を示していて、容易に両立することのできない二つの立場であるように思われる。では、この両者をより大きな枠組みの中で整合的に位置づけることができないだろうか（正義論と共同体主義の位相の相違を指摘し、それを大きな枠組みの中に位置づけた例として、次の文献が挙げられる。塩野谷祐一『経済と倫理　福祉国家の哲学』東京大学出版会、二〇〇二年、二四頁、一〇九～一一〇頁）。

アンネマリー・ピーパー（Annemarie Pieper, 1941-）はその著書『倫理学入門』で、道徳と道徳性を区別した上で、道徳と道徳性の関係を考察することに倫理学の本質があるとした。道徳とは、様々な共同体にその歴史や風土に代表される特徴を背景として形成され、時代とともに変化していくものである。他方、道徳性とは、それらの多様な道徳、さらには時代とともに姿を変えていく道徳を貫いている性質である。

彼女はその性質を、自由の無条件的な要求に見出した。すなわち、道徳が道徳であるのは、それが行為共同体の自由を要求するからであり、何らかの道徳規範が、その自由を制限するにすぎないものになった場合、それはもはや道徳とは呼べないというのである。その上で、道徳はその正当化の根拠を道徳性に置き、道徳性はその実現の方途を道徳に求めるという相互関係を指摘する。

私たちは、この二重化した視点に正義論と共同体主義をおおよそ関係づけることができよう。ロールズの正義の第一原理はピーパーの道徳性に重なり、共同体主義の語る道徳はまさに彼女の言うところの道徳である。したがって、正義論と共同体主義の位相の相違を踏まえた上で、両者を相互に関係づけることができる。そのとき、正義論は共同体主義による社会批判にひとつの尺度を提供するものになり、共同体主義は正義の構想を実現していく方途を提供するものになるだろう。

（御子柴善之）

【参考文献】

井上達夫『他者への自由――公共性の哲学としてのリベラリズム』創文社、一九九九年。
川本隆史『現代倫理学の冒険――社会理論のネットワーキングへ』創文社、一九九五年。
川本隆史『ロールズ　正義の原理』講談社、一九九七年。
森末信行『正義論概説』中央大学出版部、一九九九年。
日本倫理学会編『徳倫理学の現代的意義』慶應通信、一九九四年。

第Ⅱ部　倫理学史

第五章　古代ギリシア・ローマの倫理

① 概観

いかに生きるべきかという問いは、人間にとって不可避の問いである。人間がその名に値する生とそれを可能とする共同体を営み始めて以来、人間社会は、意識的であれ無意識的であれ、それに対する解答を生活の習俗と規律のうちに保ち、神話と宗教の伝統は幾らか自覚的に規範の言葉を提示している。倫理に関わる問題意識と言説は人類普遍的である。だが、それについて最も自覚的な態度で理性的考察を進め、その上にあるべき生の姿を掲げたのは、古代ギリシア人が最初であった。彼らの文学は、父祖から伝わる道徳について、その実質を説き教えたのみならず、それを成り立たせている概念と言語そのものに考察を向けた。やがてその土台から、規範の根拠をも問う哲学の営みが現れ、倫理学が生まれた。

▼古代倫理学　古代の倫理学はソクラテスの哲学と呼ぶことができる。それは学問的には、古典期の終焉間近、アリストテレスの倫理学――都市共同体における各自の卓越性（徳）の総合的完成とそれらに発する活動――に完成した姿を得る。しかしその後、皮肉にも彼が教えたマケドニアの王子アレクサンドロスが都市国家文明を変質させた。巨大帝国の支配下でアテナイは活力を失い、人間の感受性も変化する。文化の中心は権力の所在地、王都アレクサンドリア、やがてローマへ移る。このヘレニズム期（前三～一世紀）とそれを継ぐローマ帝国

の支配の時代、繁栄と矛盾の中で、哲学は魂の治療、個人の幸福の実現と防衛、徹底的な自己救済に重心を移した。それは、狭義の哲学――古代ではギリシア語で営まれた――よりも、古代ローマ文学、ラテン文学の人生知に結実し、現在まで親しまれている。

▼キリスト教

衰えゆく異教世界に、外からの救済を掲げる神秘的で禁欲的な宗教性が、プラトニズムの復活と並行して広がり、その中でキリスト教が勝利を収める。ユダヤ人の唯一絶対の神の正義、イエスの愛の教え、聖書の権威と教会の共同体は、古代世界を根本的に異質なものに変貌させた。自己救済の哲学の用語を継承しながら、いまや宗教が人間本性の限界を定め、超越神の権威が人間に生の規範を提供する。幸福と救いの代償に、ホメロスの伝統の過酷な世界観と哲学の理性的探求の多くが犠牲になる。規範の根拠は自然から神へ、修徳の理想は賢者から聖者に変わり、倫理の学も終息した。

だが同時に、古代末の新プラトン主義を中心に、ギリシアの哲学思想は、キリスト教教義に豊かに流れ込んで、その中核となった。それは変貌を遂げながらも中世を通じ繰り返し省みられ、存在と言語を巡る哲学の営みに豊かな実りをもたらした。そして中世の終わり、アラビア経由で西欧に戻ったアリストテレス哲学は、トマス・アクィナスにおいて、再び西欧の知と生の完成態になる。

▼近現代への影響

ルネッサンス以降、近代とその哲学の成立の過程で、聖書と教会の権威にもとづくキリスト教倫理に代わる、人間の主体的な生の原則と、自然と社会の説明の原理が求められた時、蘇った古代の文学と思想が提供したものは少なくない。倫理では特にローマの古典とその思想（ヘレニズム哲学）が、十七～十八世紀の倫理思想に近く深い繫がりをもつ。十九世紀になると、ロマン主義の中で古代ギリシア文化への崇敬が一般化し、古典文献学は人文科学の中心として、激動の時代の中で幾多の変容を遂げつつも、教養と人間文化の理想として常に仰がれた。現代思想への契機をもたらしたニーチェ、マルクス、フロイトも、古代ギリシアを熱烈に愛した。

現代においても古典古代は依然として西洋文化の本流である。西洋の伝統の根幹である以上、一定の理解は教養に不可欠であるが、同時にそれは歴史的関心に尽きるものではない。歴史を学ばない者は同じ過ちを犯すと言われる。古典文化の消長が伝える人間精神の偉大と悲惨は、常に現在性を担う。さらに哲学・倫理学は、「何を」を問題にするのではなく、「いかに」を問うものであり、その意味で時代的制約を受けない。加えて、近現代の倫理学への反省として、古代倫理学とその伝統、幸福と徳を中心に置く教説は、現在の徳倫理学、共同体主義倫理学に多くの示唆を提供している。その意味で、人間とその伝統がこの地球上にありつづけるかぎり、古典古代に生まれた哲学思想の意義が失われることはないだろう。

２　ホメロス

ギリシア人は初めて人間に学問と科学をもたらした。それを可能にしたのは、彼らを取り巻く自然と文化の環境が育んだ彼らの精神特性であり、何よりも鮮明にそれを表現するのは、前八世紀頃に突如姿を現したホメロス（Homeros）の叙事詩である。それは古代世界の終焉までほぼ一〇〇〇年間にわたって人々の世界観と教育の基礎を形成した。その中核は、一言でいえば、苛烈な貴族戦士の名誉と恥の観念を基礎にした共同体倫理である。神話のトロイア戦争の物語の中での主人公、英雄たちの行為とふるまい、生き方が、彼らの行動と語りを通して伝られる。

▼共同体と徳

「常に最も優れた者になり、他の人々を凌駕せよ」（『イリアス』六・二〇八）――最大の英雄アキレウスを励ますこの言葉は、常に古代のエリートたちを駆り立てた。古代とは、オリンピック競技会が象徴するように、卓越をめざす競争（アゴーン）の支配する世界である。だがそれは、競争の前提、同等の人間と、その相互認識の目のいきわたる競技場としての共同体でのみ可能であり、それを象徴するのが、『イリアス』中の戦士共同体である。

彼らの価値、「よい」と見なすものの中心は、伝統的社会の中での、各自に求められる役割を典型的に実現させることである。その力こそ、彼らの卓越性、「徳」（アレテー）である。それは個人に属するとはいえ、共同体的な価値の主体であって、その体現者に語られる言葉「アガトス」（よい）などは、行為と結果から切り離された内面性を表す概念ではない。ホメロスの戦士たちは王侯貴族であり、それに相応しい行いを果たす時に「立派である」と言われる。これは彼が王や英雄である事実に等しく、よい王であることは王としての卓越を示し、個人として人格者であることは一切関係しない。ここに事実と価値の断絶はない。したがって、意図にかかわらず、現実の行為の失敗が当人に対する非難となる。競争社会は実績主義であるが、知識と能力との間の直接的連関——ソクラテスのパラドックス「徳は知である」において鮮明となる——が既にここにみられる。

▼恥の倫理

英雄たちの戦士としての己れの卓越性の表現は、自らの所属する軍の共同体の中での勝利への貢献と直接結びつく形で達成される。その場における成功と失敗が当人の価値を表す。輝く武具を身にまとい、戦場で敵を倒す姿にこそ彼らの意義がある。「カロン」（美しい、立派である）という言葉はギリシア文化を象徴する（そして「善美なる人」とはそうした貴族の呼称であり、人格の表現ではない）。この共同体の是認と賞賛を目指して英雄たちは真っ先に戦い、若くして美しく死ぬ。彼らの現世的世界観からすれば、死は何より厭わしい悪だが、死は恥ではない。卑怯で醜悪な（アイスクロン）恥のふるまいをこそ人間は避けなければならない。

▼運　命

人間のあり方は共同体内の相互認識に規定されるため、人間を超越し人間に命令を下す神的権威は、その場をもたない。実際のところホメロスの神々自体、人間と変わらず、わがままな貴族のようにふるまう。しかし同時に、人間は、不死なるものと自身との間の絶対的な懸隔を、この同質性ゆえ、さらに鋭く感じざるを得ない。人間は木の葉のごときもの。運に恵まれ一時栄えてもたちまち枯れ果てる。神と人間ではもともとの割り当て、運命が異なる。この、死と結びつく運命の観念が人間のあり方の根底にある。加えて、どこでも戦士は神助でなく自らの力を恃《たの》む。その意味でも彼らは運命論者である。

▼正　義

人間は、特に幸福の絶頂にあって己の条件を忘れ、運命を忘れる。その限界を踏み越えること、人間の分を忘れた、神々を憚らないふるまい、共同体の秩序を破る行為は、「傲慢」（ヒュブリス）として糾弾され、神々と人間共同体（世間）から罰せられる。人間はそれを「苦難」（パトス）によって学ぶ。苦難の果てに無事の帰郷を果たす夫、非道な市民たちの傲慢を耐える妻、そして二人の最後の幸福を語る物語『オデュッセイア』では、神々の正義の支配、人間社会の掟の在り処がより明確であり、世界はより道徳的である。己れの権力入手のため身勝手な求婚を行い、他人の財を蕩尽した求婚者たちの最期は、傲慢に対する当然の報いであった。共同体の根本となるのは、夫婦と家族、そして友愛である。ホメロスの物語の枠を形作っているのは、結婚の掟、埋葬の掟（『イリアス』第二四歌）、家の掟である。

▼合理主義

こうして人間を中心に置くホメロスの世界では、人間を越えた非合理的なもの、神話と宗教は軽んじられる。神々は人間化され、その制約と合理性ゆえに、人間を恐怖で圧倒し拝跪《はいき》させる力をもたない。知力縦横のオデュッセウスのように、得体の知れぬ力を前に怖じ気づくことのない己れの知性への絶対的な信頼が、常に果敢に真理の明るみへ到達せんと競うギリシア人の心性を育んだ。やがてこの理性的思考が、自然世界と宇宙を合理的な法則として把握し説明するイオニアの自然哲学をもたらし、最終的にデモクリトスの原子論に到って機械論的な自然観を完成させることになる。

3 ヘシオドスと宗教

▼正義の要求

ホメロスは貴族戦士の世界を描いたが、現実の人間の生はより過酷である。ギリシア本土の社会の激動と人間の苦しみが正義に対する一層の要求をあげさせた。その最初の痛切な訴えは、農民詩人ヘシオドス（Hesiodos）の口から発せられた。社会の発展と富の蓄積の中で不正と腐敗が広がり、強者が自己の利を貪り、弱者を踏みつけにする。鷹は夜鶯に言う。「俺はお前を食ってしまうことも、放してやることもできる。自分より強い者に逆らおうするのは愚か者だ」（『仕事と日』二〇九―二一〇）。まさに彼自身がそうした不正の被害者であった。彼の弟は相続財産を使い果たし、貴族の審判人に取り入って兄の相続分まで横取りしようとする。この怠け者の弟と堕落した世に向かい、義憤ゆえ深化した信仰の確信の下、最高神ゼウスの支配と正義、敬虔と真面目な労働の大切さを繰り返し説く。繁栄は正義あってのことである。違法な財産は霧散する。ゼウスと神々が人間の裁きと行いを見張っているからであり、不正の報いはやがて一族を襲う。

▼法整備と説教

このような、正義を勧め傲慢を戒める素面の道徳的勧告と説教も後代の伝統となる。社会発展と貴族の権力抗争の中で、初期の政治家は、詩人の求めた正義を、立法活動を通じて共同体に実現すべく努めた。アテナイのソロンなどの七賢人に帰された、過度を戒める伝統的な処世の知恵の言葉が伝わっている。繁栄に驕る人間に、遵法と敬虔を命ずるアポロンの箴言、「お前自身を知れ」「度を過ごすな」が説き聞かせる人生の知恵は、古典期の歴史や悲劇に繰り返し現れる伝統の掟である。そして古代倫理の体現者ソクラテスの「無知の知」も、人間の限界の自覚と傲慢の戒めに立つ点で等しい。後代の哲学者も、異なる思考と体系に立ちつつ、この種の実践的な徳論と人生の指針の提供に従事した。

▼内面化と神秘主義

この種の正義の訴えは、生活を宗教の掟で縛る律法主義的な社会規律に反映し、伝統の遵守、法と制度の改革といった外在的な方向で人間の社会行動を規制する。しかしこの意識は、同時に反対の内面の方向にも発展した。正義は各人の行為に対して賞罰を行うが、家と一族の伝統社会の中で、個人の行為の責任は、そのまま共同体に帰せられていた。この「親の因果が子に報う」という考えは、社会変化に応えられず、行為者自身に責任が問われるべきだという自然な感覚が生じる。そして、現実世界ではしばしば悪人が繁栄する事実と神々の正義の支配の確信との間の調停に、死後の懲罰という宗教的観念が生まれた。

この感受性の中で、ホメロスでは無に等しい「魂」（プシューケー）が、個人の責任主体の意義を担うようになる。オルフェウス教、ピュタゴラス派等の禁欲的な宗教は、現世を越えた人間の真の幸福の観念、動物的な身体の桎梏を脱した、人間本来の神的な本性の自覚とその欲求を提示する。またそれは、神的なるものとの合一という個人の究極的幸福に対する神秘主義的願望とともに、プラトンとプラトン主義に圧倒的な影響を与えることになった。

4　アテナイ啓蒙とソフィスト

▼民主主義と啓蒙精神

ペルシア帝国に対するギリシアの勝利の後、アテナイはその主導権を把握し、大政治家ペリクレスの指導下、ギリシア民主政の絶頂を極め、都市文化の精華を誇った。この地がポリス文明の象徴となったのは、ギリシア文化の特質を最大に体現したからである。限られた規模の市民共同体における同等の市民間での卓越が、各市民の自己と幸福の実現である。法の下での各個人の平等と自由こそ真の競争を可能にする。民主主義の下で指導者として卓越するには、伝統的な軍事の力量にも増して、広場（アゴラ）での民会と裁判を戦場とする、内政的な能力が重要であった。その武器は弁論である。名声と富の獲得、自身の幸福実現のため言論の能力が必須となった。ペリクレスら大政治家は大演説家であり、有意の若者はこの技術をこぞって求めた。卓越性の徴表は武力から知力に変わり、この手段、説得の技術を提供したのが知恵の教師、ソフィストであった。

▼伝統的価値への懐疑

「ギリシアの学校」アテナイは、各地から知識人を引き寄せた。自由の下で外界に対する知的好奇心が増大し、文化と習俗の多様性に対する目が開かれる。ヘロドトスは、その歴史書の中で、ギリシア人に忌まわしい異国の習俗、結婚や埋葬の伝統を楽しげに紹介する。国が違えば習俗も異なり、何が正しく何が悪いかも、国ごとに異なる。規範の相対性に対して、自然と本能は普遍性をもつ。さらに自然学の流布の結果、習俗の掟と並ぶ伝統的な神々のいま一つの領域である自然界は、科学的説明にさらされる。雨を降らすのは、もはや天候神ゼウスでなく雲であって、単なる自然現象にすぎない。自然は脱聖化され、伝統的信仰は繁栄の中で形骸化する。

先進的な知識が集まったのは国力ゆえである。帝国の繁栄が強力な軍事力に拠る事実が繁栄の中で肯定される。力の正義は、繁栄下では民主政の主導者としての健全な誇りによってよく支えられていた。ペリクレスは語る。「わが国はギリシアの理想の実現である。われわれ市民は、さまざまな生を営みながら、自由人の品位を保ち、知恵の完成に到達できるだろう」（『戦史』二・四一）。だが、四三〇年以降、スパルタとの覇権争いの戦争と疫病の猖獗《しょうけつ》が人心を荒廃させると、民主政の欠陥が露呈し、価値観の崩壊が加速化した。

繁栄が育てた個人主義が無際限な利己主義をもたらす。誰も自分がかわいいことに違いはない。自己利益追求は「自然」であって理由は要らない。そもそも個人が他人を退けて行いたいことを禁ずるのが伝来の正義と法である。だが、伝統的価値、神々を敬い国に服従するよう説く道徳は、果たして真理に根差しているのか。そうでないなら、なぜ守る必要があろう。こうした思潮と、常に真理を追求する哲学の精神があいまって、道徳と規範、正邪や善悪について、当事者の立場や主張と離れた考察が、ソフィストの主導の下に広がった。さらに、そうした価値観の変化と衝突、伝統に対する擁護と抗議を、生々しい姿で提示したのがギリシア悲劇であった。

▼弁論術と相対主義

ソフィストたちは、ギリシア各地を遍歴し、講演や教授によって財と名声を獲得した。彼らの立場と主張は多岐にわたるが、代表的なソフィストのプロタゴラス（Protagoras）は、自ら徳の教師を名乗り、弁論術の教授によってアテナイの若者を引きつけた。弁論術は議会での卓越のための武器であるから、「徳の教師」という自己認識は一面で正しい。同時に、彼の立場は、真理よりも説得相手とその立場に依存する弁論術の本質と同様に、相対的なものに依拠する。「人間は万物の尺度である。あるものについてはそれがあることの、ないものについてそれがないことの」という彼の有名な言葉がある。感覚は各人に時折々に異なって現れる。行為の基準である価値も、各国各人を離れたものではない。すべては視点に左右され、絶対の基準はない。これは徳の教師という彼の立場も危険に晒す。本当に基準がないならば、彼我の優劣も判定不能であり、自己の優越すら示せない。しかし彼らは、社会的成功に必要な手段として弁論術の実用知識を伝授し、それ以上コミットしない。これは理性が道具的で、選択が理性と異なるものによるとする見方である。そしてこの弁論術では、自己の欲求実現のため民衆の説得が不可欠である以上、民衆の承認こそ価値の源泉となる。力への欲求は、しばしば無反省で私益に引かれる民衆の価値観と欲望をそのまま肯定承認し、それに仕えることになる。

もちろん、価値の相対性の自覚が否定的なものに終始するわけではない。各国に相応しい価値観に則して語ることは賢い行動であり、博識に裏打ちされた弁論は有効である。さらに、自覚された相対性を越えた価値追求も自然に現れる。プロタゴラスも、ゼウスがすべての人間に正義の感覚を配分したという神話の形で正義の普遍性を語っている（人間の弱さを基にする点で社会契約の発想に近い）。

しかし、弁論術は善悪正邪いずれの側からも論じられ、自己利益の防衛と拡張に専心する利己心にのみ仕えるならば、悪魔の道具と化す。アリストパネスの喜劇『雲』では、正論と邪論の対決が、新旧の価値観の滑稽なすれ違いに描かれるが、「弱い（劣った）議論を強い（優れた）ものにする」という弱論強弁こそ、アテナイ民衆の願望であった。民会にはデマゴーグが跳梁し、大衆の煽動と利益誘導が幅を利かせ、あるべき国と生に対する建設的視点は一切抜け落ちる。

▼ノモスとピュシス

その指導者、アテナイの知識人たちこそ、ソフィストの影響を過激化させた張本人であった。「ノモス」（習わし・法・人為）と「ピュシス」（自然）の対立が彼らのキャッチフレーズである。その一人アンティポンは、このように論じて正義を否定する。「正義とは、自分の国の決まりを犯さないということである。だからこれを自分のため最大に活用するには、目撃者のいる所では国法を、一人だけの時には自然の法を尊重すればよい。なぜなら、法の事柄は後から恣意的に決められたものだが、自然の事柄は変更不可能で必然的だからである」（断片四四）。

法の起原は自己利益への自然な欲望に遡及される。プラトンの伯父クリティアスは、正義の守り手の神々も、悪賢い支配者が、人間の私利追求を恐怖によって抑えるために発明したのだと主張した。プラトンの対話篇に登場するトラシュマコス、さらにカリクレスは、正義と法の人為性を指摘するにとどまらず、その論理を完徹させる。自然本能の欲望とその充足だけを真の価値と見なし、そうした欲望を無際限に追求充足させることこそが、人間本来のあり方に適った幸福だと主張し、美徳をひ弱な虚飾と嗤《わら》い、強者の権力を称賛する。知恵の誉れ高いアテナイは、その真理追求の結果、社会規範の岩盤に達し、深い亀裂をもたらした。それを真に引き受けたのがソクラテスであった。

5 ソクラテス

ソクラテス（Socrates, B.C. 469-399）の生涯はアテナイ盛衰の七〇年間に重なる。中堅市民として国の義務を果たし、遠征で勇敢な態度を示したが、国政には関与せず、広場を歩き回っては市民と対話を交わした。壮年の頃には知的探求に明け暮れる変人として知られ、当時の新思潮を主題にした喜劇アリストパネス『雲』の主人公に祭られた（民衆が彼の営為をソフィストの活動と区別できなかった証拠である）。対話の中で言葉の一貫性を追求する彼の営みは、好奇心と知力に富む若者に信奉者を得る一方、それを快く思わない市民を敵にまわすことになる。さらに周囲の若者の一部は奔放な生活や無節操な政治活動を行い、祖国に破滅的な害を及ぼした（アルキビアデスとクリティアス）。これに対する反感が前五世紀末の政治状況の混乱のさなか、ソクラテス告発となる。訴状は「国家の信ずる神を信ぜずに新奇な神霊を信じ、若者を堕落させる」であったが、内実は、彼に対する長年の中傷、『雲』に描かれたソフィスト的活動――自然学（無神論）探求と弱論強弁の若者への流布――であった。裁判に敗れたソクラテスは、国法に従い毒杯を仰ぐ。

市民であったソクラテスは、一時滞在者のソフィストと異なり、常に市民の間にあって、対話を通してよき生のあり方を真摯に探った。しかしそれは世人の無知の暴露と無反省な生に対する批判であり、通念に安住を願う魂にとって煩わしい虻《あぶ》となった。なぜこのような破壊的ともいえる愛知の営みを続けざるを得ないのか。『ソクラテスの弁明』は、彼自身の生と哲学の弁明である。

▼神託と無知の知

ある時、彼の仲間がアポロンの神託を仰ぎ、ソクラテス以上の知者はいないとの答を得た。それを聞いたソクラテスは、神の真理と自らの無知を深く確信しつつ、神託を神の与えた「謎」

と受け止め、自らあえてその吟味を行う。そして知の在り処を求めて世の識者——政治家、詩人、専門職人——を訪ね、彼らと問答を交わす。その結果、彼らは世間で知者とされ、本人もそう思っているが、実際はそうでないこと、「善美の事柄」についいては何も知らないことが明らかになる。この経験を重ねた結果、彼は次の結論にたどり着く。結局、真の知者とは神のみである。人間に可能なのは、それに比べて自分自身が知っていないということを自覚することなのだ、と。このよく知られた「無知の知」は、一面では人間の傲慢を戒めるアポロン（伝統の象徴）の箴言に等しい。しかし彼の活動は伝統復興ではない。唯一「言葉」（ロゴス）だけを基に、対話による吟味を通じて真理へ接近する。知恵を愛し希求すること、「愛知の営み」（ピロソピア）こそ、人間の知の最善のあり方である。そして彼自身は、同胞の覚醒を促す自身の活動こそ、祖国に対する最大の貢献であり、神与の使命と信じていた。

▼幸　福

ソクラテスの問いは「善美の事柄」に関わる。万人が求めるものとは、善き生、幸福である。元来ギリシア語の「幸福」（エウダイモニアー）は、うまくいっていること、生きがいある生を送ること、自分や身内がそうありたいと誰もが願うことを意味し、それ自体は道徳と関係しない。同時にそれは生の全体に関わり、一時的な幸福感ではない。どうしたら幸福になれるのか。幸福な人は優れており、人を優れたものにするのは、既に述べたように、徳（卓越性）である。願わしい生は何らかの社会的卓越と世の称賛を含む。ソクラテスは、このように人生をよくしてくれる徳のあり方を問う。それについて確かな知を得られれば、それを基に人は行為をよく正しく導くことができ、幸福な生に到達できるはずである。

▼信念と語法の吟味

人は行為にさいし何らかの信念に従うが、その多くは漠然としている。信念が行為の確かな指針であるには、確かな基盤に立たねばならない。ソクラテスは市民を捉えてはその意見を問う。信念は多くの言明からなり、対話の中でその各々が明確になる。その結果、相手の信念に含まれる言明どうしの矛盾が暴露されることになる。

一例として、『ゴルギアス』で不正な僭主の幸福を称えるポロスは、「不正を行うことは不正を受けるよりよい（害にならない）」と主張する。彼はソクラテスの問いに答えて「不正を行うことは不正を受けることより醜い」を認め、さらに「醜いことは害になる」を受け入れる。すると「不正を行うことは不正を受けるよりも害になる」という逆の結論が引き出され、最初の主張が覆される。この過程において、ポロスの「よい／悪い」「正しい／不正な」と「美しい／醜い」という価値語の用法の矛盾が明るみに出される一方、「有益／有害」「快い／不快だ」の間の密接な意味連関が変わらずに存在することが浮かび上がる。こうしてソクラテスは、言語の用法を綿密に問うことによって相手の信念に内在する矛盾を暴いていく。

▼エレンコスとアポリア

ポロスの場合のように、相手の信念がソクラテスに受け入れられないものならば、この「吟味」（エレンコス）は相手の反駁と態度変更の促しになる。他方、一般的な世論——『国家』冒頭の、正義とは真実を語り、借りたものを返すことだという老ケパロスの答など——の場合、それはさらなる共同の探求のための手掛かりとなる。

同様に『ラケス』では、ソクラテスはアテナイ屈指の将軍二人を相手に、彼らにとって最も重要な徳の「勇気」について問う。最初に提示された「踏みとどまって戦う」という答は、重装歩兵には妥当するが、騎兵の戦術では勇気ある行為にならない。そこで、「忍耐心」という心のあり方が出される。しかしこれもまた、忍耐が勇気の事例でない例によって論駁される。それは恐るべきものとそうでないものに関する知識、最終的には善悪の知となるが、これはもはや勇気という個別的な徳ではない。こうして探求はアポリア（行き止まり）に終わる。この探求の間、対話者は、自らの無知を悟らざるを得ない。思惑の破壊はそれは新たな探求、真実への接近にとって不可欠の作業である。

ソクラテスの探求は、常に相手の定義の否定に終わるが、その過程において彼の求める徳の特質が明らかになる。多様な人間の徳は、思慮と知識によって導かれる時にこそ優れたものとなる。ソクラテスは徳の探求において、医術をはじめ種々の専門的な技術を好んで引き合いに出す。これらは目的達成の確実な方法とその教授法、個々の実践における確実な指針を提供するからであり、彼の求める徳のあり方に合致する。技術は特定の対象をもつ実践的知識であり、この類比において幸福を達成する知が徳である。徳とは、それによって生に関わるあらゆる事柄をよく用い導くことができる知識である。『ラケス』においても、勇気は善悪の知に帰着していた。

▼善悪の知

しかしソクラテス自身、その善悪の知を持たない。彼は自分が善美の事柄について無知であるということを知っている。彼の確信は、対話を通じて吟味することこそが、人間の生を「よき生」にするということである。彼は言う。「人間にとって、徳その他について毎日談論するということこそ、まさに最大の善きこと」である。そして、「吟味のない生活は人間の生きる生活ではない」（『弁明』三八ａ）。

▼魂の世話

対話による吟味とは、それぞれの自己への配慮、魂の世話である。そしてその魂は、徳、とりわけ正しさによって守られ、不正によって損なわれる。「不正が損い、正がそのためになるもの（魂）が破壊されてしまったなら、はたして生きがいある生き方ができるだろうか」（『クリトン』四七ｅ）。外的な不幸は真実に人を損なうことはない。それは魂を損なうこと、徳の知を失わせることはできないから。決して不正を行わず、常にロゴスによる吟味の下に生きること、この営みこそが美しくよき生を不断に形作ることが、彼の生涯を貫き、その死によって証した揺るぎなき確信であった。「大切にしなければならないのは、ただ生きるということではなく、よく生きるということなのだ」「そして『よく』とは『美しく』や『正しく』と同じである」（同書四八ａ―ｂ）。

6 プラトン

プラトン（Platon, B.C. 428-347）はアテナイ屈指の名家の出であり、啓蒙の申し子の知識人層の中心にあって、自らも祖国の政治文化を担うべく育った。若い頃に悲劇を創作したと言われ、文学的にも天才であった彼の著作（ソクラテスが主人公の対話篇）のいくつかは超一流の文学作品でもある。

▼ソクラテスとピュタゴラス　彼にとってソクラテスとの出会いは運命的であった。クリティアスら近親者の政治の無残な失敗に加え、民主政の混乱の中でソクラテスが告発され刑死したことは、その哲学を誰より理解する彼に決定的な転機をもたらした。彼は自ら政治活動に関わる道を措いて真理探求の道を探る。その中でピュタゴラス派との関係が深まり、その中心地を遍歴ののち祖国に戻り、英雄アカデモスの森に学園を建てて探究と教授に従事した。その後シチリアの同胞に誘われ二回も当地を訪れ、自らの理想の実現に努めたが、苦い失敗に終わった。

生涯が示すように彼の倫理学説の源は、ソクラテスとピュタゴラス派である。祖国の混迷と師の教えは、彼に正しい人間の生と国のあり方の真の指針となりうる概念と方法の探求を継承させた。ピュタゴラス派は、世間と対照的な禁欲生活を営むが、単なる宗教教団ではなく、パルメニデスら南イタリアの普遍主義、実在の絶対性の哲学を継ぎ、数学を研究した。その抽象性は現象界の多様性と鋭い対照をなす。真理探究の生は、彼らの魂の不死の教説——魂は肉体の牢獄に囚われた本質的に神的な存在であり、清く正しい生によって輪廻から脱出できるという教え——の禁欲倫理と不可分に繋がる。こうしてソクラテスの「魂の世話」は、中期のプラトンにおいて強い宗教的禁欲主義の色彩を与えられた。

▼原因の探求

ソクラテスの営みを伝える初期対話篇では、倫理的概念の論理的探求が相手の理解と定義の不足を暴露するが、彼自身も行き詰まりに当たり、善美も真理も知らないという無知の告白で終わった。継承者プラトンはその探求を、人間の行為を越えて万象へと広げたが、中心は倫理的概念にある。『パイドン』の（ソクラテスに託された）思想遍歴に語られるように、アナクサゴラス等のイオニア自然哲学――前五世紀のアテナイで神話性を脱却した科学的真理として知識人に流通していた――は純粋に機械的な説明にすぎず、世界の「よさ」と人間のよき生の在り処、さらには行為の意図を決して解き明かすことはない。師とともにプラトンは、自然と人間の探究が究極的に知性と善に繋がることを直観しつつ、自然の中に神的な善なる原理を直接求める道をいったん諦め、言葉の中で探求を進める。

▼定義の探求

徳の定義の問いは、個々の実例ではなく、それらに共通するものの探求であった。美しい事物は無数に存在する。だが美しい馬も美しい少女も、その一例にすぎず、時空の変化のみならず視座の変化に耐えられない。真に美しいものは何か。間違いないのは、「美しいものは美しい」ということである。述語の「美しい」は「醜い」を受け入れず、決して変わることがない。さらに、求められていたのは、たんなる辞書的な定義でない。それは判定の基準であり、それに拠れば個々の行為を正しくでき、個々の事物が美しくなるような根拠となる「正しさ」「美しさ」である。個々の美しい事物は、その美そのものに「与《あずか》る」こと、「美そのもの」がそこに宿ることによって美しい。それは個々の事物の原形、範例であり、個別的な美しい事物はそれの写しである。感覚と現象の流動性を越えたこのあり方は、現実の個々の行為とその根拠となる徳のあり方に合致する。この真の徳の知を獲得して基準にすれば常に正しい行為が可能となり、人間と社会に幸福をもたらすことができる。このように徳の問いは、認識と知識のあり方とその生成に不可分に関わる。

▼イデアと数学的実在

この変わることなき存在は思考の対象であり、感覚と身体に受け取られるものではない。知性にのみ捉えられるこの思考の対象を、プラトンは「イデア」（形）と呼んだ。現実の諸事物は、このイデアに与ることによってその性質を得る。これに最も近いのが数学の対象である。個々に描かれた三角形は多種多様だが、幾何学の対象の三角形は純粋な思考対象であって、現実の図形の不完全さは一切関係しない。プラトンは数学的実在と幾何学でのその探求方法、仮説からの推論に、理想的な思考のあり方の一つをみた。ソクラテスの対話の吟味は、多くの実例から共通項を求めるもの（帰納法）であり、しかも相手の答はことごとく帰謬法によって矛盾を暴露され、否定的結論に到った。これに対して数学は現象と実例にもとづかず、前提からの推論によって真なる帰結が導出され、新たな真理が拓かれる。さらに前提と推論の確実な方法から、学習者は独力で真なる結論を導ける。幾何学は教育の模範として彼の学園の必須科目であり、プラトンは晩年の『ティマイオス』の自然学において、生成流転する物体界を、イデアの場における現れとして、究極的に（要素三角形からなる）幾何学的秩序として把握するという数学的自然観にまで到達している。

▼善のイデア

しかし数学では、出発点となる前提そのものを問うことはできない。プラトンは、『国家』における理想国制の支配者階級の教育論――彼らには厳しい心身の訓練に加え、前段階として万般に関わる学問、特に数学的諸学が課される――において、真の支配者が獲得すべき真の知識のあり方を語る。仮説に立つ思考を越え、さらにその根拠へと進む思考過程は「ディアレクティケー」（問答法）と呼ばれ、その究極にある真実在こそ「善のイデア」にほかならない。この究極の源泉を、プラトンは太陽の比喩を用いて説明する。太陽の光によってわれわれの視覚が光に照らされた対象を明確に見ることができるように、イデアは認識対象に真実性を、認識者に知識を授ける。善の光の及ばない領域は暗く曖昧で、人はそこに属する対象について思惑しか得られない。同様に印象的な洞窟の比喩では、現象界に囚われた人間は深い洞窟に奥を向いて縛りつけられた存在であり、壁に映る影を実在と思っている。だが真理の追求者はそこを抜け出して外の眩《まばゆ》い真実在を知る。そして同胞を助けるため、暗い洞窟に戻らねばならない（しかし彼の語る真実は闇になじむ大衆に理解されないだろう）。この観照と実践との間の緊張に、ソクラテスの姿と哲人王の理想が重なる。

▼死の練習と恋

この観念に禁欲的な心身二元論が働く。イデアは肉体の影響を一切受けない魂の純粋なあり方固有の欲求対象であり、その認識にとって肉体と感覚は障害である。哲学とは「死の練習」、不純な感覚界から魂を解放して真・善・美へと向かわせる行である。ここには魂の不死性と死後の生に関わる教説が密接に関わっている。プラトンでは「神話」（ミュートス）の比喩にとどまるこうした宗教的言説は、三〇〇年を経て復活するプラトニズムの特徴として古代後期の神秘宗教の母体となったが、この関連でより重要なのは、「恋」（エロース）の観念である。プラトンは『饗宴』『パイドロス』で、魂の本性にこの根源的な欲求、今は自らに欠如する真に美しいもの、自らの真の本性の源である真実在へと向かう、魂の飛翔を語っている。哲学とは真理に憧れる熱烈な魂の活動である。

こうして真の自己とは心であり、そこにこそ徳とその働きが問われ、行為のあり方と正義の問題は魂の本来的なあり方と不可分に関わる。『ゴルギアス』で語られた正義の人の幸福の問題は、人間の内なる欲求の調和体系、理性的秩序の問題として捉え直される。

▼正義と幸福

『国家』は問題を豊かに含む大作であるが、その主題の出発点は正義と幸福の関係であり、『ゴルギアス』での問いを受け継いでいる。第一巻では正義の定義が問われ、そこに自然の正義と僭主の恣意の幸福を称賛するトラシュマコスが割って入り、これは論駁されるが、対話者のグラウコンが引き継いで敷衍する。正義は本当に幸福と関係あるのか。冷静な目で普通の人間の行為を見る限り、人々が徳に従っているのは、それ自体のためではなく、単に罰せられるのを避けるためにすぎない。決して不正を見抜かれない状況下なら

（「ギュゲスの指輪」、自分を見えなくできる魔法の道具が手に入れば）、誰でも必ずや不正によって快楽と富と権力の獲得と増大を図るだろう。そうした完全に不正な人間の幸福と、正しくありながらあらゆる不幸に苦しめられる人間とが対比される。にもかかわらず、人間の幸福にとって、徳にはそれ自体のゆえに選び取られるだけの価値があるのか。近代では快楽と自愛が幸福と同定され、それと切り離された道徳がそれ自身のゆえに従われるべき普遍法則として提示されるが、古代幸福主義はそうした解決を知らない。人がよく生きるのは、幸福な生を送るためである。それゆえ、人間の真の幸福にとって徳が不可欠な構成要素であることを示す方途が求められる。

▼魂の三機能とその調和

『国家』における、この人間の欲求と魂の本性の探求においてプラトンは、魂を国家と類比的に捉え、理想国家の構成、その支配者層の教育、さらに諸々の国制とその堕落形態——理想国制から最悪の僭主制まで——を考察する。国のあり方はそうした心をもつ人間のあり方であり、最終的に僭主的人間、欲望の虜となった人間の不幸と正義の人の幸福とが対比される。

プラトンは、ある種の欲求をめぐって心の中に葛藤が生じる事実から、心が異なる欲求対象をもつ異なる部分からなるとした。それは知性的部分、気概的部分、欲望的部分に分けられる。これは理想国を構成する三つの階層、統治者、守護者、民衆に対応する。それぞれには独自の徳として、知恵、勇気、節制が該当する。知恵とは国全体のため、国が直面する問題に最もよく対処する仕方を熟慮する知、勇気とは、法と教育を通じて得られた、恐ろしい事柄に関する知をどんな状況下にも保持する能力、節制は優れたものの支配に服する協調性である。正義は、各自が各自の仕事を行い、他に手出しをしないこととされ、これによって全体が調和的に働き、国全体の最善のあり方、人間の幸福が達成される。

このプラトンの理想国は政治論としては厳格な思想統制と身分の固定された全体主義として批判されることが多く、その側面は否めないだろう。だが主題は、正義と幸福の関係、人間の欲求と幸福の関係をめぐるものである。

個人の心の中の多様な欲求のあり方を心の三つの機能の分析を通じて解明し、それらの調和がもたらす心全体の健康に人間本来の幸福なあり方を見、幸福が徳によってのみ可能となることを明らかにする多くの議論は、人間精神の理解のための示唆を豊かに提供してくれる。

他方、真の自己を知性と見なし、その至福を真理の直観、純粋に肉体を脱したイデア観照に見ること、この「神への類似」は、幸福の可能性を、卓越した知力と宗教的感受性に恵まれた少数者に限ることにもなりうる。同時に、一般人に対する現実の行為の指針の提言においては、社会制度の文脈（最晩年の『法律』）の中で、知育よりも訓練による性格的な徳の涵養のための合理的な教育制度が提示される。このようにプラトンでは一面において理性と感性の二分化の傾向が強いが、あらゆる哲学的問題が対話の中で探求されており、以後の古代哲学はすべてその組織化か変奏である。

7 アリストテレス

アリストテレス（Aristoteles, B.C. 384-322）は北ギリシア出身で、マケドニアの宮廷侍医の息子である。一七歳の時アテナイに来てプラトンの下で二〇年学んだ。師の没後イオニア諸地域で主に生物学を探究、マケドニア王子アレクサンドロスの教師も務めたが、やがてマケドニア支配下のアテナイに戻り、リュケイオンの森に自身の学園を開いた。大王の死後、反マケドニアの気運が高まった結果、彼はソクラテス同様に不敬罪で告発され、エウボイアに逃れて没した。彼の学園はその遊歩道からペリパトス派（逍遙学派）と呼ばれ、ヘレニズム時代には自然学と穏健な倫理学で知られている。

▼倫理学の完成

古代の学的探究としての哲学はアリストテレスにおいて完成した。自然と人間のあらゆる領域で経験を尊重し事実を集め、そこに普遍的な説明を探った彼は、対象領域に学知のあり方を区別した。それは普遍的あるいは恒常的な存在（数学、天文学など、必然的で変化しない確実な学の領域）を対象とする理論学、観照知の領域と、他でありうる領域、人間の制作と行為が対象となる実践知の領域に大別される。前者は厳密な認識が可能だが、後者はあくまで蓋然的にとどまる。倫理学は実践を目的とする学だから、この性格をもつ。師のプラトンは徳と人間の生の領域に数学のように確実で厳密な知識を求めた。アリストテレスは長年仲間として研究に従事したが、善のイデアの教説、一切の知の理論知への一元的統一に対しては批判的である。彼は常に現実に立脚して理論を構築する。

加えて、他の古代哲学者が説教者であるのと異なり、彼の扱いは勧告の性格を伴わず、現実の社会と人々の行動を記述・分析し、現実の改善にコミットせずに通念を受け入れる。一般人に真の幸福と改悛を説く代わり、上流市民に向かい知識人の観照の高みから、究極の幸福の姿を提示する。彼の倫理学には、人間行動とよき生についての理解に役立つ高度な哲学的社会学的考察とともに、当時の都市市民の保守的な態度が併存している。

▼目　的

彼にとって「人間は本性的に共同体（ポリス）に関わる動物」であり、そこでの他者との共同生活を通してのみ、人間としての生が可能となる。したがって善き生の実現は善き共同体活動に包摂される。政治学は現存の体制の分析を元に、共同体の理想を考察するのに対して、個人のよき生を扱う倫理学は、その下位部門となる。

アリストテレスは人間行動に関する一般論から出発する。人間の生は行為からなり、それにはすべて何らかの目的があるが、目的そのものとなるものと、他の目的の手段となるものとがある。そうした行為の意図や目的の連鎖を辿ると、それ自体としての目的に遡ることになる。そうしたなかで最も包括的なもの、そして他のためでないものが終極的な目的である。これはすべての人によって幸福と呼ばれている。

幸福や成功した生を形づくると認められるものは多種存在する。終極目的である幸福は万人の願望の対象であるから、それらを含みうるものでなければならない。一般的に幸福な生とされるものには三種類がある。快楽の生、国事に従事する（名誉の）生、観照の生である。目的の要請に適うのは快楽と観照であるが、アリストテレスは大衆の求める快楽の生（古代では快楽は基本的に身体の快、飲食と性を指す）に対する軽蔑を隠さない。

▼人間の機能

これは先の目的の規定に、事物の「よさ」の観点が重なるためである。ナイフの機能がよく切れることであり、それがナイフの卓越性と善さを示すのと同様に、人間には人間固有の機能、理性があり、それが人間を動物から隔てている。この精神的な卓越性、すなわち徳に即した活動が、人間本来の善さと善き生を実現することになる。それゆえ単なる快楽の生は動物と何ら変わらない。他の二つは、実践と観照の相違はあるが、いずれも理性の働きに拠る（ただし名誉は自足性の点で劣る）。こうして人間にとっての究極善――それ自体として望ましく、自足的で、人間固有であって人間の行為によって実現され、全生涯に関わるもの――すなわち幸福は、「人間の徳に即しての完全な生における魂の活動」と定義される。

▼性格の徳

しかし人間はやはり動物の一種であり、その限りで動物と同様に行動する。動物は生命と種の維持を目的に、本能によって動かされ、行動を快苦の感覚と欲望に操られる。人間の魂にも同種の働き、欲求の衝動、情動の部分がある。これは非理性的ではあるが、最も低次の生理的機能とは異なり、欲求の認知などで理性と関わりをもつ（さらに人間では理性による願望（快ではなく何らかの善を求めるもの）が行為の起点となる）。この魂の領域の徳、倫理的徳（性格の卓越性）――快楽に対する節制、苦痛に対する忍耐と勇気など――は、知育によっては獲得できず、訓練と習慣付けによって形成される。「性格（エートス）は習慣（エトス）から生まれる」と言われるように、人は勇気ある行為、正しい行為を繰り返し行うことを通じて勇気ある人、正しい人になる。適切な訓育を通じて優れた性格を獲得した人は、理性の成熟後、自身の思慮の指示に従って、状況に応じた適切な行動を取り、よき行いを自然に好んで行うことができるようになる。

▼中　庸

性格は人が何を願い、何を求めるかで知られる。アリストテレスは性格の徳の規定にあたって多様な性格を列挙し、その表出となる情動と行為のカテゴリーごとに分け、幸福達成への貢献度の優劣を探る。性格は欲望、怒り、恐怖、自信、嫉妬、喜びなどの感情として現れるが、それらは欲求として、行為の動因ともなる。それを感じた時、思慮の指示に従って行動できる後天的性向がよい性格であり、それができないのは劣った性格である。

例えば恐怖を感じたさい、思慮に従って耐えるのが勇気であり、そうでないのが臆病である。情動を適切に表出できるよき性格の人は、個々の特定状況に適した程度、その情動を感じる。そうした適度とは、一般的にみて超過と不足の中間である。生命の危険な状況に直面した時、恐怖を過剰に感じるのが臆病、それに不足するのが無謀であり、その中間にあって適切であるのが、勇気という徳である。いわゆる「中庸」の説であるが、あくまで性格分類における、情動の過多に対する適切な中間である。現実には常に個別的な状況の中で判断されるべき、性格に関する記述的規定で、行為と意志の決定には関係せず、「適度が最善」などの箴言が説く極端な行為の回避の勧めではない。これにもとづいて性格の徳は「われわれへの関係における中庸――理性によって決定された、また思慮ある人が定めるような中庸において成立する、選択能力を伴う性向」（『ニコマコス倫理学』一一〇七A）と定義される。この説明は、快苦と情動に不可分に繋がる個人の性格的徳には合致しており、その特質をよく解明する。

▼正　義

他方、いま一つの枢要徳である正義は、個人内部の情動と関係しないため、中庸の説明には困難が伴う。さらにアリストテレスが考察の中心に据えるのは、プラトンに典型的な正義の内面化ではなく、その現実の役割の、国政運営における統治者の役割としての正義である。他方でプラトンと同じく、政治活動は人間の最も優れた実践活動だから、統治者には最も優れた性格が要請され、正義は広義的には、性格的徳の総体となる。同時に具体的には、公正な統治者の役割として、各人の価値に相応しいものを相応しいだけ与えるという配分の正義、弁償等による利害の調整を行う矯正の正義からなる。

▼思　慮　性格は行為の選択と不可分の関係があり、それが性格の善し悪しを決定する。人間の行為を促すもの、目的を提示するのは、欲望と願望である。選択は理性の行使であり、節制の領域が典型的なように、しばしば欲望と対立する。願望には理性の思考が関わるが、実現可能性に関わらない目的、具体的には何らかの成功への夢である。人間本来の機能は魂の理性的部分にあり、その卓越性が知性的徳である。これは必然的なものと他でありうるものという対象の性質に従い、理論的なものと実践的なものに二分される。後者のうち、選択と行為を通じて実現可能な善に関わるのが思慮である。「われわれが思案するのは、目的についてではなく、その目的をいかにして達成すべきかについてである。……一般に、誰も目的については思慮しない。目的を設定し、どのようにしてそれを達成するかを思慮するのである」（同書一一一二b）。目的とは願望の達成、成功だから選べない。生を幸福へと導く技術は弓術のような技術であり、その代表例は医術と航海術であって、外的障害の多い状況下での目的達成を目指す。幸福という万人の目的、欲望か願望が求める目的（快と善）に向かい、それを実現するための行為を選んで努力することが、われわれのできることであり、その具体的な対処のため思案するのが知的な徳、思慮の役割である。人は求める善がどのようなものかよく把握したうえで、個別的な事実を知らなければならない。健康になるには、健康によい食物を、個々の状況において具体的に知る必要がある。だがそれは達成の道具の単なる賢さではない。目的が善でなく悪に向かうならば、その知は狡知という悪徳にすぎない。思慮はその実践的推論において、常にその大前提に、目的と善に関わる命題をもつ。善き人と幸福達成にとって、思慮と性格的徳はどちらを欠くこともできない。

▼意志薄弱

人間の行為が幸福と善を求め、それに関する知識があるのならば、自分の害になるとわかっていることを行うことはないはずである。これはソクラテスの立場の自然な帰結であるが、現実の人間は自分の意志に反したことを無数に行っている。アリストテレスはこの事実を認め、説明を試みる。意志の弱い人はよい行為を意図しつつ、眼前の快楽への欲望に従って行動する。例えば甘いものが好きだが身体によくないことを知っている人が、目の前のケーキをよくないと知りつつ食べる。アリストテレスは現実の個別的行為が理由づけの結果であることを推論の形で示す（実践的三段論法）。甘いものは快をもたらすことが大前提にあり、このケーキは甘いという個別的認識が生じると、それを食べる行為になる。他方、幸福により貢献する知識として、甘いものが身体によくないという知識が大前提に立つなら、このケーキは身体に悪い、ゆえに食べるべきでない（我慢する）となる。しかし大前提の普遍的な命題の知識は損なわれないのに対して、この個別的な事例での判断は、知識が不完全な場合、快楽の誘惑によって損なわれ、するべきでないと知りながら行為し、欲望が過ぎると後悔することになる。この理由づけの解明は、行為の失敗の原因を突き止め、真の目的へ到達するため願望を省みて、状況に働く思慮の改善をもたらすことができる。このようにしてアリストテレスはソクラテスの主知主義の本質を維持する。

この意志薄弱は快楽と密接な関係があり、道徳家は快楽を正しい行為の阻害要因として非難する。

▼快楽と活動

アリストテレスは快を退けない。快は目的の究極性に合致するだけでない。幸福な善き人は善き行為を好んで行う。一般に妨げられず、うまくいく活動には快が伴う。運動と活動は異なる。運動は目的に達するまでの過程として終息するのに対して、活動はそれ自身の中に目的と達成を含んでいる。身体の生理的快楽は欠乏の充足として運動過程であるのに対して、人間的な心身の快は活動そのものと不可分の関係にある。アリストテレスにとって何かを楽しむことと、それ自体のために行うことはほとんど同じである。

▼究極の幸福としての観照

幸福とは、徳に即した魂の活動であった。性格の徳と思慮にもとづく実践活動は、現実の生活の中に実るものの、必然的に多くの外的な要因に妨げられ、完全ではありえず、自足的でもありえない。これに対して、純粋に知的な徳、必然的な真理を対象とする知性の活動は、身体の妨げを知らず、人間の活動の中で最も自足的で最も神的である。アリストテレスの神とは、純粋な直観的理性の思惟活動そのものであり、人間の内なる理性も、本質的にこれと同一である。したがって真理の観照の生こそ、最も幸福な人生であり、人間はできるだけ神に近づくよう努めなければならない。この理想においてアリストテレスは師のプラトンと同じであり、実践と観照との間に埋めがたい懸隔をも共有する。

8 ヘレニズムの倫理学

最初に述べたように、古典期ギリシア文化の哲学がアリストテレスにおいて完成したのち、アレクサンドロスがギリシアを含め東地中海世界全体を支配し、都市国家は以後も古代後期までその文化を維持したものの、君主の統治の下で自立性を失った。古典期の啓蒙以降、伝統の形骸化が進行し、共同体と伝統宗教が生の指針を提供できなくなるなかで、これに応じる学派が生じた。それは東方世界の世界観の影響ではなく、アテナイの哲学伝統と成果を継承するものである。

だが彼らは、プラトン・アリストテレスに顕著な国政への積極的関心と抽象的実在を尊ぶ観照的態度から距離をとる。アリストテレスの伝統は専門諸科学に受け継がれ、哲学は幸福な生を可能とする世界観を供給する。ソクラテスの幸福主義の個人主義的復活とも言える。彼らに共通するモットーは「自然」である。主要学派のエピクロス派、ストア派は唯物論に立ち、経験を認識の基盤に据える。その真理を拠りどころに対照的な体系を構築したが、哲学の目的を、他の何物にも揺るがされない自足的な幸福とする点で共通する。

9 エピクロス

エピクロス（Epikouros, B.C. 341-270）は原子論に立つ点で他の理性主義の伝統と対照的である。イオニア自然哲学はデモクリトスにおいて原子論の機械論的自然観として完成していた。エピクロスは、この合理的自然観の下、世界を醒めた目で見、人間の幸福に対する最大の障碍《しょうがい》、死と宗教（理性主義はこの伝統の力と結託する）のもたらす恐怖の根絶を図る。

▼原子論

宇宙は誰が造ったものでもない。無始無終の空虚の中を運動する原子の衝突によって生じるから、プラトンやストア派のような理性や知性の神の働きは一切存在しない。空虚も原子も無限にあり、世界は無限に生成し消滅する。神々は実在するが、宇宙の間の空間にあって人事に関わらずに幸福な思惟の生を送る。これはアリストテレスの立場にかなり近く、外部から独立した場所での思考活動の幸福は、学派の理想的生を映すものである。

エピクロスは、原子論がもたらす必然の支配——ストア派に見られるように摂理の支配と等しい——から、人間精神の自由を守るため、原子の逸《そ》れという概念を導入した。本性に従いまっすぐに下降する原子が、全くの偶然で逸れることで衝突し、事象の生起の原因となる。この原理的な自由が、人間の行為と幸福の可能性を保証する。

▼目的としての快楽

倫理学の基盤は、感覚主義の認識論と同じ起点に発する。感覚の快苦の感受は決して誤ることがない。動物と人間の自然が普遍的に追求するものは快楽、避けるものは苦痛である。これらは何ら理性の働きを必要とせず、ただ注意しさえすればよい。ここが自然に即した善悪の出発点であり、生存に関わる欲求が不可分に繋がっている。そして、他のすべての行為も、結局はこれを始点としこれを目的とする。世間一般に称えられる徳の行為、自己の快を犠牲にする社会貢献の行為も、自分の将来の大きな善のために現在の小さな快を無視するという、理性による計算に立っている。徳は快楽の婢《はしため》であり、ストア派などのように、それ自体のゆえに価値があるものでは何らない。けれども、徳なくして幸福な、快い生の実現は不可能である。快苦についての理性の「素面《しらふ》の勘考」こそ、幸福確保の要諦である。

▼無苦痛と欲望の規準

しかし彼らの快楽主義は、近代以降の幸福主義とはまったく異なり、快楽＝善の最大量についで逆説的な見解をとる。快楽は、自然的状態に伴うものであって、自然に反した状態の徴表である苦痛と相関関係にあって、欠乏を充足させる間に生成し、動的快楽と呼ばれる。だが最大量は、苦痛が完全に除去された時、既に達成されており、以後に量的変化はなく、種々に異なるにすぎない。最大量の快とは無苦痛の状態、すなわち静的快楽であり、これが指標となる。そのため、逸楽の生の快楽、放蕩や贅沢は、それが快である以上は、他を阻害しない限り何ら咎めるべきものでないにせよ、この基準とは関わらない。のみならず、長期的視野に立つ計算上は苦を招く確率が高い。実際の応用のため、エピクロスは、欲求の対象の快楽を三つに分ける。「自然で不可欠な欲望」、これは個体生存に直接関わる。「自然だが不可欠でない欲望」、美味しい食事などである。「自然でも不可欠でもない欲望」、物的心的を問わずあらゆる贅沢である。この区別を基準に、自然な快の限界の到達可能性を、最小の最大という絶対の安全地域に確保する。通念や妄想を退ける、この幸福の快楽主義は、実際は禁欲の清貧の生の勧めである。さらに、幸福の最大の敵である死は、快苦の感受の主体の消滅である以上、人間には関係しない。病苦は長ければ軽く、重ければ短い。このようにして幸福は、すべての人間の手許に既にあり、その確かな礎の上で哲学の知的な探求に実現される。

▼正義と友愛

人間の社会性、正義もまた、この基準によって理解される。人間の社会は快楽の確保と苦痛の回避のため、互いに協力するという契約の下にできあがっている。不正もそれ自体の存在ではなく、苦をもたらさない限り悪ではないが、不正を働くと、発覚と懲罰に対する恐怖を免れることはできない。したがって正義は常に追求されなければならない。

エピクロスにとって友愛は特別な地位を占めた。それは外的な安全の確保のためだけはない。それこそが真に人間的な（それゆえ身体の快苦より重要な）心の快の尽きせぬ源泉だからである。それゆえ、友愛はそれ自体のゆえに追求されるべきである。しかし現実の社会活動に関しては、市民的義務に従順であるものの（厄介を避けるため）、自らの哲学の生にとって世の通弊が妨げとなることが多いことから、積極的に勧めることはない。「隠れて生きよ」が彼らのモットーであり、心身の無碍《むげ》「アタラクシア」こそが彼らの生の目標であった。

彼らはアテナイ近郊のエピクロスの地所で共同に質素な暮しと知的探求の生を営んだ。貴賤や性別を問わない、このささやかな友愛の園は、他の理性主義哲学の伝統に含まれる本質的なエリート主義と結びつけることはできないが、その生の理想は大きく重なっている。この教えは共和政末期ローマに伝わり、とくに内乱の激動期に多くの信奉者を得、以後のラテン文学に人生の知恵の豊かな実りをもたらした。

⑩　ストア派

ストア哲学は、開祖のゼノン（Zenon B.C. 335-263）がプラトンの学園と、ソクラテスを範と仰ぐ実践哲学派キュニコス派に学んだ事実が示すように、理性的な体系性と強い実践指向を備えており、ヘレニズムからローマ帝国時代初中期まで、古代世界の教養層に広く普及し影響力を保った。盛期ラテン文学の思想的背景であるとともに、古代倫理学の最後の姿である。

▼体系的一貫性

彼らは論理学、自然学、倫理学の哲学の体系の統一性を庭園や樹木の比喩で語った。独自の命題論理の構築に知られる論理学は、真なる認識の保証として、自然に理性＝神の秩序を探る有機的自然学とともに、倫理学とその理想、人間理性による幸福な生、「生の滑らかな流れ」への到達をもたらす。その形成期には論理的思考が優ったが（著作は散逸した）、後に論理学への傾斜が薄れ、現存し、近世以降広く読まれているローマ期ストア派の著作は、ほとんどが実践倫理学、特に外的な災厄の超克を説く苛烈な説教である。そのため「ストイシズム」といえば禁欲主義を意味する普通名詞となっている。

▼自然学

ストア派の自然学は、徹底的な唯物論に立つと同時に、後期プラトンが構築した理性秩序の支配する宇宙の概念を受け継ぎ、神的な理性が閉じた宇宙全体と万物に浸透している。宇宙は充実連続した物体からなる、外部のない一つの生命体である。その動は原因の連鎖として、必然とも運命とも、ゼウスの意志とも同定される。この、言わば宇宙の設計図である理性（ロゴス）に即して、宇宙は時間の中で自己展開していく。そして最終的に全てが火となり、その後再び同一の過程を繰り返す（永劫回帰）。世界は最善であり、全ては善い。同時にこの見方は決定論と直結するため、自由と必然の難問に逢着するが、ストア派は原因の種類を区別し、内的原因と外部とを峻別することで、心の内的な自由の絶対性を守っている。

実体は能動・受動の主体である物体であり、この両側面は神と質料と呼ばれる。自然界の秩序ある生成消滅は、神的な理性秩序の直接的な現れである。これは、火または気息という微細物体として万物にいきわたっている理性に拠る。そのあり方は存在ごとにその物理的な緊張の度合いが異なる。非生物では性質、植物では自然（生長の原理）、動物では魂（運動と感覚の原理）、人間では理性（言語と思考の原理）となる。理性は人間と神々にのみ存在する。

▼目　的

ヘレニズム倫理学はアリストテレスの目的の定式をその始点に据える。行為は何らかの目的を目指して行われる。その対象は、他のもののためでなく、それ自体のゆえに追求されるもの、決して他に拠るのでないものでなければならない。アリストテレスと異なるのは、それが「自然」に限られ、直接的な経験の自体性によって与えられること（ストア派は自己保存、エピクロス派は快楽）、そして目的も「自然」であることである。そのような究極性と自体性を備えたものこそ善であり、ストア派はこれを徳と見なした。したがって自然に即した生とは徳に即した生である。この点は他派と大差ないが、理性主義を一元的に完徹する点に彼ら独自の特色がある。

▼自然的価値からの善の発見

倫理学の理論構築は、自然本能のレベルの活動を起点とする。動物は生まれるやいなや自己を愛し、その保持と健全に有益なものを求め、それを損なうものを忌避する。これは根源的な自己意識に発する行動であり、本能に無意識的に従った活動、「衝動（身体動作を惹起する心の動）に即した行為」である。その欲求の対象は快楽でなくて自己保存である（快楽は付随的なものにすぎない）。この段階では人間も動物も同じであるが、人間の魂が理性になると、衝動を惹起する表象は命題化され、自然の導きで行っていた外部の選択と忌避の行為を、理性による同意、すなわち自覚的な選択にもとづいて行うようになる。ここで外的な効用価値を持つ事物（およびその反対の事物）は、理性の選択の対象となる。この選択の行為が常に一貫してなされ、その行為の調和を把握するに到ると、視点が反転され、真実の善の概念、徳が人間に現れる。そして、徳と徳に即した行為、すなわち理性に即した行為こそが、人間の生の究極、幸福を唯一形成する構成要素となる。

理性は選択の主体であり、外的な「自然に即したもの」には効用的な価値があるが、それは徳にとって行為の素材としての価値にすぎない。それゆえそれらの有無によって善と幸福が左右されることはありえない。健康、美貌、財産がなくても幸福でありうるし、逆にそれらに恵まれても、心が優れない限り幸福でありえない。ソクラテスの主張である。こうして、善が徳のみ、悪はその反対の心の劣悪性（悪徳と訳されるが、あくまで心の状態を指す）であることが確立されると、その論理を完徹する。そこから、賢者と愚者の対比、賢者の絶対的幸福と愚者の不幸、その他多くの悪名高い「ストア派の逆説」が生じる。これもまたソクラテスの逆説の流布版である。

▼情　念　情念（パトス）とは、心の劣悪な状態を表す心の過剰な動、衝動である。欲求と忌避に関して、真の善／悪（徳と悪徳、倫理的価値）ではなく、単に善／悪と思われるもの（効用的価値）を、無考えに激しく欲求／忌避することであるから、結局それは思惑または判断である。したがって純粋に理性の出来事であり、転倒した理性がその本質である。当然彼らはその根絶を説き、彼らの心の理想は「無情念」（アパテイア）と表現される。これは賢者の平静な心を表すもので、人間に備わる情緒的要素の根絶、無感動や無慈悲とは関係ない。

このような過程で描かれた賢者は、明確な言語化にもとづいて常に一貫して理性的に行為を選択する。その賢者の徳と思慮は、いかなる外的な障碍にも決して損なわれることがない。それゆえ、賢者の幸福は完全であり、時間性を除き神々の幸福と変わらない。

▼相応しい行為（義務）　だが、一切が心のあり方に拠るとするならば、確かに外部から内的な幸福を守るにはよいが、現実の中でどんな行為をしたらよいのか。この問いにストア派は「相応しい行為」（伝統的に義務と訳されるが、義務倫理学とは無関係で正反対の概念）で応えた。これは元来、自然の摂理の働きである、生物の現実の本能的・事実的な行動に起原をもつが、人間の場合、社会の中で普通に営まれ要求される行為の「外的」な実質、「〜にとって相応しい」と言われる一般的な社会行動である。この「相応しい行為」の発見こそ、随一の徳の思慮の働きである。賢者においては、決して過つことない理性によって、いかなる行為も「内的」に完全な意義をもつ。「正しい（まっすぐな）理性」とはそうした賢者の理性であり、彼らの行為、「完全な相応しい行為」とは「正しい行為」である。この行為の実質、自然的な価値の領域はすべて、賢者にも愚者にも共通の行為の素材として与えられている。賢者は、自然に反した負の価値をもつ事象、究極的には死をも自ら選ぶことがある。他方、

通常人（愚者）も、外的な価値の多寡自体によってその魂の徳のあり方（不幸）を左右されるわけではないのだから、不幸でも（愚かでも）生きることにはもっともな理由がある。このようにストア派は生と死を外的な領域に置きながら、その唯物論と内在主義の基盤から精神を捉えるため、他派のような超越性と彼岸性をもたない。徳はまさにこの生のさなか、外的な災厄との直面にさいし、それに対する対抗の緊張のうちに最もよく現れることになる。

▼正　義　正義に対する理論的な基盤は、やはり自然本能に見られる原初的な利他行動、動物の親の子育てに置かれる。そこを出発点として、通常の社会的行動（相応しい行為）の遂行から関係を広げていき、やがて社会全体（さらに宇宙）の調和の直観から、理性共同体、神々と人間からなる国家共同体の観念へ到達し、その部分としての義務の自覚に到る。

▼運　命　特にローマ期のストア派では、この「相応しい行為」に関する教説を緩和して、上の社会性の方向で捉え、現実の社会関係の中において各自の「役割」に合致した行為を、一般人の相応しい行為、「義務」として、市民、父、夫、息子、その他の「役割」の遂行を具体的に勧告することに重点を移している。この点では、アリストテレス学派の倫理学と洗練された伝統倫理に実質的に重なることになるが（ローマ時代、彼らは主に上流一族の助言者として活動した）、帝政期ストア派は、現実の共同体よりは、宇宙の理性、神と摂理との関わりの中で、個として自己のあり方を考える傾向が強く、運命論に深く傾斜する。エピクテトスとセネカの両方に引かれる、第二代学頭クレアンテスの詩行が、彼らの姿勢を何よりも象徴するだろう。

われを導きたまえ、ゼウスよ、そしておんみ運命よ。
いずことも、汝らの定めのまま、
臆せず従いゆくゆえに。だが望まずとも、

愚者になりはて、同じく従いゆこう。

（断片五二七）

11 キリスト教

ローマ帝国は全地中海世界を覆う一大帝国を築き、官僚と軍による皇帝支配が後二世紀まで諸地域に平和と繁栄をもたらした。ローマ市民が著しく拡大するなかで、伝統的な上流層は各自の伝統と、哲学の提供する個人的かつ普遍主義的な規範原則によって生を導いた。この時期の幸福の処方の哲学は自己救済を指示する。この限りで純粋な個人倫理であり、個に閉ざされた内側を越えず、外部をもたない。繁栄のなかで規範意識が緩み、生が身体の快に消尽される刹那的な享楽主義が広がる一方、生の幻滅を孤独な精神の快で埋める神秘主義がプラトン主義の二元論の土壌に育ち、精神主義の倫理と結びついた。ヘレニズム倫理学のモットー「自然に基づく生」に対して、プラトン主義者は生の目的を「神への類似」と表す。ストア派の自然は神的原理であるから、その明確化となるが、人間行為の基礎を据える議論の究極に神を置くと、規範の根拠を問う理性の営みである哲学を越えた宗教感情に、倫理への直接の入路を提供することになり、やがて倫理の根拠と始点に神を据える宗教倫理が哲学に取って代わる。

▼古代文化の衰退と禁欲倫理

古代宗教はその起原の多くを自然共同体の儀礼にもつが、プラトン以降の教養人にとって神とは純粋な知性の活動である。純化した人間精神が二元論の圧力で身体から解かれ、同時に共同体と他者から切り離される。この結果、アリストテレスにもみられた実践的生と観照的生との間の越えがたい溝が、厭離穢土の救済願望のなかで広がり、肉体の（快楽の）穢れを逃れる禁欲主義が一般化した。古代最後の哲学、新プラトン主義は、心身の自己修練による、超越者（神）との合一の達成を生の理想とする神秘主義哲学である。彼らの一部は、形骸化した伝統宗教の寓意による精神化を試みたが、既に枯渇した共同体の活力は復活できない。こうした精神性にキリスト教が到来し、成長し、勝利した。

古代において哲学の知恵は実践に実るべきものであった。哲学は魂の治療として、その知に基づく幸福な生の提示とそこへの導きを提供したが、それに従いえたのは少数の選良にすぎなかった。これに対して、信仰において同様の約束を掲げるキリスト教は、実践における実り、世人の生と幸福の導きにおいて哲学を遥かに凌駕した。それは、異教古代の思想に決定的に欠如し、当時願われていた諸々の観念――新たな共同体、それを導く理念としての愛――を、その教えの中心に含んでいたからである。

▼哲学の知と信仰の知

この時代、哲学と宗教の理想は多くの点で重なるが、やはり両者は根本的に異なる。伝統的なギリシア人ローマ人は真理を愛する。だが、キリスト教徒は、イエスとその教えの真理を「信じる」。哲学の理性的な探求と異なる地平に立つ、この信仰の知こそが、人間のすべての行為の基盤を形成し、その上で旧約新約聖書と教会共同体の組織が信者とその生を監督する。生はこの指示に導かれるから、規範の基礎をそれ自体として問う理論的探求が成立する余地はない。実践に対しては、現代にいたるまで教会が、豊かな伝統倫理の集成でもある聖書に拠りつつ、人間の務めの細かな規定を提供する。ここで人間行為を論じ指図するのは道徳神学であり、この限りで狭義の倫理学をキリスト教に求めるのは、どの宗教の場合とも同じく困難である。

▼西洋的人間・意志の主体の形成

しかし、西洋世界へキリスト教が完全に行き渡ってから後、西洋の人間はその世界観の中で形成されている。彼らの中に培われた、何よりもまず人格神との関係において、自己とその行為のあり方を問う心の態度は、ストア派に見られた内面化への志向を徹底させた。古代の自然的な共同体は、各自が内面において神の前に立つことを通じて解体される。ここに古代の恥の倫理は、内面の罪の倫理に完全に取って代わられ、純粋な個としての自我と人格の形成の素地となった。

さらに、キリスト教神学は、古代後期の多くの哲学的概念によって構築されたが、この新たな概念の器のなかで、以前に見えなかった哲学的問題が現れ、精緻な論争が展開された。信仰と知の関係は常に緊張を孕み、啓示と恩恵の超越性を重んじる姿勢と、人間理性・自然本性と信仰との調和を図る立場が対立する。自由意志の問題は、人間の原罪と神の恩寵との関わりでキリスト教哲学において先鋭化した。古代では人間の真の自己が知性に同定され、道徳的悪は結局のところ知的欠陥だったのに対し、キリスト教において人間は、原罪の主体、それに対する神の愛に基づく救済の主体、その神を前にしての信仰の決断の主体、知性と異なる欲求と愛の主体として、意志のあり方がその中心となるからである。

キリスト教の土台、ユダヤ人の宗教と神は、自然に発する異教とは根本的に異なる基礎に成立する。ギリシアの自然は、アリストテレスの宇宙像と星辰の運動が示すように、無始無終の円環運動である。月下の事物も普遍を目指して有限運動を繰り返す。人間も同じであり、行為に形成される歴史の記述も、人間の普遍的本性と、生に対する不変の指針を提示する。

▼歴史・契約・救済

これに対してイスラエルの民の神ヤハウェは、民族の歴史と密接に関わる。この絶対的な超越神は、異教の神々と違い、世界の外にあって自ら世界と人間を創造する（この意味で神は世界と人間にとって他者である）。同時に神は人間創造の最初から、人間と人格的な関係を保ち、人間と契約を交わし、十戒を授けて契約を結ぶ。このユダヤの民の掟は、規範を何よりも先に神との関係に置く。この戒めを常に守ることを通して、人間は、この神の側からの積極的な関わり——神の愛——に正しく応えねばならない。約束を守って生きるなら、神は民に幸福を授ける。それを怠る時、神は約束違反に対して民に試練を与える。ユダヤの王国は、ダヴィデ、ソロモンの王の時代に栄華を極めるが、繁栄のなかで傲り、神との契約を忘れて堕落する。王国は崩壊し、滅ぼされた。旧約の預言者たちは、神に対する忘恩、不義を民に思い起こさせ、人間に自らの罪を強く意識させるとともに、さらなる神の愛、新たな契約と最終的な救いを提示する。

のなかで常に実現されるべき理念となる。

ユダヤ人のみならず、古代文化の疲弊と諸民族の苦難ゆえに信仰と倫理の内面化が進行するとともに、こうした救済者（メシア、キリスト）の到来に対する願望が広まるなかに、イエスが現れた。キリスト教徒にとっては、ユダヤ人に与えられていた古い預言と救いの成就である。神の導きによる歴史、救済の歴史がイエスの到来において実現し、さらに来るべき主の再臨の日、最後の審判が待ち望まれる。ここに直線的な歴史の観念が形づくられる。プラトン主義では純粋な精神的徳の完成の比喩であった終末論が実体化されると同時に、信仰の希望の下、現実の生のなかで常に実現されるべき理念となる。

▼愛の到来

キリスト教の中心は愛（アガペー）である。異教古代の愛は自分より優れたものへの憧れであった。

プラトニック・ラブは真理に対する永遠の恋であり、アリストテレスの不動の動者は、万物の憧れの対象として、「愛されるもののように」世界を動かす。神が人間を愛するというのは比喩にすぎず、神とは自らが近づくべき（到達不能の）完成態である。また、彼らが重んじた友愛とは、本質的に自己と同族的な者同士の親近関係であり（だから真の友情は善き人の間でしか成り立たない）、社会と正義も、これを基に理解される。

これに対してイエスのメッセージはまったく異なる。「あなたがたも聞いているとおり、『隣人を愛し、敵を憎め』と命じられている。しかし、わたしは言っておく。敵を愛し、自分を迫害する者のために祈りなさい」（『マタイによる福音書』五・四三〜四）。古代倫理に反するこの愛は、キリスト教において、まさにイエスその人において実現された、父なる神の人間に対する尽きせぬ愛である。それゆえ、信仰を得てこの神の愛による救いを信ずる信徒共同体は、この神の普遍的な愛を模倣する。愛こそキリスト教的徳の要であり、弱者をいたわる愛を中心に据えるキリスト教倫理は慈善と奉仕の精神に豊かである。

この愛も、その起原を旧約聖書に発する。神を愛することはイスラエルの民の第一の務めである。「自分自身を愛するように隣人を愛しなさい」（「レビ記」一九・一八）。しかしイエスはこれに新たな意味をこめた。彼はこの隣人愛の掟を、神を愛せという掟と緊密に結びつける。イエスは、どの掟が最重要かという律法の専門家の問いに答えて、「心を尽くし、精神を尽くし、思いを尽くして、あなたの神である主を愛しなさい」（「申命記」六・五）を第一の掟とするとともに、「隣人を自分のように愛しなさい」を第二にあげ、律法全体と預言者がこれに基づくとした（「マタイによる福音書」二二・三四〜四〇）。神の愛と人間愛は不可分である。こうしてイエスは新しい掟を与えた。「わたしがあなたがたを愛したように、あなたがたも互いに愛し合いなさい」（「ヨハネによる福音書」一三・三四）。

この隣人愛の掟の対象である人間とは、「創世記」に記されるように、神の似姿として創られた人間である。この視点の下で人間は、人間である限り他にいかなる相違もないが、これは古代の自然や理性に基づく普遍性とは立脚点を異にする。同時にこの掟は、現実の信仰生活で具体的な隣人への愛として、信徒の強い同胞愛をもたらすものの、イエスのよきサマリア人の喩えが示すように、ユダヤ教と異なり、共同体の閉鎖性を打破する現実的な普遍性を備える。神の前に、人間は完全に平等な存在となる。

▼原罪と人間

その人間は、（伝統的には）最初の人間アダムの神に対する不服従に由来する罪を最初から背負っている。たとえいかに律法の戒めを守り、功徳を重ねようとも、自力によっては決して義たりえず、決して救われない。そこで神はその人間に対する愛ゆえ、自ら人間として生まれ、人間の罪をみずから担って死ぬことでその罪を贖った。この許しに神の絶対の正義と力と愛が現れ、人間の根源的な絶望が自覚される。神の無限の恵みの前に、感謝と謙譲の徳の姿が現れ、キリスト者の生に独特の優しさを与えることになる。祈りに捧げられる中世の修道の厳しくも優しい生の理想は、古代ギリシアのホメロスの世界からの遥かな隔たりを、何よりもよく示している。

【参考文献】

〔全般〕

ディオゲネス・ラエルティオス、加来彰俊訳『ギリシア哲学者列伝』（全三冊）岩波文庫、一九八四〜一九九四年。

広瀬京一郎『西洋倫理思想史』学陽書房、一九七二年。

A・マッキンタイアー、管豊彦ほか訳『西洋倫理思想史　上』九州大学出版会、一九八五年。

内山勝利・中川純男編著『西洋哲学史〔古代中世編〕』ミネルヴァ書房、一九九六年。

荻野弘之『哲学の原風景』日本放送出版協会、一九九九年。

荻野弘之『哲学の饗宴』日本放送出版協会、二〇〇三年。

ジュリア・アナス、瀬口昌久訳『古代哲学』岩波書店、二〇〇四年。

ホメロス、松平千秋訳『イリアス』（全二冊）岩波文庫、一九九二年。

ホメロス、松平千秋訳『オデュッセイア』（全二冊）岩波文庫、一九九四年。

ヘシオドス、松平千秋訳『仕事と日』岩波文庫、一九八六年。

〔ソクラテス〕
プラトン、三島輝夫・田中享英訳『ソクラテスの弁明・クリトン』講談社学術文庫、一九九八年。
プラトン、加来彰俊訳『ゴルギアス』岩波文庫、一九六七年。
加来彰俊『ソクラテスはなぜ死んだのか』岩波書店、二〇〇四年。

〔プラトン〕
プラトン、藤沢令夫訳『国家』（全二冊）岩波文庫、一九七九年。
藤沢令夫『プラトンの哲学』岩波新書、一九九八年。
内山勝利『対話という思想』岩波書店、二〇〇四年。

〔アリストテレス〕
アリストテレス、朴一功訳『ニコマコス倫理学』京都大学学術出版会、二〇〇二年。
J・O・アームソン著、雨宮健訳『アリストテレス倫理学入門』岩波書店、一九九八年。
山口義久『アリストテレス入門』ちくま新書、二〇〇一年。

〔ヘレニズム〕
キケロー、永田康昭・兼利琢也・岩崎務訳『善と悪の究極について』岩波書店、二〇〇〇年。
出隆・岩崎允胤著『エピクロス——教説と手紙』岩波文庫、一九五九年。
A・A・ロング著、金山弥平訳『ヘレニズム哲学』京都大学学術出版会、二〇〇三年。

〔キリスト教〕
共同訳聖書実行委員会『聖書　新共同訳』日本聖書協会、一九八九年。

（兼利琢也）

第六章　ルネサンス・宗教改革

1 ルネサンス

　ルネサンスはキリスト教以前のギリシア・ローマ文化を復活させる文化史的運動であったが、倫理思想の面では人文主義が生み出した自由を前面に押し出す人間観と、新たな教養概念の形成、そして合理主義的生き方の萌芽などを挙げることができるだろう。

▼人文主義　人文主義とは、中世キリスト教のスコラ的権威から脱して新たに人間を発見すること、キリスト教以前のギリシア・ローマ文化を復活させて人間性を解放しようという運動であった。またこの時代には、後にデカルトが発見する近代的自我の萌芽ともいえる「自己の発見」が様々になされた。

▼自由意志　ピコ・デッラ・ミランドラ（Giovanni Pico della Mirandola, 1463-94）は「人間とは何か」という問いに対して、「人間とは自由意志をもつもの」と答えた。自由意志こそ人間の尊厳をなすものであって、自由の用い方によって人間はより高まり神になることもできれば、堕落して動物になり下がることもありうるとされた。もっとも、自由を人間の本質に属するものと見なす考え方はもともとキリスト教にもあり、神と同じく知性と自由意志をもつ人間は神の似像といわれてきた。だがそうしたキリスト教的自由は、いわば神に従う自由であって、ルネサンス期に現れた自由意志の強烈な主張とは幾分趣を異にしている。

▼教　養

では、人間は自由を用いてどのようにして自己を高め神に近づくことができるのか。ペトラルカ（Francesco Petrarca, 1304-74）はそれを教養に求めた。ギリシア人がパイデイアと呼んだ教養概念は、ラテン語ではキケロ（Marcus Tullius Cicero, B.C. 106-43）によってフマニタス（Humanitas）と訳されたが、ペトラルカはそうしたフマニタスにより人間は自己を高めていくと見なした。つまり人間が動物性を脱してより人間的になるのは教養を身につけることによってだとされた。単なる人間は卑しい動物的人間にすぎないが、教養（フマニタス）を身につけ人間形成をすることによって人間的な人間になりうるのであって、教養こそが人間性（フマニタス）を形づくる。そしてそうした教養の中身はキリスト教以前のギリシア・ローマ文化とされた。

こうした考え方はエラスムス（Desiderius Erasmus, 1469?-1536）によって広められ、後の啓蒙思想やその教育観を生み出す基盤となった。教養の中身自身はその後の時代や地域によって変更を加えられはしたが、教養主義そのものは学校教育のなかに根を張った。

だがこんにち、日本も含めて欧米先進諸国においては、学校教育の荒廃とともにルネサンス以来の教養主義が岐路に立っている。今日明日の目先の利益を目指さない教養を身につけることが、はたして本当に人間性を高めてくれるのかという疑念が着実に広がりつつあるからだ。教養を身につけたところで、暮らしが少しも豊かにならないとすれば、教養が何の役に立つのかという疑念だ。教育によって啓蒙されれば、人間は教養を身につけより善良になれるというのが啓蒙主義の基本的前提だが、そうした前提へのシニカルな冷めた見方が人々の心中に蔓延しつつあるのだ。

▼合理主義的発想の芽生え

他方、合理主義的考え方はキリスト教会の権威が次第に揺らいできた結果として生まれてきたものといえるだろう。代表的なものとして、「科学革命」と「地理上の発見」を挙げることができる。

近代科学を生み出す様々な運動は科学革命と総称されるが、ガリレオ（Galileo Galilei, 1564-1642）の地動説はその代表的なものだ。キリスト教会の教えていた天動説に反する地動説をガリレオが唱えたのは、ガリレオ自身が望遠鏡を作って天体観測を行った結果であって、単なる想像の産物ではない。実際に自然や世界を理性的に観察した結果が教会の教えと違っていたことは、教会の教えの信憑性を疑わせるのに十分であったし、そうした危険があったからこそガリレオは宗教裁判にかけられたのだ。

また、ルネサンスの時代はヨーロッパが非ヨーロッパ世界を発見する時代でもあった。海外進出によってアメリカ、中国といったヨーロッパにとって未知の世界の文化・言語・情報がもたらされた結果、徐々にではあるがヨーロッパ中心主義の相対化が始まったともいえる。その際コロンブスやマゼランが成し遂げた「地理上の発見」は、新たな経験をもたらした。地球は平らだと教えられていたが、実際に航海に出てみると世界は平らではなく丸かったという経験は、キリスト教会の権威を次第に弱めることになっただけでなく、人間は信仰や権威に頼ることなく自ら自分の生きるべき道を合理的に探さねばならず、その際頼れるのは人間自身・人間の理性だけだという自覚が徐々に形成されていった。ルネサンスの時代にはそれが特有の倫理思想として現れることはなかったが、次の十七世紀の合理主義的倫理思想（たとえば、ホッブズ（Thomas Hobbes, 1588-1679））を育んだともいえる。

2　宗教改革

宗教改革は、長く激しい宗教戦争を経てプロテスタントがローマ・カトリック教会から独立した運動であったが、その基本的形態は世俗化したカトリック教会を批判してキリスト教の原点へ帰ろうとした福音運動の一環であった。

▼宗教改革

宗教改革は、ルター（Martin Luther, 1483-1546）が一五一七年、九五カ条からなる抗議文をヴィッテンベルクの教会の扉に貼りカトリック教会を批判したことに始まる。ルターの批判は当時のローマ・カトリック教会が行っていた贖宥券の販売に対するものだが、その批判は世俗化したカトリック教会が贖宥券販売によって金儲けをしていた点に向けられていたというよりも、人間が贖宥券を購入することによっていわば自力で神の国に近づくことができるという教説に向けられていた。神の絶対的超越を説くルターによれば、神と人間の間には絶対に越えられない断絶があり、人間が自らの力で神に近づき救いを得るなどということは認められないことであった。人間が救いを得られるかどうかは神が一方的に決めるのであって人間に決定権はないが、神の決定は人間の信仰にかかってもいる。

だから人間は、信仰をもつためには教会に依拠するのではなく、直接聖書を読むべきだとした。教会の役割は過大視されず、神と人との一対一の関係が強調された。そしてルターは、人々が容易に近づきうるように聖書を初めてドイツ語に翻訳した。このドイツ語訳聖書は、当時発明された印刷術によって比較的安価で大量に出版された結果、人々に広く流布することとなった。

▼宗教改革の影響

宗教改革がその後の近代西洋社会に与えた様々な影響としては、ルターによる独訳に続いて聖書が相次いで各国語に翻訳され、それが後の各国の国語の成立と統一を促したことや、教会の個別化が近代国家を準備したこと、信仰の内面化が神の前ですべての人間が平等であるとする民主主義的発想を導いたこと、そして職業観の変革などを挙げることができるだろう。

▼禁欲的職業倫理の成立

宗教改革の様々な影響のうち、マックス・ヴェーバー（Max Weber, 1864-1920）は、とりわけプロテスタントの禁欲的な職業倫理の成立を看取した。中世以来、世俗的な職業労働（とりわけ金銭を扱う職業）は信仰に関わる活動に比べて一段劣ったものと見なされてきたともいえるが、そうした職業観が宗教改革によって大きく変革したと、ヴェーバーは考える。

職業を意味するドイツ語の「ベルーフ」（Beruf）や英語の「コーリング」（calling）は、神から人への呼びかけ、神から与えられた使命という観念を伴っており、その限りにおいて職業とは神から与えられた「召命」、つまり「天職」という意味合いを帯びる。このようにして、働き金銭を得るという世俗のただなかで行われる活動は、もはや卑しい行為ではなく尊いことである、という禁欲的な職業倫理が形成された。

禁欲的で真面目な労働はそれに伴う財の獲得を可能にするが、消費を戒め節制を説く禁欲的倫理観は資本形成を導き、消費ではなく財の生産的利用としての資本投下を促した。労働を義務とし正当な利潤を天職として合理的に追求するという心情を、ヴェーバーは「資本主義の精神」と呼んだ。労働を重視するこうした職業倫理は、後のロック（John Locke, 1637-1704）などにも顕著に見られる。

【参考文献】

ピコ・デッラ・ミランドラ、大出哲・阿部包・伊藤博明訳『人間の尊厳について』国文社、一九八五年。
近藤恒一『ペトラルカ研究』創文社、一九八四年。
マックス・ヴェーバー、大塚久雄訳『プロテスタンティズムの倫理と資本主義の精神』岩波文庫、一九八九年。

（岡部英男）

第七章　社会契約説

1 近代以前の伝統的世界観と価値観

▼近代以前の伝統的世界観

「社会契約」の「契約」という考え方は、双方が同意して約束を結ぶことである限り、双方の平等が前提とされている。社会契約がきわめて近代的思想であるのは、生まれながらにして既に身分やその人の生きかたが決められている近代以前の身分的封建制と異なって、少なくとも出発点においては平等であるという考え方が導入されているからである。このような近代的社会観と近代科学の発展は軌を一にしている。アリストテレスの影響を受けた伝統的自然観の特徴は、質的に異なった多種多様な類の階層秩序の自然にある。天上界は地上界と異なった運動をする世界であり、また地上界は互いに質的に異なった種が共存しあう重層的世界である。例えば、馬とロバをかけ合わせれば、ラバができるのはそもそも両者が同じ「種」に属しているのに対し、馬とワニをかけ合わせても子孫ができないのは、「種」が異なるからである。

この自然界には多種多様な「種」が互いに共存しあっている。そしてこれら「種」が異なるということは、「種」それぞれに異なった目的を持っていると考えられた。どんぐりの実は樫の木になるという目的をもち、人間には、人間として生まれたからには、人間としての本分を展開するという目的をもっている。したがって「種」それぞれにそれぞれの異なった目的をもち、その本性を展開し目的に向かって生きることが、より善い生き方なのである。

このような様々な「種」が互いにこの自然界において自然の秩序を形成しているのである。

前近代の伝統的身分制社会はこうした自然観と対応している。伝統的身分制のもとでは、同じ人間であってもそもそも血筋や家柄が異なっているのであり、貴族として生まれながらにして生まれた人間もいれば、生まれながらにして小作人として生まれた人間もいることになる。同じ社会においても身分的に質の異なった多種多様な人間が社会秩序として存在することになる。

▼近代的世界観

近代的世界観はこのような伝統的なアリストテレス的自然観（多種多様な種が共存しあう自然）を否定する。近代的世界観の特徴は、世界にはなぜ多種多様な異なったものが存在するのかを「神の創造」で説明するのではなく、互いに異なる自然界のものを合理的な観点に還元して説明しようとする。すなわち自然界の様々な異なった種を多様なものとしておくのではなく、一つのものに収斂させて説明することになる。その一つの代表例が「力」であり、自然界には様々な異なったもの、例えば植物、動物、無機物などが存在するが、これらの物体はいずれも「力」に従って動くのであり、すべての物体の本質は力である、といった説明である。こうした近代的自然観は、同時に神から与えられ異なった身分や出自を受け入れる伝統的な社会観を否定し、たとえ身分や出自が異なっていても人間としての本質である「生きようとする」力、「自己保存力」においては同じであるという思想が展開される。近代は、世界を神によって創造された世界としてではなく、宗教的価値から解放された客観的科学的世界として捉えることになる。

2 ホッブズ

▼ホッブズの人間論

すべての物体には運動量保存が働いているとした自然哲学の力学的運動原理を、ホッブズ（Thomas Hobbes, 1588-1679）は人間にも適用する。そのためホッブズの人間論は、科学的因果関係の論理一貫性をもって人間の自然的諸能力を分析し、さらに人間の行動、人間社会へと展開する。まず最初に外的物体の力の運動が人間に作用すると、それは感覚器官を通じて、頭脳もしくは心臓にまで達するが、この終着点に達したとき、この力は反転し反作用として感覚を形成する。そしてこの感覚から、「残存する感覚」としてイマジネーションが生れ、このイマジネーションからさらに思考が形成され、言葉が生み出される。人間の記憶、思考、言葉は、外的物体の力の運動の結果にすぎない。こうした「力学的人間観」に立って人間の行動をホッブズは次のように述べる。人間に作用する外的物体の運動が、人間の「生命運動」を助長するものであれば「欲求」として、逆にそれを阻止するものであれば「嫌悪」として現れる。そのため自己保存を最優先する人間の行動は、必然的に「嫌悪」を避けながら、「欲求」を追求する。このため、人間の相互関係は必然的に、欲求が衝突しあう「万人の万人に対する戦い」として現れざるを得ない。ホッブズにとって人間の本来的あり方、自然状態とは、闘争状態なのである。

だがしかし人間が自己の生命助長のために、無際限に欲求を追求すれば、逆に暴力による生命喪失という危険が生じ、たえず人々は「死の恐怖」に脅えることになる。そのため自己保存を大前提におく人間は、「平和を実現すべし」という理性の指示に目覚める。これが第一の自然法である。この自然法では、平和の可能性がある限り、人は平和を目指すべきであるが、平和が実現できないときには、戦いによる自己保存の権利を有することになる。つまり、平和が得られない場合であっても、自己防衛によって生命維持に努めよという命令なのである。この自己保存の権利が、ホッブズのいう自然権である。ここで注意すべきことは、自然権を無条件に放棄することが求められているのではなく、平和状態という一定の条件が満たされれば、放棄するように求められているのである。というのも自然権が行使される戦争状態より平和状態のほうが、自己保存はより確実に効果的に実現されるからである。

そのためにホッブズは第二の自然法として、他人もまた自然権を放棄するならば、自分も自然権を放棄するという約束を、平和状態実現のための条件として示す。自然権とは、本来人間がもっている、生命維持のための自由であるから、平和状態のほうがこの自然権をより容易に確実に行使することができる。そこでこの約束が確実に実行されるためには、「約束破り」には罰という恐れの情念を対抗させせなければならない。

そのためには罰する権力の存在が求められる。平和状態という社会的結合のためには、人々はこの権力存在に権能を与え、その行為や言葉を自分自身の行為や言葉として見なさねばならない。つまり自分自身に代わって行為をしてもらい、判断してもらう存在として認めることになる。共通の平和と安全のために権力存在が行うことを、各人が自分の行為として承認することが、人々の間で互いに契約として結ばれねばならない。このように主権者の行為を自分自身の行為として認める限り、自分自身の行為に不平を言うことはできない以上、ホッブズは主権者への絶対服従を要求する。このようにホッブズは、人間の生命維持から出発し、その論理的帰結として、社会契約による国家権力の存在の正当性を論じた。

▼ホッブズの道徳論

このように人間の行動を自己保存の合理的活動として見るならば、善悪の価値的問題は、快不快の問題として捉えられることになる。ホッブズは、キリスト教的な原罪の観念にも、古典的な倫理的人間の観念にも完全に囚われない新しい人間像を示している。ホッブズによれば、欲求をもたらす「快楽」が善であり、嫌悪をもたらす「苦痛」が悪とされ、善悪の価値観は、快不快の感じ方というように、完全に主観化され、相対化されることになる。しかしそうなると、快不快という感じ方は時と場所によって、また人によって異なる以上、人間であれば誰にでもあてはまる「善」などは存在しないことになる。つまり「人間の何たるか」といった人間の本分、「人間とは~であるべきだ」という人間としての型、言い換えれば人間としての普遍的価値などは存在しないことになる。ホッブズは、現に生きている「生身の人間」に、他の生物と同様に自己保存のために欲望追求する人間の中に、人間の姿を見ようとしたのである。そのため古代ギリシアでは「より善く生きる」ための単なる条件にすぎなかった欲望充足もしくは生命維持が、善悪の基準となったのである。すべての法や道徳も、そして国家も「自己保存」をより合理的に実現するための手段にすぎない。

だがしかし本当にホッブズの言うように、人間としての普遍的価値などないのだろうか。人間は、他の動物と同じように、ただ自己保存のために欲望追求のために行動しているのだろうか。しかしホッブズも指摘しているように、人間は自己保存の無制約的追求の危険性を、動物と異なって、理性の目覚めによって理解する。自己保存の実効性は無制約的自由においてではなく、他者関係に制約された自由においてであることを自覚する。このとき初めて真に道徳的問題が現れたのである。というのも自然状態は道徳的無記の状態であって、死の恐怖を感じ、理性が目覚めたとき、生命を喪失させる無制約的自由こそ不快であり悪であって、逆に他者との協調に制約された自由こそ快であり善へと逆転するからである。自然状態にいる限りは、何が人間にとって本当の善（快）であり、何が本当の悪（不快）かという問題、つまり道徳的な問題が現れなかったのに対し、理性が目覚め、他者関係の中で初めて本当の善悪の問題が浮上したのである。

こうなると「何が善で、何が悪か」という問題は、他者に関わる行為において成り立つ問題であって、行為によって他者へ関わらない内的自由は、善悪の対象にはならない。そのためホッブズが言うように、思想信条といった「内的自由」は、行為に現れない限り、制約されない自由であり、権力の及ぶ範囲外なのである。ここに自由主義的倫理観の一つの原型がある。

3 ロック

平和状態を獲得するためには、権能を与えた主権者に絶対服従するのか、さもなければ戦争状態に逆戻りする道を選ぶのか、この二者択一のホッブズの理論に対し、ロック（John Locke, 1632-1704）は同じように自然状態における自然法、自然権などの概念から出発しながら、異なった主張を導き出した。

ロックも、ホッブズと同様、人間は自己保存を追求する存在であること、自然法は自己保存権と密接に結びついていること、この自然法をもとに、社会契約に従って、社会における人間の権利と義務が考えられていること、また、人間による物の認識は感覚経験に由来することを、認めている。だがしかし両者の決定的な相違は、自然状態は戦争状態ではなく、平和状態であるということ、さらにまた自然権としてホッブズは「生命」、「自由」を挙げたのに対し、ロックはこれに「財産」を加えた点にある。この両者の相違は、同時にまた両者の人間観の相違をも意味する。

▼ロックの自然状態と自然権

ホッブズが人間の行動をただ自然学的な力の展開として論じ、「人間は何のために生きるのか」という目的やその意義が論じられていなかったのに対し、ロックは人間の生きることを、神の法の実現として捉え、それが人間の使命であると考えた。ロックによれば、人間は神によって創造され、人間の心に神の意志が植えつけられている限り、人間の自己保存の行動には、当然のことながら、神の意志が反映されている。そのため神によって創造された自然界には、神の法つまり自然法が働いており、この法が「各人は自己自身の存在を維持すべき」ことを命じる。そして、その命令は単なる生物学的な生存維持ではなく、「われわれの自然本性が希求する生活、人間の尊厳に相応しく生きること」なのである。

では一体「神の法」に従って人間に相応しく生きるとはどのようなことだろうか。自然状態にはもともと神の意志が自然法（神の法）として働いている限り、自己保存権は一部の人々だけにではなく、万人に妥当し、人類全体の保全が目指されている。そのため神の創造した自然状態では、ホッブズのような「万人の万人に対する戦い」ではなく、自己保存を追求しながらも、各人は本来的に相互に平等であり、共存が可能なように創造されている。自然状態において神によって設定されたこの自己保存と共存を、人間は神によって付与された感覚と知性を使って、「自分自身のもの」（プロパティ、property）とし、それを展開し、実現しなければならない。人間自身の実践的行為によって自然状態にある自己保存と相互共存を人間にとって確固たるものへとするためには、労働が必要となる。というのも自然状態における生存維持を確実で安定的なものへと実現するためには、採取や耕作という労働によって自然界の物資を「自分のもの」にするという所有化が行われねばならないからである。そのため人間の生存の最も基本的な「生命」、生命を支えるための行動の「自由」と並んで、労働による「財産」は自己保存を確実に実現するための権利なのである。しかしこの所有は無際限のものではなく、個人が利用し消費できる範囲内にとどめねばならない。なぜなら人間が生きるとは、互いの共存、全人類の保存という神の法を人間の実践的行為によって示すことであるために、エゴイスティックな欲望充足に繋がる無制限の所有や消費は神の法に反するからである。

▼ロックの社会契約と道徳思想

ロックによれば、人間の行動は自己保存のためであった。そのため善とは快を与え増し、あるいは苦を除去し減ずるものであり、悪とはその反対だということになる。そのためホッブズと同様に、ロックもまた善悪を主観的快苦に還元した。しかし同時に人間の自己保存は神の創造物である以上、そこには共存、全人類の保存が組み込まれていた。そのため幸福追求の自由は、ホッブズと異なって、相互性を原理とする平等によって内的に規制されている。つまりロックでは、個人の自己保存、幸福追求が肯定され、自然権が基本的に承認されていると同時に、平等な幸福追求が相互契約によって社会のルールとして成立することが論じられる。そのためロックの自然状態とは争いが生じたときに裁く公の裁定者がいないだけで、必ずしもホッブズのいうような戦争状態ではない。しかし自然状態が基本的に平和状態であっても、自然権が侵される可能性がある以上、より効果的に自然権を守るためには、まず第一に相互の自然権の尊重と共存を知性によって自覚し、その重要性を確認しあわねばならない。この相互の契約によって政治社会の移行が行われる。そして次にこの社会契約を実現すべきものとして統治機構もしくは統治者が設定される。その際、人々は自分たちの自然権をこの統治者に代理人として信託しているのであり、人々の権利を保護する義務を統治者が怠れば、信託すべき相手を変えたり、それを取り戻すことができるのである。このように政府が解体しても、社会そのものは解体しない理由は、自然状態そのものが、神の創造物である限り、共存と全人類の保存が人間の行動に含まれているためである。

ところでこうした神の意思である共存と全人類の保存という観念は、先天的（ア・プリオリ）に認識されているのではなく、実践経験を通して認識される。人間は神の法を知る認識能力を生得的にもっているが、しかしその認識内容はあくまでも後天的な経験を通して獲得される。つまり経験からまったく離れて、知性だけで道徳的・宗教的知識が獲得されるのではなく、知性は感覚経験を通して初めて道徳的・宗教的知識を「自分のもの」として獲得できる。しかしこのような道徳的・宗教的観念が先天的知識ではないからといって、その内容が真でないことにはならない。例えば、「全体は部分より大きい」とか「人は約束を守るべし」などの観念は先天的知識ではなく、誰もが後天的に学んで同意し、「自分のもの」として習得する。「神の観念」も同様に、先天的ではない。もちろんロックは、「神」が先天的に存在していることを、否定しているのではない。「神の観念」は後天的、経験的にわれわれの生活領域において知られ、「自分のもの」とされうるのである。言い換えると、「神の観念」は、人間自身の経験と観察にもとづいた判断力、批判的認識力において現れる。このようにロックは神の観念の先天性を否定することによって、神をもはや古い啓示信仰の対象として捉えるのではなく、感覚と知性によって論証され、人間に批判的精神と自由な活動を促す存在として捉えるのである。

4 ルソー

ホッブズやロックは、人間は「自己保存」、「欲望追求」にもとづいて行動すると説明したが、本当に人間の行動はそれだけで説明することができるのか。例えばニュースなどで、溺れている幼児を助けようと、川に飛び込む人のことが報道される。なぜ人々は自分自身の直接的利益とは異なった行為をすることがあるのか。人間には「利己」的本性のほかに「利他」的本性が存在するのか。それとも「利他」とはあくまでも偽装された自己（利己）愛にすぎないのか。

▼ルソーの自然状態と道徳

ルソー（Jean-Jacques Rousseau, 1712-78）によれば、人間の自然、自然状態は、ホッブズのように「万人の万人に対する戦い」の状態でもなく、ロックの「共存」の状態でもない。両者は既にルソーの自然状態から出発し、発展した形態である。純粋な自然人の在り方を求めるとすれば、ホッブズやロックの自然状態以前に遡らねばならない。ルソーによれば、自然状態とは、各人が孤立してそれぞれ自立しながら生きる状態である。そこには定着した家族生活もなく、男女は出会ってすぐに別れ、子供は自立できるようになると母親のもとから離れてしまう。この自然状態にはロックが認めたような所有権などない。さらにまた所有権が確立されないと戦いなど起こりえない以上、所有権を前提にしたホッブズの戦争状態もまた自然状態ではない。ルソーの自然人にはそもそも道徳的善とか悪はなく、無垢の状態にすぎない。人間の本性は、本来生まれもったときには、利己的でも利他的でもなく、中立的である。ルソーによれば、例えば、赤ん坊という人間の自然状態を見れば分かるように、赤ん坊は利他か利己かの二者択一に出くわすことはない。自愛が可能となるまでに赤ん坊は発達していないからである。また利己と利他を厳密に分けることの不可能なことを、ホッブズ自身が、ロック自身が暗示している。すなわち前者の場合、利己的利益の追求が確実に成し遂げられるのは社会契約においてであり、後者では利己は利他と共存している。このことは、利己的利益は利他的利益との関わりの中で効果的に実現される限り、利己と利他とを区別することは不可能であることを示している。人間の自然状態である自己愛とは、実際は自己と他者との相互関係であり、この相互関係こそが正義についての基準なのである。

自然的状態には道徳的価値は存在しない。善悪いずれの方向にも発展する可能性を秘めた自然人が、積極的に善を実現し本来の人間となりうるのは、自然状態から脱した社会において、しかも正しい社会においてである。そのため進んで社会に入り、そこで生きることは、道徳的善を実現することであり、それが人間の責務である。この責務を遂行することは、自然的自由を捨てて道徳的自由を受けとることになる。したがって社会において道徳的責務を果たそうと決意した個人の意志は、必然的に社会契約として展開される。ルソーの場合、この道徳が充実されるのは国家においてである。

しかし現実のこの社会においては悪が蔓延している。どうして自然人は自然状態から悪へと転落したのだろうか。ルソーは、その原因を人間によって作り出された不平等な社会の成立に求める。人間が自然状態から不平等な社会的政治的諸制度に入ると、人間の自然は窒息させられ、ゆがめられていく。人間の自然は善にも悪にも染まる無記の状態である以上、人間の作り出す歴史によって変化し、新しい欲求や動機が惹き起こされるからである。ではこの不平等な社会はどのようにしてできたのか。

▼ルソーの社会契約と国家

国家設立のルソーの解釈はほぼホッブズの線に沿っている。ルソーもまた、戦争状態という無秩序から国家が形成されるのは契約によってであると考えた。だがしかしホッブズやロックと異なって、この契約はすべて平等の立場から結ばれるのではなく、強者および富者に有利な立場の契約である。国家設立そのものが所有を前提としているからである。この契約によって国家が作られ、法によって社会的不平等が確定される。この社会契約は、外見は結合契約だが、実際は服従契約である。したがって国家はどんなにすぐれたものであっても、社会的不平等を合法化するために設立された以上、すべて富者の貧者に対する支配装置となり、したがって不正なのである。すべては根本から作り直されねばならない。それは可能である。なぜなら社会制度はすべて人為によって作りだされた制度だから。ホッブズのように、戦争状態が自然の状態であれば、それを矯正することはできない。しかし人間の自然状態は道徳的に無記である限り、敵対や反目は人為の加わった段階で現れる悪徳なのである。

ルソーによれば、社会契約とは不平等にもとづいて結ばれるものではなく、自由な同意による契約であり、それによって初めて社会的結合が成立する。そのため富者による貧者に対する服従契約を排除しなければならない。国家の主権はすべての人の自由な同意による契約にもとづかねばならない以上、主権者が自分を支配する上位者を持つのは主権者の概念に反することになり、また服従契約が結ばれることで支配者と服従者とに社会は分割されることになる。すべての人の自由な同意にもとづいて社会契約が結ばれたとき、国民主権は分割されず、一つの強い絆となるからである。そのためには道徳心情が社会秩序の拠りどころとならねばならない。力による社会秩序は、敵対や反目を惹き起こし、無秩序となる。社会の結合は根本的には力ではなく、道徳的心情でなければならない。

国家主権の根底となるものは、すべての人の道徳心情による同意であり、一つの道徳的共同体の意志、つまり一般意志でなければならない。法はこの一般意志が表現されたものでなければならない。そのため人民全体が主権者であり、法を作る権利は人民全体のみに属することになる。このように国家主権にすべての人々の一体感が一般意志として成り立つためには、各人が自己のすべてを社会全体に全面的に譲渡することが必要となる。そうでなければ、富者が貧者に結ばせた服従契約のように、すべての者にとって条件が平等にならず、社会的結合が完全なものにはならない。全面譲渡によって初めて個人の特殊な自己は、共通の自己として、一般意志として共同体に関わり、この特殊な自己が共通の自己となることで、個人は新たな自己を受け取る。人間の道徳的本性の充実は正しく作られた政治社会においてのみ可能である。進んだ共同体においては人々は私的な個人としてではなく、公民として行為することになる。

（八田隆司）

【参考文献】


田中浩『ホッブズ』研究社出版、一九九八年。

高野清弘『トマス・ホッブズの政治思想』御茶の水書房、一九九〇年。

田中浩『市民社会理論の原型――ジョン・ロック論考』御茶の水書房、一九九一年。

三浦永光『ジョン・ロックの市民的世界――人権・知性・自然観』未來社、一九九七年。

桑原武夫編『ルソー』岩波新書、一九六二年。

林達夫『ルソー』レグルス文庫、第三文明社、一九九一年。

第八章　カント・フィヒテ

1　カント

イマヌエル・カント（Immanuel Kant, 1724-1804）は、東プロイセンの都市、ケーニヒスベルクに生まれ、その生涯を通じてほとんど同地を離れることがなかった哲学者である。彼は、ケーニヒスベルク大学に学んだ後、その大学で教鞭をとった。やがて衰弱し臨終を迎えようとしている頃のことである。ある伝承によれば、往診に訪れた医師に対して、彼は椅子から立ち上がり、「私はまだ人間性に対する感情を失っていません」と言ったという。ここには、カントにとって、人間であることの価値、人類の一員であることの価値が絶対的なものであったということが表れている。ここで解説するカントの倫理学は、道徳を根拠づけつつ、そのような価値をも根拠づけることを企図するものである。

カント哲学は、その主著『純粋理性批判』、『実践理性批判』、『判断力批判』（併せて三批判書という）の表題に明らかに示されているように、「批判哲学」である。ここで「批判」とは、（その語源であるギリシア語に遡ってみるなら）「分ける」ことである。したがって、例えば、認識に関しては、人間理性に「分かる」ことと「分からない」ことを根底的に分け、実践に関しては、行おうと思えば行うことができるもののそれを行うことが「善い」ことと「悪い」ことを根底的に分けるのが、批判の営みである。

▼意志の倫理学

倫理学には、行為の結果を念頭においてその結果を産み出すための手段や能力に善悪を見るものと、行為における意志に善悪を見るものがあるが、カントの倫理学は後者の典型である。彼が最初に出版した倫理学の著作『道徳形而上学の基礎づけ』の第一章冒頭にそれが明確に表れる。そこで彼は、意志以外のものの善さは、それを使用する者の意志次第によって悪いものにもなりうるが、もし意志そのものが善いのであれば、それを悪いものに変化させるものは何ものもないがゆえに、ただ善い意志だけがたんてきに善いと言う。カント倫理学は、この善い意志の正体を見きわめ、それを事実私たちが意識していることを明らかにしようとするものである。

意志に善悪の場を見ようとする場合、私たちは困難に直面する。すなわち、自分のものであれ他人のものであれ、私たちにはその意志を見きわめることができないのである。これをカント自身認めている。そこで、彼の倫理学の中心概念の一つとして導入されるのが、「格率」という概念である。私たちは意志を記述するとき、それを行為への意欲として記述する。すなわち、虚言という行為を目にしたとき、その行為者の意志を、例えば「自分にとって有利に事を運ぶためなら、真実に反することでも言おう」と記述する。あるいは、虚言が露呈する心配もなく、それが自分にとって有利な結果をもたらすとしても、それでも真実を語るという行為を目にしたとき、「どんな場合でも嘘をつかないようにしよう」と記述する。格率とは、このように記述されるものであり、それは行為者個人の主観的なものであり、かつ行為者にとって原理的なものである。そこでカントは、格率を「行為（あるいは、意志作用）の主観的原理」と定義する。

カントはこの「格率」概念を用いて、善い意志とはどのような意志かを説明する。私たちが道徳的価値を認めるのは、表面上義務に適っているが義務以外のことを目的にして行われる行為ではなく、義務そのものにもとづいて行われる行為である（『実践理性批判』では、前者のもつ価値は適法性、後者のもつ価値は道徳性と呼ばれる）。ある行為が義務にもとづいて行われるとき、それはそれ自体の産み出す結果を目的として行われるわけではない。むしろ、それは格率に従って行われるのだが、既に行為の目的とともに、格率からもあらゆる目的（内容）が捨象されているがゆえに、その場合の格率は「いつでもそれを行うべきだから、それを行おう」という、法則的な普遍性を尺度とした形式的なものになる。この事態をカントは、「法則への尊敬」と呼ぶ。したがって、善い意志とは、普遍的な法則への尊敬にもとづいている意志なのである。格率という観点から言い換えれば、善い意志のもつ格率は、普遍的な法則にすることが可能かどうかという吟味を経て、普遍化可能な（すなわち、普遍化しても自己矛盾を生じない）格率に従っている意志なのである。

▼道徳法則の定式化

以上のような観点から、カントはあらゆる道徳の基礎をなす道徳法則を提示する。理性的存在者は動物などと異なり、対象の表象のみならず法則の表象に従って行為することができるとされるが、理性的自然存在としての人間が関わる法則には、つねに先行する原因によって規定された自然現象を貫く自然法則と、絶対的自発性をもって行為を始める自由な存在がその下にある道徳法則の二種類がある。ここでまずもって注意すべきは、道徳法則は理性的存在者一般に妥当するものとして探究されるのであり、いかなる人間の自然的本性をも根拠にしないものだということである。それでも、自然的・身体的欲望とともに生きる人間は、つねに善く生きられるわけではないという意味で有限な理性的存在者であり、このような存在者にとって道徳法則は命令として意識される。

行為を命じる命法には、何らかの目的を前提とした仮言命法と、一切前提をもつことなく断言的に命じる定言命法の二種類がある。前者の意識は、「もし……たいなら、〜せよ」と表現されるが、後者の意識はたんてきに「〜せよ」と表現される。前者は、同じ目的をもつ者にしか妥当しない。普遍妥当的な道徳の根拠を探究するなら、その表現形式は後者になるはずである。そこで、前述の善い意志の分析を踏まえて、道徳法則が次のような定言命法として提示される。

「〔君の意志作用の〕格率が普遍的法則になることを、〔まさに〕その格率を通じて君が同時に意志することができるような、そのような格率のみに従って行為しなさい。」（〔　〕内は引用者による）

この命法は、自分の行為の主観的原理（格率）が客観的な普遍的法則となることを意欲できるかどうかを問い、それができるような行為をせよと命じる。これは具体的に言えば、次のようなことである。私たちは嘘をつくとき、自分以外の人もまた嘘つきであることを欲してはいない。自分以外の人間には誠実さを要求しつつ、自分を例外化して嘘をついている。したがって、「困ったときには嘘をついて切り抜けよう」という格率が普遍的法則になることを私たちは意欲できないがゆえに、この格率に従って行為すべきではないのである。あるいは、自分の部屋の中の家電製品のスイッチをこまめに切るとき、実際にすべての人がそうするかどうかは別として、地球温暖化対策を念頭においてすべての人がそうすることを意欲している、あるいは意欲できる。したがって、「家電製品のスイッチはこまめに切ろう」という格率に従って、私たちは行為すべきなのである。この命法をより分かりやすくするために、カントは次のようにも定式化している。

「君の行為の格率が、君の意志によって普遍的自然法則となるべきであるかのように、行為しなさい。」

例えば、ある人が「お金に困ったら、返すつもりのない借金をしよう」という格率をもっていたとする。その人は、その格率が自然法則になることを意欲できない。なぜなら、すべてのお金に困っている人が自然法則的必然性をもって返すつもりのない借金を申し出るとしたら、誰かがその人にお金を貸すことなどないはずだからである。

▼目的それ自体としての人間

では、このような定言命法は誰が命じるのだろうか、言い換えれば、定言命法の根拠はどこに存するのだろうか。カントは、仮言命法は目的に対して相対的だが、定言命法は絶対的な命令であるがゆえに、絶対的価値をもつ存在こそがその根拠であると考える。私たちの周囲には、様々の価値をもった物が見出される。それらの価値は何らかの目的をもつ存在者によって見出されるものとして相対的価値であるにすぎない。しかし、そうした目的を立てつつ究極的に自己実現を目指している存在者、すなわち、人間およびあらゆる理性的存在者は絶対的価値をもつ「目的それ自体」である。そこからカントは次の定式を導く。

「君の人格の内にも他のあらゆる人の人格の内にもある人間性を、つねに同時に目的として扱い、決してたんに手段として扱わないような、そのような行為をしなさい。」

私たちは、たしかに他人を手段として必要としながら、自己実現を目指している。しかし、他人や自分自身をたんなる手段であると思い、そう扱うとき、私たちは人間であることの絶対的価値を毀損している。あるいは、人間が誰しも自分の幸福を目的として希求していることを踏まえて、他人の幸福を自分の行為の目的にするとき、私たちは人間であることの絶対的価値を実現しているのである。

さて、ここで絶対的価値をもつとされるのは人間一人ひとりだが、その各人の意志はまた普遍的法則となりうる格率を採用する主体でもある。そこからカントは「あらゆる理性的存在の意志が普遍的に立法する意志であるという理念」を導く。このとき私たちの意志は、自己立法する意志として捉えかえされ、定言命法として命じられる道徳法則を立法するのは実は自分自身の意志であることが明らかになる。もっとも、私たちの意志はつねに自己立法しているわけではなく、むしろ意志以外の何かに依存していることもある。前者の事態を意志の「自律」と呼び、後者を「他律」と呼ぶ。言い換えれば、理性的存在者の意志が、その理性だけで自己立法している場合が自律であり、理性にとって他のものである感性的欲望などに依存して立法している場合が他律なのである。

▼目的の国

この自己立法という観念を支点として導出されるのが、「目的の国」と呼ばれる一種の理想的共同体である。カントはこの国を、異なった理性的存在者が、共通に立法した法則の下に結合している状態として構想する。この国の成員は、一方で、相互に手段として必要とし合いながら、他方で、自分をも他人をも目的自体として尊重することで結合する。この結合において本質的なのは後者である。もちろん、これは一つの理想にすぎないが、このような意識を私たちはもっていないだろうか。他人に対して「嘘つき！」という非難を浴びせるとき、私たちはその人を多くの嘘つきの一員として非難するのではなく、誰も嘘をつかない共同体に依存しつつそれを毀損する人として非難するのではないだろうか。例えば、この誰も嘘をつかない可想的共同体が、「目的の国」として構想されているものにあたるのである。そこで、カントの表現を用いて定式化すれば、次のような定言命法を示すことができる。

「君の格率によってあたかも君が普遍的な諸目的の国の立法的成員であるかのように行為しなさい。」

この観念の積極的意味は、なぜ私たちが道徳法則に従うかが捉えられるところにある。すなわち、私たちは、自らが立法したがゆえに道徳法則に従うのである。なお、この観念はカント倫理学に対するありがちな誤解と連関してもいる。カントの提示した定言命法は、各人の採用する格率が普遍化可能であることを命令するが、各人が同じ格率をもち、同じ行為をすることを命じているわけではない。すべての人の格率は普遍化可能であるべきだが、これは普遍化可能なすべての格率をすべての人がもつべきだということを意味してはいないのである。

▼人間性の尊厳と人間の義務

カントは、複数の理性的存在者からなる共同体としての目的の国を、様々な価値の成立する場としても捉えている。すなわち、交換可能であり何らかの等価物をもつものの価値である価格と、まったく交換不可能なもののもつ価値である尊厳である。細かく言えば、前者はさらに、人間の一般的な欲求に関わるもののもつ市場価格と、人間の趣味に関わるもののもつ愛好価格に分けられる。しかし、こうした相対的価値のみならず、尊厳という価値の成立する共同体をカントは構想したのである。

人間の尊厳は、近代哲学において様々に語られるが、それを哲学的に根拠づけた点に、カント倫理学のひとつの功績がある。彼は尊厳を内的価値であるとするが、それゆえにそうした価値は他の何ものにも依存せず、いかなる効用とも無関係に認められねばならない。そうした価値づけを可能にする構造は、善い意志の善さを可能にする構造と同一であり、すなわち、自律の名において普遍的立法に関与しているということである。なお、事実上、人間一人ひとりがつねに自律的であるわけではない。しかし、人間はその本性上、すなわち理性的自然存在として理性的でもあるという本性上、自律的に意志規定することができるのである。ここに、カントが「人間性」の尊厳という表現を用いる理由がある。

さて、カント倫理学は、以上のような理性的存在者一般を念頭においた形式的な倫理学に終始するわけではない。晩年の『道徳形而上学』では、既に明らかにしたあらゆる道徳の基礎としての定言命法を踏まえつつ、さらに人間の諸性質をも念頭に置いた実質的な義務の体系を提示する。この両者を繋ぐ役割をするのが「同時に義務である目的」である。カントは道徳的意志規定からいったんは個別的な目的を排除したが、既に道徳の原理が確定したので、次に、その原理と矛盾しない目的、すなわち、身体をもって生きている人間にとって普遍的な目的を提示する。それは個別具体的な目的ではあるが、それを意欲することは人間にとって普遍的なので、同時に義務でもあり、それゆえ「同時に義務である目的」と呼ばれるのである。身体をもって生きているとは、一方で、その内にいまだ開花していないが陶冶すれば実現する（自然的・道徳的）素質があるということであり、他方で、当人の状態に関する（つねに実現しているわけではない）満足への希求があるということである。したがって、人間には完全性と幸福という目的が普遍的に存するのである。だからこそ、私たちは日常、他人の欠点を指摘することでその完全性を追求したり、自分の幸福の追求に専心していたりする。しかし、カントはそれを逆転する。各人の完全性は、特に道徳的なそれに関しては、当人で追求するしかない。各人の幸福は既に自然に誰もが欲しているのだから、義務として語る必要はない。そこから彼は、私たちが人間として実現すべき義務は「自分の完全性」と「他人の幸福」であると主張し、さらにそれを細かい論点に分けつつ展開していくのである。

② フィヒテ

カント哲学の継承を志し、ドイツ観念論の最初の代表的哲学者となったのが、ヨハン・ゴットリープ・フィヒテ（Johann Gottlieb Fichte, 1762-1814）である。彼は、ザクセンに生まれ、やがてベルリン大学の初代総長になった哲学者だが、ドイツ史上では、ナポレオン－フランス軍占領下のベルリンで、ドイツの独立と統一を目指して講演「ドイツ国民に告ぐ」を行ったことで有名である。

フィヒテは、カント哲学の体系と自らの体系が同一であると主張しつつ、カントの体系に存する理論理性と実践理性の分裂に対して、それを自我の絶対的活動性（事行）によって統一しようとした。それが初期の代表作『全知識学の基礎』という書名の意味するところである。そこでは実践的知識学の原理「自我は自らを、非我を限定するものとして定立する」が提示される。実践において自我は自らの行為の様々な目的をもつが、それは自我が対象としての非我を定立しつつ自己実現を目指すことなのである。このような活動には終わりがないので、フィヒテはそれを「無限の努力」とも呼ぶが、彼はこれをさらに「衝動」として捉え返す。

▼衝動論

彼の衝動論は、一方で、感情や憧憬を規定しつつ、他方で、彼なりにカントの定言命法を根拠づけるものであるとも言える。なぜなら、フィヒテは、衝動の中にたんに生命的・身体的なもののみならず、倫理的衝動としての絶対的衝動を見出し、その法則としての表現が定言命法であるとするからである。このとき、定言命法は衝動に駆り立てられて私たち自身が産み出したものとして捉えられる。絶対的衝動は、自然衝動から絶対的に自由であろうとする衝動であり、意識的に自己自身と一致することで自己自身であろうとする衝動である。この観点からフィヒテ倫理学における善悪の規定が得られる。すなわち、たんてきに自由であろうとする努力が善であり、怠惰や弛緩が悪なのである。

▼良心論　フィヒテはさらに、自我の活動が倫理的衝動と合致しているかどうかを判定するものとして、「良心」を位置づけた。良心（Gewissen）もまたひとつの知（Wissen）であり、しかも根底的な知として無謬である。「なぜなら、良心は、いかなる他の意識もこれを超え出ることのない私たちの純粋根源的自我の直接的意識だからである」（『道徳論の体系』）。そこから、彼は道徳的な行為の条件として、「いつでも君の義務についての最善の確信に従って行為しなさい」を挙げ、それを言い換えて「君の良心に従って行為しなさい」という定言命法を掲げている。だがこれは形式的条件であり、それに続いて道徳的行為の実質的条件もまた「本来の意味の道徳論」として展開される。すなわち、私たちが自分の良心に従って何を行えば、自由が実現するのかが語られる。そこではまず、個人としての自己に関しては自己保存の義務と社会における持ち場選択の義務が挙げられる。次に、道徳的に善い人間の究極目的は「理性のみが感性界で支配すること」であるという主張にもとづいて、この目的への直接的関係において、他人の自由を侵さない義務や自分の立場や職分をまっとうする義務が展開される。

フィヒテの倫理学は、カントの思想の様々な要点を明確に受け継ぎながら、しかもそれに独自の根拠を与えようとするものである。いずれも自律的あるいは自立的な人間の自由を中心に据えている点で共通し、そこに近代の哲学者としての本領が発揮されていると言うことができるだろう。

【参考文献】

新田孝彦『カントと自由の問題』北海道大学図書出版会、一九九三年。

A・グリガ、西牟田久雄・浜田義文訳『カント　その生涯と思想』法政大学出版局、一九八三年。

H・J・ペイトン、杉田聡訳『定言命法　カント倫理学研究』行路社、一九八六年。

O・ヘッフェ、藪木栄夫訳『イマヌエル・カント』法政大学出版局、一九九一年。
福吉勝男『自由の要求と実践哲学　J・G・フィヒテ哲学の研究』世界書院、一九八八年。

（御子柴善之）

第九章　ヘーゲル

①　ヘーゲル倫理学の基本的考え方

▼「内なる良心」の問題点

カントの倫理学は、人間が行為する際の行為基準として、「内なる良心」の発する普遍的命令に無条件に従うことを求めたといわれる。行為の動機は、結果の如何を意識したものであってはならず、結果を混入させない純粋なものでなければならない。そのため、行為をした結果によって得られる満足感や幸福よりも、純粋な動機が優先される。カントはこのような純粋な動機を要求することから、純粋意志の道徳律そのものが、幸福という行為結果の経験内容を含まない、理性的原理でなければならない、と考えた。したがって道徳律の基本的公式は、行為をしようとする意志は、いつでも、どこでも、どのような場合にあっても、また誰に対しても妥当するような、普遍的立法の原理に合致した動機でなければならない、ということになる。そうなると、いついかなる場合であっても、例えば「嘘をついてはいけない」ことが要求される。しかしこうした道徳観は本当に正しいのだろうか。例えば、癌の患者に医者が励ますために「あなたの病気は癌ではありませんから、がんばりましょう」と言って嘘をついた場合、それはどうだろうか。これは明らかに「私利私欲」という邪《よこしま》な動機から嘘をついたのではない。この場合の医者の嘘は、「「自分のため」という利己的原理からではなく、「患者を励ます」という「医師としての良心」に従って行われている。「医者の嘘」が良心にもとづいた嘘である限り、この嘘はむしろ実質的には道徳に合致するのではないか。これは、「許される嘘」と「許されない嘘」が存在することを意味している。

こうした矛盾が生ずるのは、すべての嘘を一律に反道徳的とみなし、嘘がどのような状況下において為されたのかが考慮されていないことによる。行為の道徳性の問題は、「嘘をついてはいけない」という単なる動機の純粋さだけで論ずることはできず、その行為がどのような状況でなされたのかと関係する。そのため個々の具体的状況をまったく無視し、動機の純粋さにもとづいただけの行為は、時として悪となりうる。いかなる場合においても「嘘をついてはいけない」という純粋な動機から、医者が患者に癌の告知をすることは、患者の置かれた状況を無視した非人間的行為となりうる。ヘーゲル（Georg Wilhelm Friedrich Hegel, 1770-1828）は、カントと異なり、人の行為には動機と同時に、その行為がなされる具体的状況の重要性を強調する。同じ行為であっても、それがどのような状況下でなされるかによって、その行為は善にもなりうるし、また悪にもなりうる。そのため人間の行為は、行為の展開される具体的状況あるいは場との関連で、考えられねばならないというのが、ヘーゲル倫理学の基本的な考えである。

▼意志の自由とその展開

そうであれば、カントの意志の自律は、ヘーゲルではどのように考えられるのか。もし意志が感覚や外的対象に従属するならば、人間の行為は自然必然性に従うことになり、人間は動物と同じように、自由を持たないことになる。しかし実際には人間は動物のように、自然必然の本能に従って生きてはいない。例えば、空腹であれば、動物は自然本能に従って眼前の食料を腹いっぱい食いつくそうとするが、人間であれば、例えば持病である糖尿病を念頭に入れて、我慢しようとする。自然本能に従えば、すべてを食べ尽くすことができるにもかかわらず、人間は、食べたいという気持ちを抑え、食べないほうを善しとして選択することもできる。人間はこのように動物と違って、自由を持っている。その意味で人間には、たしかにカントの言うように、外的対象から解放された意志の自律、自由がある。

しかし他方でヘーゲルは次のようにも考える。人間は、たしかに動物と異なって、自由をもっている。だがしかしこれは、自由を実現する能力をもっているにすぎない。自由とは、それが行為において実現されるものでなければならない。もしある人が自らの意志の自律によって自分の好きなように行動したならば、当然のことながら、他者と衝突することになり、自らの意志を実現できないことになる。自らの意志の自由を実現するためには、他者の自由と折り合うものでなければならない。つまり自由とは、その行為がなされる場である共同体において実現される限り、個人の自由の実現とは、共同体の利益と合致した自由でもなければならない。主観的自由とは、同時にまた共同体の自由でなければならない。ヘーゲルにとって道徳的行為とは何かという問題は、行為がどのような状況において、どのような人間関係において、どのような共同体においてなされるのかと密接に関わっている限り、人間の行為は社会や歴史との関わりにおいて論ぜられねばならない。そのためヘーゲル倫理学では、自由の問題は、単に人格や道徳性としてとどまらず、人倫の問題として、さらには歴史の事柄としても論ぜられることになる。

2 人格

▼自由と労働

人間の行為・行動は衝動、欲求、傾向として現れるが、これは外界の対象を自分のものとし、自らの自由を外界の対象世界において展開しようとする運動である。この意味で言えば、人間は対象を自分のものとすることで自分の自由を実現する限り、自由の主体として、「人格」として捉えられている。しかし人間の自由の主体である「人格」は、ただ自己と関係しているだけではない。人間が現実世界に自分の自由を示すためには、物を所有し、それを自分の自由に処分できるようにしなければならない。つまり人間が自由であることの証は、自然に放置された自立的な状態ではなく、物の自然的あり方に手を加え、労働を通じて、自らの自立的生存を確保しなければならない。労働によって物を自分のものとして使用し、消費することで人間は自分の欲求を満たし、生存を実現する。人間の生存を可能にする物には、労働を通して自由になろうとする自分の意志が照射されているために、物を自分のものとし、それを譲渡することができるのである。人間が自由であるための基本的条件は、物を自分のものとし、それを自由に消費し、譲渡することができるという点にある。その際、物が自分のものとして自由に消費し自由に処分することができるためには、物がその人の所有物であることを、他者は承認していなければならない。すなわち「これは私のものであって、他者のものではない」ということが、他の人格によって承認されていない限り、自由にものを消費し処分することはできないからである。そうなると、所有はもはや単に物と私の主観的意志との関係においてではなく、他の意志との関係において成立することになる。

▼所有と承認

このように所有は、他者によって承認を必要とする契約関係において成り立っているために、契約には相互承認にもとづく共通の普遍的意志が前提とされている。しかし契約は一方でこのような普遍的意志を前提としているにもかかわらず、当事者はそれぞれ異なった人格であり、それぞれ異なった事情を抱えて生きている限り、その契約（約束）は、常に守られるとは限らず、自分の個人的利益のために、普遍的意志である法から逸脱し、いつでも不法が行われる可能性にさらされる。このような普遍的意志に反した「利己的行動」をとれば、これは犯罪となる。犯罪はそれ自体が普遍意志を否定する以上、その否定を否定し、刑罰によって法を回復しなければならない。そのため刑罰を通じて犯罪者は、自分の個別的利害に関わる特殊意志を超えた法の普遍的意志の存在を初めて意識するのである。このように刑罰を通じて、自分自身の内面において自分だけの意志（特殊意志）に対する普遍意志の存在が自覚されるとき、人間の自由の自己実現の行為は、自分の外の「法」に従うのではなく、むしろ内面の普遍的意志に特殊意志をいかに一致させるかの問題となり、行為の拠りどころは内面の世界に求められることになる。そのため自由なる行為・行動は、本質的には道徳の問題なのである。

③ 道徳性

▼内なる動機と外なる現実

道徳性の立場では、個々人は、すべての人間に通底する普遍的意志と合致した行動をとることが求められる。そのため外的な行為の合法性というよりも、むしろその行為が普遍的意志に即して行われているかどうかといった内面の動機そのものが問われることになる。しかし普遍的意志に即した行為をしようと意図し、それを実行に移しても、行為に絡む予想外の付帯事情が生ずるため、その行為の結果は、意図したとおりにはならない。例えば、オイディプスは、父であるとは知らずに、父を殺し、自分の母を妻とした。オイディプスの意図は敵将を殺害することであったにもかかわらず、その意図とは異なり、はからずも父を殺すことになってしまった。この場合、敵将であれ父親であれ、「殺人罪」としての法的責任が生ずるのに対し、オイディプス本人にとって、敵将を殺すはずであったのが、父親を殺してしまったという後悔の念を覚え、道義的責めを負うことになる。まわりの状況を考慮し、思慮分別をもって行動するならば、このような後悔は避けられたのに、父親を殺すことになってしまった。オイディプスは自分の「目の節穴」を嘆くことになる。

先の人格とは異なって、道徳的立場では、自分の行為をとりまく諸事情、諸連関についての知識と、それに伴う行為結果についての道義的責任が問われる。道徳性においては、行為の動機（目的）だけでなく、その結果も問われるのである。たとえ意図がどんなに善いものであっても、その行為の結果が悪ければ、道義的責めを負うことになる。そのため行為が現実に展開されたとき、それに伴って生ずる付帯的諸事情について熟慮しておくべきだったという道義的責めが生ずるのである。この責めを自覚したとき、あらためて行為に絡む付随的諸連関の洞察の重要性を自覚することになる。内なる動機が行為によって現実化されたとき、現実世界において現れる様々な具体的内容の重要性が、道徳性においても意識されるのである。

▼行為の基盤としての生命

ところで行為が現実において展開されたならば、その内容は、個々人の状況に即して行為される限り、特殊的であり、具体的となる。そしてそれは、個々人の満足や利益といった特殊意志と結びつく。しかし道徳性においては、この特殊意志は普遍的意志に合致するように動機づけられているために、個々人それぞれが現実において求めた満足や利益は、個々人の幸福であって、普遍的な幸福へと結びつかない。そのため個々人の幸福は道義的には認められないことになる。道徳的行為が道徳的たるゆえんは、単なる個人的な目的を超えて、単なる個人の幸福を超えて、万人の幸福として成立する点にある。だがしかし個々人が自分の行為が万人の幸福となるような行為と思っても、その行為は個々人の思う「万人の幸福」である限り、普遍的なるものと特殊的なるものとは対立する。というのも万人の幸福は個々人の具体的な幸福によってでなければ示されないからである。そのため様々な個々人の幸福の衝突が生ずる。

その際、ヘーゲルによれば、優先されるべき幸福がある。例えば、飢えのために生命の危険に瀕している人間が、パン屋のパンを盗んだとき、「生きるためにパンを食べたい」とするその人間の個人的利害と「パンで利益を得る」というパン屋の個人的利害とが、衝突しあうことになる。このときヘーゲルによれば、生命存亡の危急の際は、「生きるための幸福」が優先されるべきであり、パン屋のパンを売ることによる個人の幸福追求を侵害しても、それは許されるのである。というのも一方の個々人の幸福追求は、生命が確保されたうえで行われているのに対し、他方はその「生きること」そのものが危険にさらされているからである。「生きること」こそ無条件に「危急権」として優先されるべきなのである。個々人のそれぞれ自らの幸福を追求し、それぞれの利害関係が衝突するとき、これら幸福追求の前提となっている共通の基盤が、「生命」なのである。

特殊意志と普遍意志との一致は、幸福においては実現されないが、「危急権」においては、互いに「生きること」の承認が個々の幸福追求よりも、優先されている。まさに互いに「生命」を承認しあうということは、生命を共有しあっていることを意味し、特殊意志と普遍意志との一致が成り立つのである。換言すれば、生命とは個々の生命であると同時に、人類全体の生命であり、個々の生命はその全体の生命の一契機にすぎないのである。だからこそ「生きること」が最優先されねばならないのであり、「危急権」が認められねばならないのである。生命こそ人間の行為の基盤である。個々の幸福を求める権利が成り立つのも、この共通の生命あってのものだからである。そのため「共に生きること」そのことが、すべての人々にとっての普遍的意志であり、共通の善であり、「共に生きること」そのことが個々の特殊意志において喚起されたとき、それは「良心」として働く。

しかしこの「共に生きるべし」という善の理念は、具体的ではない抽象的概念である限り、それぞれ個々の異なった行為状況に則して、善の具体的内容を規定していかねばならない。そのときこの内容を規定する主体は良心であり、良心を動機とした行為が求められる。しかし現実世界から切り離された善の理念は抽象的である限り、良心が個々の状況に応じて良心にもとづいた行為を行っても、その行為結果の善し悪しの決定は個別的状況に委ねられ、善であったものが状況次第では悪へとひっくり返り、善悪の決定は恣意的となる。なぜならこのような善悪の決定が恣意的になるのは、特殊意志が善を行為として実行するとき、善は個別状況に生きている個々人の様々な判断において異なったものとして現れるからである。「何が善であるか」の判断を個々人の良心に委ねている限り、善は状況次第によって様々に解釈され、「共に生きる」ことが解体される。善はもはや個々の道徳的良心に委ねられるのではなく、「共に生きる」ことを支えあう共同体の枠組みにおいて、つまり「人倫」において把握されねばならない。

4 人倫

ヘーゲルによれば、人間とは自らの自由を実現する意志をもった存在であった。そして個々の自由の実現は、「共に生きる」という点において、つまり共同体において展開されねばならなかった。この意味で、「人倫」は普遍性と特殊性、社会の共同性と個人の自由の具体的統一にほかならない。共同体の最小単位は家族である。そこでは「共に生きる」は「家族愛」という情感として働く。「家族」は婚姻という社会関係によって成立すると同時に、両性という自然的基礎をもち、愛という精神的な絆によって結ばれ、社会的に一つの人格として承認されている。このような家族が社会において自立し、自らの自由を実現するためには、持続的で確実な生活の糧である「資産」を必要とする。この「資産」によって家族は自立を維持すると同時に、子供はこの「資産」で扶養され教育され、将来自由な人格として自立していく。こうした家族の自由は「資産」によって支えられているのだが、この「資産」は、市民社会の労働によって産み出される。そうである限り、家族の自由には、市民社会が照射されているのである。

▼家族

「市民社会」とは、自立した諸個人が労働によって私利を追求し、活動する場である。つまり各人は自分の自由を労働によって実現していくことになる。その意味で言えば、市民社会は、自立的な諸個人が労働を通じて職能技術や社会全体の相互依存メカニズムを習得し、自己形成しながら、自らの欲求を追求し、自己を実現する場でもある。そのため市民社会は個々の自由な活動から成り立っている。そこでは家族にあったような「愛」によって互いに結びついているのではなく、個々の欲望追求の絡み合いの構造が、労働の相互依存関係が、欲望の体系として成り立っている。そのために市民社会では労働による自由の実現が促される一方で、他方で

▼市民社会

富の獲得を目指した競争が激化し、結果として、自由を実現できる人と自由を実現できない人との亀裂が深まることになる。ここには共同体の「共に生きる」という「人倫」の思想が失われ、個々人は互いにバラバラとなり、共通の絆がもはや存在しない。しかし先にヘーゲル倫理学の基本的考え方で確認したように、人間の真の自由は共同体において実現されねばならない。そのため個々人の自由の実現の保障は、市民社会では司法活動に求められることになる。このような市民社会において特殊意志は欲求の相互体系として働きながらも、共同体における普遍的意志に合致するように働くとき、それは「職業団体」や「地域公共体」として現れる。市民社会のあまりにも巨大になりすぎた欲求の体系に対し、具体的状況を共有する場として、同じ職を共にする「職業団体」、同じ生活基盤を共にする「地域公共体」が、「共に生きる」ことの絆を提供すると、ヘーゲルは考えた。

そしてさらにヘーゲルが問題にしたのは、市民社会の進展に伴って生ずる不平等な富の配分である。諸個人が得る富は、必ずしも当人の労働、技量、努力だけで決まるわけではなく、その他偶然的事情によって決められる限り、富の配分には大きな不平等が生じてくる。ヘーゲルは一方で自由の実現の一環として営業の自由を原則として認めながら、最小限の規制を行い、また救貧施設や病院など福祉行政の必要性を強調した。特殊意志と普遍意志は合致するというヘーゲルの思想からすれば、自己実現としての経済活動の自由を認める一方で、普遍意志の「共に生きる」ことへの具体的現れが、市民社会における「福祉行政」として強調されるのは当然のことであろう。「職業団体」、「地域公共体」、「福祉行政」において「共に生きる」という「実体的統一」を経験することによって、個人的な利己目的が同時に普遍的目的に繫がることを理解することができ、普遍的立場へと高まることができると、ヘーゲルは考えた。そしてさらにこのような普遍的立場へと高まるための仕掛けを保障する働きこそ、国家であると捉えたのである。

▼国　家

国家では、市民社会において分裂していた特殊性と普遍性との一体性が自覚されている。つまり個々の自由の実現と「共に生きる」という実体的生命との調和が、具体的制度として国家において展開される。ヘーゲルは、「国家」を構成する三つの権力として、普遍的なものを規定し確定する立法権、特殊的な諸分野や個別的な出来事を普遍的なものへと包摂する統治権、最終的な意志決定を行う君主権を挙げ、「立憲君主制」を掲げる。ヘーゲルは近代国家の官僚政治に大きな信頼を寄せ、また、代議制を導入すべきだとしながらも、君主の存在の必要を説くのである。「市民社会」のバラバラなアトム的諸個人がそのままで選挙権・被選挙権をもつことによって国政に参加するという形態は、結局は諸個人を利己的なままにとどまらせることになり、国政参加を空洞化し、「市民社会」を弱肉強食の場としてしまうと考えた。そのため「共に生きる」という実体的生命が照射されている具体的姿として君主の存在を国家の機能に取り込んだのであろう。

（八田隆司）

【参考文献】

長谷川宏『新しいヘーゲル』講談社現代新書、一九九七年。
城塚登『ヘーゲル』講談社学術文庫、一九九八年。
中埜肇『ヘーゲル――理性と現実』中公新書、一九六八年。
福吉勝男『ヘーゲルに還る――市民社会から国家へ』中公新書、一九九九年。
西研『ヘーゲル・大人のなり方』ＮＨＫブックス、一九九五年。

第十章　功利主義

1 功利主義の意義と特徴

イギリスは十八世紀から十九世紀に入り、いち早く進められた産業革命の結果、近代市民社会へと著しい変貌を遂げた。この時代には、経済面における資本主義、政治形態としての代表民主主義制度、さらには自然科学の著しい発展がもたらされた。しかし一方、こうした社会変化に伴い顕在化してきた種々の社会問題により、様々な点で新たな秩序の構築が求められる大きな過渡期を迎えたのである。功利主義は、このような時代において、政治制度、司法制度から道徳規範に及ぶ、社会改革の基本原理として登場することになる。

しかし、さらに注目すべきことは、「功利主義」が、ある意味では、当時以上に今日の社会に大きな影響を与え続けている事実である。「最大多数の最大幸福」として知られる功利主義の原理は、各個人を「権利」の上で「平等」と見なすことを「原則」とする現代民主主義社会において、様々な局面における行動決定の基本原則として厳然と機能している。そして、この「権利」や「平等」、その原則そのものをわれわれがどのように理解するかによって、これからのわれわれの社会の進むべき方向が決定されることにもなりかねないのである。その意味で、功利主義を正しく理解することは、今日われわれが直面している諸問題にどのように対処していくかにも、深く関わることになる。

▼功利主義とは何か

功利主義の特徴としては、⑴結果主義（consequentialism）、⑵快楽主義（hedonism）、さらに⑶科学的客観主義を加えることができるだろう。こうした特徴、特に⑴や⑵は、この時代に初めて倫理学理論に導入されたわけではない。このような考え方はギリシアのエピクロス学派をはじめ、倫理学史上繰り返し現れている。しかしここでは、近代功利主義を最初に体系づけた思想家と見なされるジュレミー・ベンサム（Jeremy Bentham, 1748-1832）を手がかりに、功利主義の特徴を探っていくことにする。

ベンサムの倫理思想が最も体系的に論じられている、『道徳および立法の諸原理序説』はフランス革命の勃発した一七八九年に公刊されている。この著作の抜粋はいち早くフランス語に訳され、革命指導部に伝えられていたことが知られている。この著書の中で、ベンサムは人間を支配する最も大きな二つの力として「苦痛」と「快楽」を挙げ、この二つの力こそがわれわれの行動決定の基礎になっていると指摘している。この二つの力が、いわゆる「功利性の原則」、別の言い方を借りれば、「最大多数の最大幸福」と表現される、功利主義の基本原則を導く大前提となっているのである。ここでの「幸福」は、苦痛の存在しない快楽と考えられる。

ベンサムによれば、「功利性」とはある対象の性質であり、われわれに、利益、便宜、快楽、善、または幸福を生み出すか、苦痛、害悪または不幸の発生を防止する傾向を持つものだというのである。ベンサムはこの「功利性の原理」にもとづき、人々の幸福を増大させるか減少させるかによって行為を判断するという、功利主義の「倫理」を提唱するのである。彼は、この原理を個人の行為の判断基準として導入したわけではない。この原理は、社会全体のための政策決定の基準でもあり、倫理説は社会統治の理論ともなるのである。ベンサムにとって、「社会の利益（幸福）」は、構成員一人ひとりの幸福の総計にほかならない。したがって、ある行為が社会にとって有益であるかどうかの決定は、その行為が、社会の幸福を増大させる傾向にあるか、減少させる傾向にあるかにもとづくべきだというのである。この議論が、いわゆる「結果主義」と「快楽主義」と呼ばれる議論である。そしてここでは、その適用範囲が個人の問題にとどまらず、個人の総計としての社会全体の幸福に、また、個人の行動にとどまらず、立法、行政府にまで及ぶことが分かるであろう。

▼反主観主義

ベンサムは、「功利主義」に対抗する原理として、「禁欲主義」と「共感と反感の原理」を挙げる。禁欲主義は当事者の幸福の増減を行為の是非の判断基準にする点では、功利主義と同様であるが、その方向はまったく反対だというのである。禁欲主義は、行為が当事者の幸福を減少させる傾向を持つ場合はこれを是認し、それを増大させる傾向を持つ場合は否認する原理ということになる。ここで想定されている対象は、伝統的なキリスト教に見られる「宗教的禁欲主義」や、理性に導かれた「哲学的禁欲主義」である。また、「共感と反感の原理」は「感情」にもとづく原理として、ベンサムが特に批判する原理である。ベンサムによれば、人がある「原理」の中に見出そうと期待するものは、行動をとる際の内的環境を正当化したり、その決定を導いていく何らかの「外的な」理由を指示する何物かであるはずなのに、この説は「感情」をその根拠として挙げる以外は、何物も示さない、「名前だけの原理」だというのである。ここでのベンサムの主張は善悪の基準が、当事者の感情という主観的判断によるものではないという、反主観主義の立場といえよう。ベンサムはこの議論に関連して、さらにイギリスで伝統的に論じられてきた、「道徳感覚」（モラルセンス）や「共通感覚」（コモンセンス）にもとづく道徳論も客観的根拠を示しえない説として否定する。

▼功利計算

反主観主義の立場は、「功利計算」という特異な「客観的」快楽の算出基準を考案する。行為によって生み出される快楽の「強さ」から、その「持続性」、「確実性」、「遠近性」、「多様性」、「純粋性」およびその影響を受ける人々の「範囲」という七つの基準である。ベンサムはこの基準にもとづいて、総計としてより多くの快楽が算出される傾向を持つ行為を、それが個々人の行為であれ、さらには立法または、統治上の決定であれ、行うべきだと主張するのである。そしてベンサムは、このように算出される、快楽（苦）の増大（減少）は、人間に課せられるある種の強制力（制裁）によって促進されると考える。物理的、宗教的、政治的、道徳的制裁と彼が呼ぶものである。そして具体的に算出される快楽（苦）には、人間の食欲や、性欲などが満足されたときに味わう「感覚の快楽」から、財産の所有に伴う「富の快楽」、「名声」、「権力」さらに「敬虔」による快楽、また他人に苦痛を与えることによって得られる「悪意の快楽」などまで（こうしたことの欠乏が「苦痛」の対象ともなる）が、挙げられている。

ベンサムがこのような項目を挙げ、議論の出発点とする理由は、これらが、現に人間を観察した際に見出される「事実」だということである。彼は功利原理の正当性に触れて、「功利性の原理に従わないような人間がいるはずがないし、過去においてもいたことがない」と主張する。いわば、この原理の正当性は「現実」に人々が行っているという、経験にもとづいた「事実」以外の証明を必要としないものだということになる。

▼結果主義　このような算出からは、当然ながら「算出結果」の重視が帰結する。ベンサムは、行為が何らかの「動機」に基づくこと、さらにその動機により「意図」が生まれ、その意図によって具体的行動が引き起こされることを認める。動機には、「快楽」を増大させる（または苦痛を回避する）「善い動機」と、苦痛をもたらす「悪い動機」とがあるが、行為を引き起こす「動機」が、絶対的に「善」であったり、「悪」であったりすることはないとベンサムは言う。動機が「善」か「悪」かの判断は、実は「結果」によるのであって、行為が悪い結果を生み出せばその行為を生じさせた動機も悪い動機ということであり、よい結果をもたらせば、よい動機と見なされると言うのである。ベンサムはあくまで計算によって算出される「結果」を問題とするのであって、動機の、さらには算出結果としての快楽の「質的」相違を考慮に入れることも拒否するのである。ここに、徹底した客観的原理としての功利原理が示される。しかし、この議論では個々の事情や、内的動機などを斥ける一方で、誰によってもたらされた結果も、あくまで均一に扱い、「全体の善」を各個人にとっての善の総計として換算する、個人を

「平等」な単位と見なす「個人主義」が機能していることにもなる。ここに、後に触れる「自由」とともに、現代社会において極めて重要な役割を担う「個人主義」「平等」といった基本概念が強く打ち出されていると考えられるのである。

② 功利主義の展開

ジョン・ステュワート・ミル（John Stuart Mill, 1806-73）は、ベンサムの強い影響下にあった父、ジェームス・ミルの徹底的な英才教育のもと、功利主義思想の後継者として育てられた。純粋なベンサム主義者であったジョンが、多くの精神的苦悩の後に新たな境地に達したとき、功利主義も新しい一歩を記すことになった。ミルはベンサムの強調する「経験」が、結局は実際の経験に裏打ちされたものではない点にベンサムの限界を見た。現実社会の中で人々が苦悩する「経験」を、ベンサムは結局知ることがなかったというのである。

もちろんミルは、ベンサムの功利主義の原理、「最大多数の最大幸福」を踏襲している。また、ミルにおいても幸福は、快楽、あるいは、苦痛の不在を意味し、不幸とは苦痛を、そして快楽の喪失を意味する。ここから、ベンサム流の快楽主義を見て取ることができる。また、ミルの議論の中でも後年しばしば取り上げられることとなった、「功利原理」の証明においては、ベンサム同様、「何かが望ましいことを示す証拠は、人々が実際にそれを望んでいることしかない」という、いわゆる「事実」と「当為」の一致を主張している。しかし、ミルがまずベンサムに見た欠陥は、快楽の質的相違の無視である。「満足した豚であるより不満足な人間であるほうがよく、満足した馬鹿であるより不満足なソクラテスである方がよい」とミルは言う。ここでは明らかに、快楽の質の差異が認められていると考えられるのである。

すでに見たように、ベンサムの「快楽計算」では、行為の動機は無視される。どのような理由で行為したかは考慮されず、それから切り離された結果だけを問題にした。しかしミルは、徐々にこのような単純な「計算」を斥けるようになる。例えば、ある行為から具体的な結果（外部的）が生まれなくとも、その行為を行ったことによって感ずる充実感は、どうするのか。確かにこれは外的に見れば何の結果ももたらしていないように考えられる。しかし行為者の心理面には、この「充実感」はある種の効果（結果）をもたらしているのではないか。こうした「内的な結果」も行為の「結果」と考えるべきではないか。こうしたミルの主張は、もっともな指摘であり、ベンサム流の単純な形式的議論の欠陥をついていることは確かである。

▼「内的」結果

ミルは、「快楽」に認められる「差」について、例えば次のようにも主張する。すなわち、「高貴・高級」な「有資格者」が選ぶ快楽は「高級」であるというのである。このような「差」を認めたとしても、「功利主義の原則」にとってなんら問題は生じないという。なぜなら、功利主義が問題にするのは、行為者個人の最大幸福ではなく、幸福の総計の最大量であり、したがって、高貴な人が、その高貴さのゆえに全体の幸福の増加に貢献するなら、まさに功利主義の成果が現れていることになるのであり、社会すべての人々が高貴な性格を持つにいたったとき、功利主義の目的が初めて実現されるはずだというのである。ここでは、ベンサムの画一的「計算」によって算出された「総計」とは、明らかに異なる考えが窺える。

さらに、ミルにおいて「功利原理」は、「行為者個人の幸福」から「関係者全部の幸福」へ、すなわち「他人の善のために自分の最大の善でも犠牲にする」ことをも考慮した原理へと拡張されていく。ただミルは、次の点も忘れない。すなわち、犠牲それ自体が「善」ではないという点である。「幸福の総量を増やさない犠牲、あるいは増やす傾向を持たない犠牲」は無駄だとミルは強調する。功利主義が認める「自己犠牲」、「自己放棄」はただ「人類の全体」あるいは「人類の全体の利益の範囲内にある個人」の「幸福またはその手段への献身」となる場合に限られるというのである。したがってミルの考える「功利原理」でも、個人が中心に置かれていることに変わりはない。

▼功利主義と直覚主義

しかし、それでは快楽の質を区分する根拠は何か、また「動機」の違いを行為の評価にどのように反映させることができるのか。この点で、ミルの議論が十分な説得力を持っているかどうかは、また別の問題であろう。ここでの「高貴」や「高級」という意味は何であろうか。この辺の説明が十分になされているとは思われない。また、このような「功利原則」に従う義務感、あるいは、強制力の根拠についても、ミルはベンサムと異なった考えを示している。ベンサムが挙げたいわば外的な四つの制約に対し、ミルはいわば内的な感情である「良心」を重視する。ミルによればこの感情の存在は「人間本性における事実」だというのである。ミルはこうした感情（おもいやり、自尊心など）がいささかの「神秘性」を持ち、主観的に作用することを認める。そしてこのような感情が、結局は直観的にしか捉えられない以上、功利主義は、直観を重視する「直覚派の倫理学」に近いとの認識を持つにいたるのである。

▼現代の功利主義議論

最初に述べたように、功利主義の考え方は、現在の社会の様々な場面で行動選択の原理として機能している。またその適・不適をめぐる議論も活発に行われている。自由や平等をめぐる議論をはじめ、功利主義の原理そのものの性質についても検討が加えられている。特に最近の議論では、功利主義の原理と公共政策における「選択決定」の議論との関わりが取り上げられている。

たしかに、全体的価値基準を失った今日、「最大多数の最大幸福」は、われわれの行動の決定に、ある種の合理的根拠を提供してくれる。しかし一方、例えばこの「幸福」（ベンサム、ミルにおいては「快楽」、あるいは「苦痛の欠如」）とは何かと考えるなら、この原理もそれほど明確な基準を提供してくれるわけではないのである。本当にわれわれは快楽を幸福と考え、それを最大化することを善と考えているのか、人生の目的と考えているのかという疑問が生まれてくるし、むしろ、「幸福」は人々により様々に考えられているのである。また「欲すべきもの」が「欲せられる」という主張にしても、必ずしもわれわれは本当に欲するものを、現実に欲し、獲得するわけでもない。そう考えると、功利主義の原則が必ずしも、われわれの選択行動を説明してくれるとは言えないのである。さらに、一番の問題は、功利主義の原則には、どう考えても多数者優遇の原理が働いており、少数者への配慮が欠けているのではないかという疑問である。このような疑問は例えば近年の「公正」をめぐる議論などに見られる。

いずれにしても、今日の混乱した社会に新しい秩序を求める様々な議論に、功利主義が提起した問題が関わっているのである。その意味で、功利主義は今なお「生きた」理論として、われわれに様々な問いを投げかけているのである。

（高頭直樹）

【参考文献】

Anthony Quinton, *Utilitarian, Ethics*, Duckworth, London, 1989.
Ｊ・Ｒ・ディンウィディ、『ベンサム』日本経済評論社、一九九三年。
世界の名著38　『ベンサム、Ｊ・Ｓ・ミル』中央公論社、一九六七年。
小泉仰『ミル』世界思想家全書、牧書店、一九六四年。
Ｗ・Ｋ・フランケナ、『倫理学』世界の哲学2、培風館、一九六七年
Ｊ・ロールズ『正義論』紀伊國屋書店、一九七九年。

第十一章　実存主義

「実存」(Existenz〔独〕、existence〔仏〕)」は中世のラテン語 existentia に由来する言葉で、元来は人間に限らず事物一般の現実の存在を意味していた。それが十九世紀のキルケゴール以降、人間存在を名指す言葉として使われるようになり、実存主義あるいは実存の哲学として思想上の一潮流を形作るようになった。思想家によって、人間存在としての実存の意味はかなり異なるところがあるが、そこに共通項を探し求めるならば、現代という時代の大衆化状況に抗して、個々の人間としての自己とその主体的な決意の意義を取り出しているという面が指摘できるだろう。ここではキルケゴール(Søren Kierkegaard, 1813-55)、ヤスパース(Karl Jaspers, 1883-1969)、ハイデガー(Martin Heidegger, 1889-1976)、サルトル(Jean-Paul Sartre, 1905-80)の四者を取り上げる。

1　キルケゴール

▼情熱のない時代と主体的真理

キルケゴールは現代を情熱のない時代と捉える。情熱のなさゆえに、決断と行動ができなくなり分別だけが発達する。そこでは妬みが蔓延する。人はみな同じようになって水平化し、匿名的なもの、無名のものとなる。現代の水平化と無名性は個人の代わりに集団、大衆が、人の数が力をもち、支配するようになったということを意味する。しかし、大衆や世論は以前とは正反対のことを言い出すように、摑みどころのないものであり、しかも何をし、そこから何が起ころうとも、決して責任主体として名指されて具体的な責めや罰を受けることはない抽象的なものである。キルケゴールに言わせればそれは幻影である。そして大衆の気に入る情報を流布して、このような大衆、世論の支配を助け、世論と一体のものとして、同じように幻影的なものが新聞などのマス・コミなのである。

ひとが情熱をなくして水平化して大衆のうちに埋没するというこうした事態に対して、キルケゴールは「単独者」、このひとりの人間ということを強調する。単独者は一人ひとりのこの私であるから、キルケゴールは「私にとって」の真理、主体的真理を強調することになる。「私にとって真理であるような真理を見出し、私がそのために生き、そして死にたいと欲するような理念を見出すことが大切なのだ。いわゆる客観的な真理などを探し出してみたところで、それが私に何の役に立つだろう」（一八三五年八月の日記より）。例えば、世界史というような、自己の外の世界のもの、客観的なものを思惟し、それで事足れりとするような客観的思惟は、この私を問題にする主体的な思惟とは逆方向のものとして、キルケゴールにとっては主体から目をそらせかねない疑わしい思惟のあり方である。客観的な真理を追究する客観的思惟は自己の外にあるものが何であるかと問う。それに対して主体的な真理を追究する主体的思惟は自己を問う。つまり物事に対する私の関わり方を問題にする。たとえ自己が関わるものが客観的には真理であっても、それに関わる自己のあり方は非真理でありうる。ある客観的な真理にまったく情熱を見出せないにもかかわらず、それを大事にする素振りを見せるのは虚偽であるとするのが主体的真理なのであり、主体的真理は情熱のうちにあるのである。

現代という時代が情熱をなくすこと、そうして大衆化していくことの根底に、キルケゴールは宗教的に一人ひとりが神の前に立つという自覚の喪失を見る。情熱の高まりは、無限なもの、永遠なもの、神に関わるこの私のうちにあるとキルケゴールは考えるのである。主体的な真理とは「無限性の情熱」、無限なものである神にもとづくこの私の情熱のことなのである。

▼絶望と信仰

無限性の情熱は無限者である神にもとづくゆえに「信仰」とも呼ばれる。キルケゴールは自己のうちに有限なものと無限なものの対立関係、また可能的なものと必然的なものの対立関係をみる。人間は永遠や無限なるものを望見するものであるが、同時に時間的であって有限である。したがって、例えばいかなるときにも死の可能性が待ち受けている。また様々な可能性をもつと同時に、逃れられない必然的な物事とともにある。自己とは、精神として、こうした対立関係自身に関係するもの、つまりこうした対立関係を自覚するものである。こうした自己のうちで絶望か信仰かのあれか―これかが現れる。絶望とは自己のうちなる対立関係にある二つのものの一方が欠け（そうして他方も非真実なものとなる）、二つのもののバランスが崩れていることを意味する（例えばまったく可能性を見ずに必然性に固執したり、無限性を意識せず有限性だけを意識するといったように）。絶望は意識面から見ると、まったく自覚されないこと（絶望を自覚しない絶望）や、自覚されてもそれから目をそらそうとすること（「弱さの絶望」）があるが、絶望が最高度に自覚された在り方が、自己の内なるバランスの欠如を自覚的に固執しようとする絶望（「強さの絶望」、反抗）である。それは自己を自ら創り出したのではないという自己の有限性から目をそらし、自己の無限性しか見まいとすることにおいて、自己をこの世界のうちに措定した無限者、すなわち神を否定する。そういう自己であろうとする。信仰とはこうした絶望の反対の状態を意味する。つまり自己を自覚することのうちで自己を措定した神のうちに自己の根拠を置くことである。それは、自己のうちに措定されてある二つのものの対立関係がよく見え、対立関係にあるそれら二つのものがともに引き受けられている状態である。信仰においては、自己を思惟することのうちで無限者、永遠者である神への関係が、自己を世界に置き入れた者にもとづくこととして保持されるのである。

▼実存の三領域

キルケゴールは一人ひとりの人間、単独者の在り方を「実存」と表現する。この言葉を明確に人間に使うことでキルケゴールは実存の哲学の祖となった。キルケゴールの「実存」は、具体的で個々別々な在り方をし、一般的、抽象的な規定では収まり切らないものである。またそれは時間のうちにあって生成し、具体的状況の中であれか—これかのいずれかを決断し、あれを選ぶ自己あるいはこれを選ぶ自己となりながら生きていくものである。さらに実存は、時間的なものと永遠的なもの、有限なものと無限なものという対立した二つの面からなるものを意味する。主体的真理とはこうした実存において実現される真理であるが、実存は生成し有限的な面をもつゆえに、永遠者、無限者、神はその点では不確かなものともなり、永遠者と関わる主体的真理もまた不断に追究されねばならなくなる。無限者はただ情熱の極致である決断の「瞬間」にのみ主体に限りなく接近するのである。

こうした具体的で生成する実存を度外視し、忘却しているような思惟をキルケゴールは抽象的な思惟として批判する。抽象的思惟は、例えば思惟と存在との同一を唱えるが、実存は言語という一般的なもの、普遍的なもので充分には表現されえず、言語と不可分である思惟では捉えきれない。自己反省する思惟がなければ決断を行いえないのであるが、それでも実存は根本的には思惟と一致しないという思惟の困難を自覚することは、主体的な思惟の一つの特徴なのである。

キルケゴールは人間存在としての実存に、美的領域、倫理的領域、宗教的領域の三つの活動領域があることを指摘している。美的領域において人間は自己反省を欠く直接的、感性的な存在であり、感性美、富、名誉、健康、才能などの感性的物事の可能性を際限なく追求していく。これに対して倫理は、自己反省しつつ現実のものに関わっていく在り方を意味する。これはキルケゴールにあって二つの異なる意味をもたされている。一つは普遍的なもの（家族や職業など）のために自己自身を捧げ、普遍的なものと一致して生きる在り方のことである。もう一つは、実存である自己自身を思惟していくということである。後者にあっては、自己は、おのれの実存に関わる自覚的な「実存する者」であり、普遍的なものとの関わりにおいてではなく、個人、単独者として重要なのである。この意味での倫理は実存を自覚的に問うが、実存は無限者と有限者の綜合であるゆえに、これは宗教（無限者である神に関わる）へと連関する。キルケゴールが「実存」の名のもとで客観的な思惟や抽象的思惟を批判するとき、実存はこの意味での倫理的・宗教的なものである。

宗教は絶対的なものである神に絶対的に関わること、つまり世界内のあらゆる物事を犠牲にしてでも関わることを意味する。そしてキルケゴールは宗教を「宗教性A」と「宗教性B」に区別している。宗教性Aは神を自己の内面に求める在り方であり、これは自己の有限性ゆえに神に絶対的に関われない自己を見出して苦悩せざるをえない。それに対して宗教性Bは神を自己の外に、つまり人間となった神、イエス・キリストに見出す。Aにおいては内面性に徹することで人間の側から神に近づこうとするのに対して、Bにおいては反対に神の方が（人となって）人間に近づくのであり、人間自身は神から離反する存在、つまり罪ある存在であることが自覚されるのである。神が人となるということとは、客観的に考えると不可能なことであり、不条理であるが、信仰の主体的な情熱は、いかなる客観的な確かさももはやもつことのないこの不条理に面して、その極致まで高まるとキルケゴールは見ている。この情熱は、主体性は非真理である（自己は罪人である）ということから発している主体的な真理なのである。キルケゴールは、いかにキリスト者になるか、という課題を自身のものとして思索したのであるが、宗教性Bにおける宗教的実存はそうした方向での思索の形を示しているのである。

▼間接的伝達

主体的な真理は直接には伝達できず、その伝達は「間接的伝達」であるとキルケゴールは言う。主体的な真理を探究する思惟は自己自身に向かう方向をもつ。それが言葉となって他者へ向けて表現されるとき、それは客観的なものともなる。主体的な真理が言語のうちで他者へ伝達されようとするとき、それは主体の方向と客観の方向という矛盾した二重の方向に引き入れられざるをえないのである。しかしその他者へ向かう客観的な表現は、本来、主体的なものへと目を向けることのうちでのみ、その真理性をもつものである。さらには、主体的真理は実存のうちにあるものとして常に生成の途上にあるのに反して、客観的なものとされると、それは固定的なものになる。キルケゴールが直接的な伝達を批判して「間接的伝達」と言うのは、伝達は主体的真理そのものを、あたかも物品を右から左へ手渡すように、直接に手渡すようなものとなりえないからなのである。したがって、もし人が真理を直接に他者に手渡すことを自己の最高の使命と見なすなら、それは自己と他者の目を神から引き離すことによって、自己、他者、神の三者いずれに対する裏切りともなるとキルケゴールは考える。表現を受け取った者は、自分自身で一人ひとり別々に神の前に立つことによって主体的真理を実現せねばならず、他人からそれを受け取ることはできないのである。

2 ヤスパース

▼包越者

科学的思惟が研究する存在は他の存在と区別される有限な「対象」であり、何らかの感覚を通じて明らかにされうる。それに対してヤスパースが「包越者（包括者）」（das Umgreifende）と名づける存在、哲学において思惟を通じて明らかにされる存在は、対象を越え包む非対象的な存在であり、自らの外に何ももたないような全体的なものである。それはあらゆる対象がそこに存在する場として空間に譬えられ、またあらゆる対象がそこから現れてくるものとして「根源」とも呼ばれる。その際に、「対象」は包越者の現象と捉えられる。思惟はつねに対象的な面をもつから、包越者を明らかにする哲学的思惟は、対象（現象）を通じて非対象的な包越者を明らかにし、対象と思惟を超え出ようとする思惟として（ときに循環、矛盾、同語反復といった科学上は斥けられる思惟方法を用いながら）、間接的に包越者を射当てようとする。こうして、対象を超えた包越者を思惟することによって、われわれは世界内の有限な対象への囚われから脱して、有限な対象のように消滅していくのではない本来的な存在を探求するのである。

包越者は様々な様態、在り方で示される（「包越者論」（Periechontologie））。それは大きくは、存在それ自身である包越者と人間存在の包越者との二つに区分される。存在それ自身である包越者は、さらに「世界」と「超越者」（Transzendenz）の二つに分けられる。「世界」はあらゆる対象の全体、対象の総体としての包越者である。世界という包越者はその部分である対象からなり、その対象は生成消滅するのに対して、そうした部分としての対象性、無常性をもたず、そうした意味でそれ自体は絶対的に非対象的で（それゆえ人格的でもない）永遠的な存在が超越者（神）という包越者である。

人間存在は、その心のうちにあらゆる存在が現れる、いわば場所であり、その意味で一つの包越者である。人間存在の包越者は五つに区分される。一つは食欲や性欲といった生存欲の根源である「現存在」（Dasein）、二つには科学的に（普遍妥当的に）思惟する「意識一般」（Bewußtsein überhaupt）、三つには共同体（国家や大学など）や芸術作品において調和や一致の理念を求める「精神」、四つには本当の私、真実の自己である「実存」、五つにはすべての包越者を開明する哲学的な思惟であり、すべての人との「交わり」（コミュニケーション）を求める意志でもある「理性」である。そして人間存在は、現存在、意識一般、精神においては世界という包越者に関わり、実存という包越者においては超越者に関わる（理性はすべての包越者に関わる）というかたちで、存在それ自身である包越者と連関している。

▼実　存

人間存在の包越者の諸様態のうちで、人間にとって根本的なものは、本来的な自己である実存という包越者の在り方である。実存は人間がただ単にそこにいれば存在するようなものではなくて、人間がそれに成りうるものであり、それゆえ実存は「可能的実存」としばしば表現される。実存のこの可能性を自覚させるものが「限界状況」である。それは人間の力でどうしても変えることができず、それに突き当たって挫折するしかない状況のことである。例えば、自ら選ぶことなくこの時代に生まれ、この親をもったりするということ、死や苦悩を被るということ、闘わざるをえないということ、負い目（罪悪感）をもたざるをえないことといった状況である。限界状況に衝撃を受けた人間が自己の内面の在り方を問うとき、実存は生成し始める。そして「限界状況を経験することと実存することは同じである」（『哲学』）と言われるように、限界状況に面しながら、（限界状況の背後に超越者を望見しつつ）確固とした自己の内面を求めていくことが実存の在り方なのである。

実存が成りうるものであるとは、それが決意のうちにあるということでもある。実存的な決意は特定の具体的なものを選ぶものである。この特定のものを選ばないと自己ではなくなるゆえに、その決意は他人には代理しえないものとして感得され、実存はそういう意味で普遍化しえない。そういう決断のうちでは、誰に言われて選ぶわけでもなく、まさしく自分がそう欲するのだという「自由」の意識があるが、この自由は選ばねばならないという必然性の意識を伴うものである。そして選ばれたものは自己と一体のものとして、決して、たとえ死に面しても手離せないという意識があり、これは自己の生死を超える意識として永遠性を自覚させるのである。また、こうした決意においては決意の理由は根底的には知られない。もはや理由づけることができないにもかかわらず、人はその決意のうちで安らう。したがって実存は諸々の包越者の根源中、最も根源的な支えとして包越者の諸様態の「地盤」（Boden）と言われもするのである。

「実存は自己自身に関わり、そのことのうちでおのれの超越者に関わる」（『哲学』）と言われるように、実存は超越者との関わりのうちにある。実存は自己を問い、自己について決断するが、その自由な決断には超越者からの贈りがあるとヤスパースは考えるのである。自由（実存的な選び）が授けられ、贈られるというこの思想は、実存的な決断のうちで自己となるとき、自己の力だけで自己となることはできなかったのだということが思い知らされるということである。この贈りは、実存が感得する自由と永遠性を通じて、永遠者そのものである超越者からの贈りと捉えられる。実存の決断が自由と永遠性を感得するのは、決断の瞬間が世界（そこに存在するものはやがて消え去り、またわれわれを欲望のうちへの囚われの身ともする）を超え出た超越者に根底を置くものと捉えられるからなのである。こうした決断にもとづいて、かの限界状況（例えば死）も超越者に定められた自分のものとして引き受けられうるのである。

以上のような在り方をもつ実存は、ヤスパースによれば、他の実存との交わりのうちにのみ存在する。交わりのうちで相手の自己が自己となろうとするときにのみ、私も自己になりうる。実存がそこに存在するようになるこの交わりは「実存的交わり」と言われるが、それはそのつど二人の間で行われ、いかなる暴力性、権力意志、生存欲への関心をも斥けながら、腹蔵なく語り合うことを通じて、双方が実存的な決意のうちにあろうとすることなのである。

▼超越者の「暗号」　ヤスパースの言う超越者は、それ自体は絶対的に無限なものであり、また絶対的な「一者」、分裂なき存在として思惟される。したがって、包越者が区別されて分裂した諸様態として示されるときには、本来的な包越者、「包越者の包越者」として、つまり他の包越者をさらに包越するものとして思惟されることにもなる。

超越者（神）自身は絶対的に非対象的なものとして、いわば隠れてあり続けるから、神自身が歴史上の一点に人（キリスト）となって現れたとするキリスト教の啓示を、ヤスパースは（イエスや聖書に哲学的にきわめて高い意義を置くにもかかわらず）受け入れない。ヤスパースが自らの哲学における超越者への関わりを「哲学的信仰」と呼ぶのは、一つにはキリスト教神学の啓示信仰とのこうした区別を念頭に置いてのことなのである。

超越者はそれ自体としては世界を超え出たいわば隠れた神としてあり続けるが、しかし、ヤスパースによれば、（超越者自体ではなく）超越者のいわば言葉が、実存に聞き取られうるのである。これをヤスパースは超越者の「暗号」（Chiffre）と呼ぶ。世界内のすべてのもの（物、人、出来事、自然、歴史、芸術作品など）が暗号となりうるゆえに、暗号は多様である。暗号は普遍的な形をとって人々に伝えられていくものとしては神話や哲学思想などの形をとりうる。したがって、ヤスパースの暗号論は、神話的表象と哲学思想という現代においてその意味が見失われかねないものの意義をとり戻そうとする思想ともなる。暗号は世界内に現れるものとして対象性をもっているが、超越者に関わるものとして単なる対象とは異なる性格をもつ。暗号は実存の決断の瞬間においてあるだけで、現れては消え去る。また暗号は多義的で多様な解釈を許すものとなり、また世界内に存立しているある対象が暗号となるかどうかは、実存の内面の事柄として、外見から決められない。だから例えば、ある神話やある絵画なりが、ある人にまったく語りかける力を失って、無きも同然となるということが起こりうる。このように暗号は世界内の対象のように存立するものではない。

暗号は時間の進行のうちでは多義的となり、問いとそれを解読する努力のうちに置き入れられざるをえないにしても、実存の決断の瞬間には一義的に明らかになる。こうした瞬間が人生の全体を支えるような意味を与える。瞬間は消え去るが、実存的な瞬間は想起のうちで保持され、将来への道しるべを与えるものとなるからである。人はこうした瞬間からこうした瞬間へと生きる。

▼理　性

ヤスパースにおいて、実存とともに人間存在の根本的な在り方として語られるのが、人間の「理性」である。実存と同様に理性もまた人間のそのままの在り方ではなく、決意のうちで生ずるものである。それは対象を研究する意識一般（「悟性」（Verstand））とは異なり、対象を超越する思惟である。また統一への意志として、諸々の科学的知、哲学思想を連関させようとする理念として現れるとともに、あらゆる人々との対話を促進し、人々を結びつけようとする「総体的な交わりへの意志」でもある。

理性はあらゆる包越者を開明するものとして、いわば空間の空間といった性格をもつ。それは実体的に捉えられるものではなく、いわば無限の空間を開く無限の運動である。こうした理性の性格に相応して理性の「雰囲気」が語られる。理性は人間のあれこれの特定の言動を総体として包む開放的、包容的な雰囲気を名指す言葉でもあるのである。

ヤスパースにあって理性は実存と対極的な性格をもつものとして語られる。実存がある特定の具体的な物事に集中するのに対して、理性は諸々の可能性を最大限考えようとする。また実存の交わりはそのつど一対一であって、その範囲は限定された狭いものにとどまるのに対して、理性はあらゆる人とのコミュニケーションをはかろうとする。暗号は実存にのみ聞き取られるが、暗号は多様であるから、暗号を聞き取ることのうちには実存の間での精神的な闘争が生じることにもなる。それに対して理性はそうした実存間の対立にあって、それら対立する実存を結びつけようとする。実存が特定の暗号のうちで超越者に関わるのに対して、理性は諸々の暗号を超え出て一者としての超越者を目指し、あらゆる実存相互の交わりを促進しようとするのである。理性のこの試みは、例えば、先に述べた（具体的な実存や暗号や個々の信仰などを開明するのでなく）人間存在一般の構造を描き出そうとする包越者論や、信仰や信念の相違などにもかかわらず、すべての人が対話に参加しながら共に生きる政治形態としてのデモクラシーの理念として現れるのである。

実存と理性とは両極的な人間存在の在り方であるが、「実存は理性によってのみ明らかになり、理性は実存によってのみ内実をえる」（『理性と実存』）と言われるように、実存と理性は不可分である。諸々の可能性を理性的に広く考えないところでは、どの特定のものを選べばよいかははっきりしない。反対にただ広く可能的なもののみを考えるだけでは、内面的に空虚になる。一つの具体的なものへと自己を投入することが、そこには必要なのである。

そういう意味で、理性のいわば広さと実存のいわば深さとは相補い合って存在するのである。

キルケゴールにあって実存が思惟と一致しえないものであったように、ヤスパースにあっても実存も理性も単なる概念ではない。だからヤスパースは自分の著書の読者に向かって次のように言うのである。「読者にとって重要なのは……自らを再認することなのであって、教授できるように取りまとめられた知の成果を取得することではない」（『哲学』）。実存も理性も、もし本当にあるとしたら読者自身のうちにしかないからである。

3 ハイデガー

▼「世界内存在」としての現存在

ハイデガーは人間存在のことを「現存在」（Dasein）と呼び、現存在は「世界内存在」（In-der-Welt-sein）とも呼ばれる。これは、現存在は世界と不可分な連関をもって存在しており、この連関は二つの物体の間に想念されるような並列的で分離しうる関係とは異なっているということである。現存在はいわば世界に開かれ、そして世界を開く存在なのであり、このゆえに世界内部の諸々の事物を使用したり、それらの意味を理解したり問うたりしうるのである。

ところで、世界内存在として、現存在は、気がついたときには常に既に世界のうちに投げ入れられており、ある事実的な在り方をしている。これを現存在の「被投性」（Geworfenheit）という。現存在はまた世界に関わっているとともに、自らに関わり、自らを存在させるという面をもつ。現存在が自己関係のうちで関わり存在させるこの自らの存在は「実存」と呼ばれ、自らを存在させるこのはたらきは「投企」（Entwurf）と言われる。実存は現存在の在り方であり、自らへの関わりにおいて可能性をもつ存在である。現存在は被投性においては「事実性」に関わるのに対して、投企においては自らの「可能性」に関わる。そして自らを常に何らかの仕方で存在させる現存在は、日常的には世界内部の存在者（ハンマーや車やテレビや……）のもとでそれら事物に目を奪われるという形で実存している。このような日常的な現存在の在り方は「頽落」（Verfallen）と言われる。

被投性と投企と頽落の可能性とは現存在（世界内存在）のうちで結びついていて分離できない。投企は必ず被投性のうちにあるし、現存在は世界のうちへと投げられて世界内部の諸存在者のもとで自らを存在させるゆえに頽落することにもなる。そして根底的には現存在の被投性と投企と頽落は、現存在の「時間性」のうちに根拠づけられることになる（被投性は「既在性」、投企は「将来（到来）」、頽落は「現在」という時間の在り方に連関している）。

▼「死へと関わる存在」と「ひと」

現存在は「死へと関わる存在」とも呼ばれる。現存在が関わる自らの可能性のうち、誰も代われない、最も自己に固有の可能性は、自己の死という可能性である。現存在は「不安」という（現存在の根本的な在り方を示す）根本的な「気分」のうちで、自らが死の可能性に関わることを示す。不安は、恐怖と違って、世界内部の事物存在に向けられてはいない。そういう意味では、不安の対象は回りを見渡してもなく、人はなんとはなしに不安になるのである。実はこの気分のうちで現存在は自らが無くなる、つまり死ぬ可能性を不安がるのであり、死の可能性が顕わにする頽落した自己の頼りなさを不安がるのであり、死の可能性に面することが呼びかける、頽落とは別の可能的な在り方（本来的な実存）を感じて不安がるのである。現存在は世界内存在している現存在自身を不安がるのであって、死の可能性をはらみ、自らの可能性に関わる現存在は、こうした不安から逃れられない。

頽落する日常的現存在は自己の死の可能性を感ずることによって世界内部の存在者の無意味性を感じ、自己自身の無意味性を感じて不安がるが、逆にそのように自己の無意味性を感じ不安になることがまた世界内部の存在者への頽落をもたらしもする。つまりおのれの死の可能性から目をそらし、不安でなくなるように世界内部の様々な存在者に目を奪われようとする。

そのような頽落する日常的な現存在の在り方をハイデガーは「ひと」（das Man）と呼ぶ。それは非本来的に（uneigentlich）、つまりおのれの（eigen）在り方ではない形で実存することである。それは世間に流通している既成の観念を語る「おしゃべり」、新奇なものをひたすら追い求める「好奇心」、真正なものを捉えない「曖昧さ」のうちにあり、すぐれたもの、例外的なもの、深遠なものをならして平均化する。そこでは人は誰でもなく、責任ももたない。「ひと」はただ語り、ただ目新しいものを追いかけるのであるが、それというのも、「ひと」はおのれの死の可能性に立ち還るのを避けて安心していたいがためなのである。

▼「良心」と「先駆的決意性」

しかしハイデガーによれば現存在のうちにはおのれの死の可能性に面するように呼ぶ声がある。これは他の誰でもない、現存在自身が自らに呼びかけるのであって、死の可能性から逃避しようとする現存在の非本来性（日常性）から死の可能性に面する現存在の本来性へ、本来的な（eigentlich）、おのれの在り方をした実存へと呼ぶのである。ハイデガーはこれを「良心」と呼ぶ。これが、

ハイデガーによれば、良心とは、現存在の取りのぞくことのできない無力さ、欠如、非性（Nichtigkeit）を顕わにし、そこに負い目を感ずるように呼ぶ声である。現存在の被投性においては自分の思うままに自分と世界とを創りだせるわけでないという無力さを、投企においては選び取る可能性は一つであってすべての可能性を選び取ることはできないという無力さを、頽落においては本来的な在り方ではないという欠如を良心は顕わにし、そこに責めを感ずるように呼ぶ。良心のその呼び声に答えて現存在は良心をもとうと決意することができる。「決意性」と呼ばれるこの事態は、被投性における有限性を引き受け、一つの可能性を選び取るべく決意し、決して止むことはない非本来的な在り方への誘惑のうちで本来的な実存へと向かおうとすることである。それは同時に、いかなる可能性をも召し上げてしまい、絶対的な無力さを顕わにする死、そうした死の可能性へと投げ入れられているという被投性を引き受けることであり、すべての可能性が失われるこの死の可能性に迫られて、一つの可能性を選ぶことで

あり、死を忘れた誰でもない「ひと」から最も自己固有の可能性であるおのれの死に面する自己となろうとすることである。非本来的な現存在が不安から逃避しようとするのに対して、これは死を含む様々な無力さのうちでの不安にはっきりと直面しようとする。おのれの死の実現に先駆けて自らの死の可能性に面するこうした決意性をハイデガーは「先駆的決意性」と呼ぶのである。

▼「存在」への問い

以上はハイデガーの主著『存在と時間』から死をめぐる思想を中心に述べたものであるが、この著作の中心には、諸々の存在者と現存在をも存在せしめながら、それらを越え出てもいるような「存在」への問いがあり、こうした存在を現存在という存在の在り方から開示しようとするのがこの著作のねらいであった。この著作以降のハイデガーにおいても「存在」は中心問題であり続ける。そこでは実存（Existenz）は「脱-存」（Ek-sistenz）とも表記され、「存在の開けのなかに立つことを私は人間の脱-存と名づける」（『ヒューマニズムについての書簡』）と言われもする（ek とはラテン語 ex の語源であるギリシャ語で「外へ」を意味する）。脱-存とは存在が開示される場へと人間が立ち出ることを意味する。そして存在の開示は、その隠蔽と忘却を含めて、根本的には、人間ではなく存在自身の動向、贈与によるとされるのである。

4 サルトル

▼「対自存在」としての人間の意識

サルトルは存在に「即自」（en soi）と「対自」（pour soi）の二つの型を区別する。われわれに意識される存在は何であれ、存在すると言われる。この「存在する」と言う場合の存在を、サルトルは「即自存在」（être-en-soi）と呼ぶ。これは「存在はそれがあるところのものである」（『存在と無』）と言われる存在である。それはいかなる否定性、無も帯びることのない全き肯定性である。こうした完全性のゆえに、それは変化も生成もよせつけず、その存在以外いかなるものも、その存在の根拠も要せず、（したがって偶然に）ただ在る。

これに対して、人間の意識はそうした即自存在とは区別される在り方をしており、「対自存在」（être-pour-soi）と呼ばれる。それは「それがあるところのものであらず、それがあらぬところのものである」（『存在と無』）存在である。意識は自らに対するという在り方をもつが、それは意識は自らから脱し、自らを越え出ていくという「脱自的」な在り方をもつからである。そして意識は何ものかについての、そして自らについての意識として、意識の対象との間、意識自らとの間に距離をもっており、この距離にゆえに意識は、その対象では無いもの、自らでは無いものとして現れる。意識は即自存在（あるところのもの）ではあらぬのであり、無を産みだすはたらきそのものとして、あらぬところのもの（無）である。そうしてそれは今あるようにはないものとなり、また今ないものでやがてあるようになる。こうした自らを脱して変化、生成してゆく在り方を、サルトルはまた「自由」とも呼ぶのである。つまり自由とは人間の意識そのものの性格なのである。

対自存在は不断に無を、すなわち、～でない、～がない、をいわば分泌するが、この無いことの根底には、それが即自存在では無いということがある。対自は即自で無いこととして現れるのである。こうした形で即自存在と対自存在は、対自である意識のうちで根源的に連関している。そして即自ではないという対自のこの現れにおいて、対自は即自であろうと欲求する。「人間存在は、即自でありたいという欲求である」（『存在と無』）。対自存在である人間は、対自でありながら即自であろうとし、対自と即自の統一を企てる。つまり、対自存在における無は欠如を現し、この欠如ゆえに、対自存在はこの欠如をなくそうと欲求する存在であるということである。さらにこれは、自本来根拠をもたない（偶然的な）即自存在の根拠に対自存在がなろうとするということでもある。人間の意識が自由で在るということ、あるいは過去の存在、身体の形態などの存在は、即自的な（不変で偶然そうある）面をもつ存在であるが、対自存在はこうした即自的な在り方を意識上で根拠づけ（価値づけ、意味づけ）ようとするのである。意識でありながら（対自）、意識をもたないようにある（即自）という矛盾した企てとして、これは決して終結しない企てであり続ける。

▼無神論的実存主義

サルトルは自らを「無神論的実存主義者」であるとする。「実存」とは、サルトルにあって、人間の対自存在の在り方を示す言葉である。そうした実存の特質を彼は「実存は本質に先立つ」（『実存主義はヒューマニズムである』）とも表現する。例えば、ナイフのような事物の存在の場合、その本質は、つまりそれの製法や、その製法や性質などによってなされるナイフの定義は、ナイフが存在する前に既に存在する。しかし人間の本質、人間が何であるかは、人間が存在する前にあるのではなく、人間の存在の後に人間によってつくり出されるのである。人間にとってそれはまた、人生の意味や価値はあらかじめあるのではなく、人間によって初めてつくり出されるということをも意味している。

人間自身が人間の本質をつくり、人生の意味をつくるがゆえに、実存主義はヒューマニズムであるとサルトルは言うのであるが、このことはまた神の不在として言い表されもする。「もし神が存在しないならすべてが許される」（『実存主義はヒューマニズムである』）というのが実存主義の出発点なのである。神が存在しないだけでなく、考え方と行為のいかなる一般的な指針も存在しない。一般的な指針の不在のもとで、個々人が自らの意味を創造するというこのことは、人間の自由を意味してもいるのだが、しかしこの創造の仕事は厄介な仕事でもあるがゆえに「人間は自由の刑に処せられている」（『実存主義はヒューマニズムである』）とサルトルは言うのである。

人間の本質と人生の意味の創造は、一人ひとりの責任となる。そしてこの一人ひとりの自由な考え方と行為とが全人類に関わるとサルトルは考える。それはひとりの人が自らの像を造るとき、その像は人間像として普遍化されざるをえず、また善きものと、しかも万人にとって善きものだと考えざるをえないからである。したがって、このような形で自らに責任をもつということは、全人類に責任をもつということをも意味しているのである。

（越部良一）

【参考文献】

松浪信三郎『実存主義』岩波新書、一九六二年。
工藤綏夫『キルケゴール』清水書院、一九六六年。
渡辺二郎編『ハイデガー「存在と時間」入門』有斐閣選書、一九八〇年。
H・ザーナー、重田英世訳『ヤスパース』理想社、一九七三年。
林田新二ほか『哲学へ――ヤスパースとともに』北樹出版、一九九六年。

第十二章　生の哲学

生の哲学は、十九世紀後半から二十世紀にかけての哲学の一潮流であり、「生」「生命」を強調して、抽象的、観念的合理性に対して批判的な姿勢をとるという特徴をもつ。こうした特徴は、「生」を科学的知性や理性では捉えきれない根底的、全体的なものとして強調すること、生のうちに見られる具体性、そして生成と運動に、抽象的な知性や理性が捉える不動性よりも優位を与えること、また根底的、動的、具体的な生に即したものとして、単なる知的な理解ではなく、直観、意志、情動、体験などを強調することなどにおいて現れている。ここではニーチェ（Friedrich Wilhelm Nietzsche, 1844-1900）とベルクソン（Henri Bergson, 1859-1941）の二者を取り上げる。

1 ニーチェ

▼解釈の多義性と実験としての生

「まさしく事実なるものはなく、ただ解釈だけがある」（『力への意志』）とニーチェは言う。ニーチェにとって「解釈」とは価値、意味を創りだすはたらきでもあり、そして解釈は多様である。「世界は別様にも解釈されうるのであり……世界は無数の意味をもつ」（『力への意志』）。唯一の事実なるものは、こうした解釈の多様性のうちで解消される。こうした解釈の多義性に相応しているのが「生成」の強調である。ニーチェにとって世界は不断に生成するものであって、謎に満ちたものである。それゆえ世界と人間を不動なものと見たり、一義的なものとする見方は強く批判される。

解釈の多様性、世界の多義性の主張は、従来の認識、従来の真理（それらはすべて一つの解釈である）に対する懐疑と表裏である。こうした懐疑の姿勢は「何ものも真実にあらず。一切は許されたり」（『道徳の系譜』、『ツァラトゥストラはこう言った』）という言葉となって現れ、また自らの人生を認識の実験場とする考え方を生むことになる。「人生は認識者の一個の実験であってよい。……「人生は認識の一手段なり」」（『悦ばしき知識』）。

こうしてニーチェは自らの新しい解釈、新しい意味、価値を提示しようとする。「お前は何を信ずるか。――あらゆる物事の重さが新しく決定されねばならないということを信ずる」（『悦ばしき知識』）。以下、この新しい価値創造の試みを見てみよう。

▼「弱者」の道徳への批判

自己と自己の住まうこの世界を肯定できない人間は、この世界にルサンチマン（怨恨）を抱き、この世界を悪として否定し、別の世界、彼岸的な世界に救いを求める。こうしたルサンチマンを抱く人間の行為は、抑圧されたり、虐げられたりすることへの反動として受動的であり、抑圧してくる外の世界の否定が先にくる。ニーチェはこうした人間を、自発的に行為する力をなくし、自由に行為しえない者として、「弱者」、「奴隷」などと呼び、そうした者の道徳を「奴隷道徳」と呼ぶ。そして、この世界とは違う神の国やイデア界を説くキリスト教道徳やプラトニズムは、そうした弱者が創りだした道徳であると批判する。そうした道徳のうちで、弱者は、例えば、無力さを善とし、臆病な卑劣さを謙虚とし、復讐することができないことを寛恕とするというように、自らの弱さを隠して自分の善さを捏造する。また、自信をもってこの世界と自己とを肯定する力をもち、彼岸などは考えない「貴族的な」「高貴な」人間にあっては、「敵」は自発的に求められ、またその敵は自らと同じく高貴な者であり、尊敬すべき人間でなければならないのに対して、弱者にあっては敵は「悪人」とされ、その反対物たる自分は「善人」であるはずだとされる。前者（「貴族的」人間）には最初から自己肯定と自発性があるのに対して、後者（弱者）にあるのはまず受身であり、他者（「悪人」）否定の形をとるしか自己肯定ができないのである。

▼下降する生と上昇する生

「意識は表面的なものである」（『この人を見よ』）とニーチェは言い、従来の思想はこの表面に過ぎぬ意識を過度に重視してきたと批判する。意識性への重視に対立し、生成の強調に相応して

ニーチェが持ち出すのは「生」である。それは意識性よりはるかに大きく全体的なものであり、その一断片である意識性を道具として利用する根底的なものである。そして「生とは力への意志（Wille zur Macht）である」（『力への意志』）。それは成長するものであり、そこにある「力」の増大ゆえに称えられる。こうした力が高揚する生が「上昇する生」と言われ、その力が衰退しながら生きることが「下降する生」と言われる。弱者の二世界的道徳説は下降する生が創りだすものであって、それはこの世界とは別の世界への信仰のうちでこの世の生を否定し、この世の生に対立する生となる（衰退する生であっても、生である以上、そこに力への意志が――例えば神の裁きがもたらす悪人の滅びという想念のうちで――はたらいているのであるが）。

ニーチェは現代を神の死んだ時代と見なすが、神の死とは、至高の価値が無価値になる事態を表しており、この事態をニーチェは「ニヒリズム」と呼ぶ。ところで生が下降と上昇の二つに分けられたように、ニヒリズムも「受動的ニヒリズム」と「能動的ニヒリズム」の二つに区別される。受動的ニヒリズムとは、従来の至高の価値を信ずる精神の力を失ったゆえに、そうした価値が無も同然になるという事態である。それは彼岸的なものを信ずる古い道徳、古い信仰にしがみつく生と同様、下降する生の在り方である。これに対して能動的ニヒリズムとは、精神の力が高揚し、従来の価値を乗り超えていくがゆえに、従来の価値が無も同然になることである。上昇する生とは、そのように従来の価値を超えて、新しい解釈のもとで新しい価値を能動的に創造していく生である。そのような形で上昇する生を生きる人間をニーチェは「超人」（Übermensch）と表現する。それに対して、下降する生を生きる

人間、価値の転換を知らず衰退していく人間は「おしまいの人間（末人）」と言われる。

上昇と下降との区別、それに連なる能動・受動、超人・末人の区別から分かるように、ニーチェにあって生は、ただ生きることに力点が置かれるのでも、単なる生存欲の強さゆえに価値ありとされるのでもない。それは、価値を創造する力を表現し、創造のある種の手段と化すことによって価値ありとされるのである。こうした手段と化すことにおいて、それは、生の苦痛や苦悩の創造的意義を認めることができ、さらには死の危険をもあえて賭けることにもなるのである。

▼「永遠回帰」

ニーチェは彼岸的な世界を否定し、ただこの世界のみを考え、そしてこの世界を生成の世界と捉えるが、この世界は、一切のものが、大いなるものも卑小なものも、まったく同じことが永遠にくり返されるとする。これが「永遠回帰」である。キリスト教的な時間解釈では、この世の時間と物事には始まり（天地創造）があり、終わり（神の国の到来）があって、歴史はこの終点を目的として進行する。彼岸的な神、神の国、この世ならぬ理想などを考える思想にとっては、それら彼岸的なものが人生の目的となり、そうした目的との関連で人生の様々な物事は意味を与えられる。だが永遠回帰する世界には、それ以外の世界はなく、そこには始まりもなく終わりもない。到達すべきものとしてのいかなる究極目的もそこにはないから、その限りにおいて、いかなる世界内の物事も意味はなく、価値はない。ニーチェはこうした一切の彼岸的なものと世界内の物事の価値の否定を伴う永遠回帰思想を「ニヒリズムの極限形式」（『力への意志』）であるとする。

しかしニーチェによれば、そのような永遠回帰を引き受ける意志こそが最高の力への意志となる。この意志の在り方は次のように表現される。「生成に存在の性格を刻印すること――これが最高の力への意志である。……一切が回帰するということは、生成の世界の存在の世界への極限的接近である――考察の絶頂」（『力への意志』）。永遠回帰においては一切の物事は（顔をそむけたくなるような諸々の物事を含めて）永遠にわたって回帰し戻ってくるのだから、根本的には何物も失われない（存在する）ゆえに、永遠回帰を引き受けることは、ニヒリズムの極限であると同時に、自己を含む一切のものの肯定、しかも無数にくり返される肯定として、最高の力を要する最高の肯定でもあるのである。

▼運命愛

ニーチェの様々な新しい解釈の試みの根底には、その試みがその回りをめぐり、そしてその試みを支えているものをいくつか指摘できよう。それは一つには誠実さであり、それは、例えば、従来の道徳の自己欺瞞に対する批判として現れる。さらには情熱、とりわけ愛という情熱である。そして誠実も愛も自己自身をめぐるものとなる（この点でニーチェの思索は実存の哲学に通ずる）。ニーチェは、「お前の良心は何を告げるか？——お前は、お前の在るところのものとなれ」（『悦ばしき知識』）と言う。そしてそれぞれの自己は、それぞれ唯一無二の自己であるべきゆえに、「私に従うな——お前自身に従え」（同書）と言うのである。

愛というものは肯定する情熱であるから、この自己をめぐる思索は、自己の世界の肯定という一点をめがけるものとなる。この肯定は「遊戯」を伴う。それが生の重さを軽くし、生を上昇させる必須のやり方なのである。従来の古い価値に従う「汝なすべし」の精神（駱駝《らくだ》に譬えられる）、そうした価値に反抗する「我欲す」の精神（獅子に譬えられる）を超えた精神の最高の在り方を、ニーチェは「我あり」と表現するが、それは幼な子の遊戯に譬えられるのである。こうした自己の世界の肯定は「運命愛」（amor fati）と表現される。「運命愛、これが私の最も内奥の本性である」（『ニーチェ対ワーグナー』）。ニーチェの様々の解釈の運動は、その核心部分に、おのれの運命を愛そうとするこうした態度を蔵しているのである。

2 ベルクソン

▼「純粋持続」と自由

ベルクソンにとって、人間の意識の本質的な、純粋な在り方は、不断の運動、流れであって、それは要素に区別できず、計量できず（量的ではなく完全に質的である）、過去、現在、未来が相互浸透しながら進んでいくものである。それは人によってそれぞれ独自のもの、個性的、唯一的なものである。それは不断に新たなものとなり、行為を創造しつつ自らを創造していき、前もって予見されえない。ベルクソンはこのような意識の本質的な在り方を「純粋持続」（durée pure）と名づける。

われわれがふつう知覚する物体、生命なき物質は、こうした持続とは反対の性格をもつ。それは見たところ不変、不動であり、様々に計量され、同じものがいくらも作られる限り、非個性的、一般的で取り替えのきくものである。それは他の物体から明確に区別され、何かを新しく創造することはなく、この先の状態が予見できる。ベルクソンの言う「知性」はこうした物質に相応しているものである。つまり知性は事象を静止させて不動なものとし、区分し、「空間」を考えて、区分された不動の諸点の必然的な関係を、一般的な言語を使って思惟し、表現することをその本質的なはたらきとする。知性が、例えば時間を考える場合、時間は他の点と区別された現在という点の連なりとされ、空間化され、量的に計測されるものとなってしまう。そうして過去と現在と未来との相互浸透の流れである持続（それは量的でも空間的でもない）を捉えそこなう。ベルクソンによれば、持続を捉えるのは、分割された諸点を思惟するこうした知性ではなくて、流れの全体を一挙につかむ「直観」なのである。

だが、知性もまた人間の意識の在り方の一つであるから、人間の意識は、知性のうちで物質性（空間）へ向かう方向と、直観のうちで純粋な持続へ深まる方向の二重の方向をもつと言える。物質性の方向へ行くほど、自己は過去と未来と、意識される回りの事物から切り離され、いわば分割され、知性の一般的な言語に合うように非個性化され、物的に考えられた（自己から切り離された）ものによって必然的に支配されるものとして現れることになる。反対に自己が純粋な持続の方向に深まるほど、過去、現在、未来のすべては自己と切り離せずに存在し、もはやそこに自己を強制すると言えるようなものはなくなってきて、それだけ「自由」に行為するようになる。ベルクソンの言う「根底的な自我」とはこうした自由をもつ個性的な自己なのである。

▼「生命の躍動」（エラン・ヴィタール）

意識は「生命（生）」に荷われている。植物の成長や人間の身体の成長からも分かるように、生命もまた不断に変化しており、しかも過去と未来の在り方を現在に含みながら変化し続ける。生命は新しい子孫を産み、そして生物進化において予測もつかない形で新しい種が生み出されていくことに明らかなように、生命の変化は創造的なはたらきでもある。ベルクソンはしたがって生命を意識と同じように「持続」と見なすのである。

物質も極微に見るならば不断に運動し、相互に影響を与え合い、変化し続けていると見られ、持続のいくばくかを保持しているとも考えられる。その限り、意識および生命と、物質とは、持続の程度の差として連続させられもするのである。つまり持続の高まる方向へ進めば生命および意識があり、持続の弱まる方向へ進めば無生物の物質がある。生命および意識は緊張、集中、運動の方向にあり、無機の物質は逆に弛緩、分解、停止の方向にある。物質は持続をなくすものとして、生命の流れの逆転、反対方向の流れであり、生命はこの物質の反対方向の運動を貫いて流れようとする。その過程で生命の流れは多様に分岐しながら物質を身にまとって予期しえぬ形で様々な生物種を創り出していく。これがベルクソンのみる生物進化の本質的なありさまである。例えば新しい生物種の出現に見られるような、生命の流れの創造的なありさまを、ベルクソンは「生命の躍動」（エラン・ヴィタール、élan vital）と呼ぶ。生命の無数の流れの根源には一つの生命のエラン（躍動、飛躍）があり、それが無数のこの流れのうちに伝わっていくと考えるのである。そしてベルクソンにあっては生命は展開すれば意識となるものであって、例えば植物という生命体は事実上は意識をもたないのであろうが、それは生命のエランが物質に妨げられ、生の流れが充分に展開しえなかったためであり、原理的には生命は意識と同類なのである。

▼「閉じた道徳」と「開いた道徳」

ベルクソンによれば、人間と昆虫の膜翅類（ミツバチやアリなど）は、社会形成の有能さ（人間は主として知性を利用することにより、膜翅類は本能による）からして、生物進化の分岐した流れの二つの先端に位置している。人間の知性が物質に適合しており、機械を作成して物質を支配し、言語を使って社会をつくるのは、生命の流れにもとづいた生命維持のはたらきによる。人間社会は個人の生命維持とそれを保障する社会の維持を目指して様々な責務を、しかも安易に変えられない不変不動のものとして、人間に課す。こうした責務が道徳と言われる。この意味での道徳は生存の維持という本能的なものにもとづくのであるから、この道徳は（知性を利用するにしても）知性以下のものと言われる。これは知性を得た人間のエゴイズムを、自分だけが生存の利得を得ようとすることを抑える社会的圧力なのである。ところでこの意味での道徳は限定された範囲の集団、家族、部族、都市、国家などといった集団しか顧慮せず、決して人類全体を顧慮するものではない。自らの属する集団以外の個人や集団に対しては、それは敵対する姿勢を少なくとも可能性としては保持している。

ベルクソンによればしかしこれは道徳の一つの在り方にすぎない。これと違った本性をもつもう一つの道徳は、単に限定された範囲の集団を相手にする（そして敵を作り出す）のではなく、あまねく広がる愛（例えば人類愛）を説くものとして現れる。先の道徳は限定された社会、「閉じた社会」のもの、「閉じた魂」の「閉じた道徳」であるが、後者の道徳は「開いた社会」のもの、「開いた魂」の「開いた道徳」であるとベルクソンは言う。両方の道徳とも根源的には生命の流れにもとづいているのだが、前者はその流れを不変的な責務へと固定化し、後者は生命の流れの源泉にある生命のエランの動きそのものであろうとする。生命の流れのこの根源は、やはり純粋持続と同様なものとして、決して対象的に、固定的に捉えられないから、この開いた道徳は、そしてそこでの情動たる愛は、知性以上のものなのである。そして、前者（閉じた道徳）は、社会の全体が非人格的に圧迫を加え、多数の責務を課せば課すほど、力を増すのに対して、後者（開いた道徳）は、選ばれた少数の人格によって掲げられて人々を招き入れ、その様々な指示は、この特定の人格の統一的な個性にもとづけばもとづくほど、力を増すのである。

▼「愛の躍動」（エラン・ダムール）

「開いた魂」の愛は人類愛を説くが、それだけでなく、動物、植物、さらには全自然にまで拡がろうとする。それはあらゆる対象を超え出た愛そのものであろうとするのである。それはこの魂が全宇宙の生を創造した根源的な生命のエランそのものからその力を汲み取ってくるからなのである。こうした魂の愛の在り方をベルクソンは「愛の躍動」（エラン・ダムール、élan d'amour）」と呼ぶ。

開いた魂の道徳へ近づく道を、ベルクソンは、宗教的、神秘的なものとする。この場合の宗教は「動的宗教」と呼ばれ、「静的宗教」と区別される。静的宗教とは、死などに対する生存の不安を抑えるために、知性が空間的に描く不動の諸表象を信じ、他の神とは区別される神を信ずる宗教、他と敵対しうる集団、閉じた社会を形成するような宗教である。動的宗教（あるいは「神秘主義」）では、神は生命のエランの根源として、すべてを包む愛のはたらき、動きとして直観される。動的宗教は、開いた道徳と同様、やはり選ばれた少数の個性（例としてイエス・キリストや、聖パウロ、聖フランシスなどが挙げられる）の動的なはたらき、行為によって広められる。この個性の魂は神を愛すが、この歓喜そのものである愛は神の愛と一つであり、根源的な生命のエランと一つになった愛である。この愛は神への愛であると同時に万物に対する神の愛なのでもある。生のエランの創造的な力は、物質に阻まれて至るところで停止してしまったが、ただひとつ人間のこうした愛の躍動のうちでその前進を続けることになったとベルクソンは考える。根源的な生命のエランはあらゆる生命の存在理由なのであるから、こうした愛こそが、生のいずこより来たり、またいずこに向かうのかを人間に教えてくれるものなのである。

【参考文献】

O・F・ボルノー、戸田春夫訳『生の哲学』玉川大学出版部、一九七五年。

山崎庸佑『ニーチェ』講談社学術文庫、一九九六年。

三島憲一『ニーチェ』岩波新書、一九八七年。

ヴィエイヤール＝バロン、上村博訳『ベルクソン』文庫クセジュ、白水社、一九九三年。


（越部良一）

第十三章　マルクス主義

1 フォイエルバッハ

▼フォイエルバッハにおける神と人間

人間の行為・行動は動物のそれとは異なる。どの点において異なるのか。人間は、他の動物と異なって、人間の類や人間の本質を対象化し、それを意識することができる。動物は個体としての自分を対象化しても、類としての自分を対象化することはできず、そのため自己感情はもっても、自己意識はもっていない。人間は自分を一方で、制限された有限性として意識しながら、他方で類の完全性や無限性を対象化し、意識する存在である。そしてこのような人間の類を意識しているからこそ初めて、科学、芸術、宗教が、人間において成立すると、フォイエルバッハ（Ludwig Feuerbach, 1804-72）は考えた。

このフォイルバッハの考えに従うと、神的実在とは、人間的本質である人間の類的本質が対象化されたものにすぎない。例えば、神的な三位一体とは、人間の中の本来的人間性が、すなわち人間の理性・道徳的意志・人類愛が、神として対象化されたものにすぎない。人間が人類としての人間的本質を対象化し、さらに対象化されたこの類的本質を神へ転化したものが、宗教の真の本質なのである。だがしかしこのような宗教の構造においては、人間は自分の類的本質を自己の外に、自己から超越した神として立てているにもかかわらず、逆に自分の人間的本質はこのような超越神から与えられていると見なされているために、結果的には人間自身が自分自身を疎外しているという状況を生み出しているのである。そのため神が富むことは、人間が貧困になることであり、神が全であるためには人間は無でなければならなくなる。人間が悪で堕落して無力であるのに対し、神は善で全能だということになる。

フォイエルバッハのこの唯物論的人間観に従うと、人間にとって最も根本的な本質、すなわち人間を動物と区別する本質は、自己意識のさらに基礎をなす現実的、物質的な、人間的感性である。たしかに人間には猟犬やカラスのような嗅覚はない。しかし人間の嗅覚はあらゆる種類の匂いを包括しており、特殊な匂いに左右されない感官である。このように個別性に制約されない、直接的な欲求に拘束されない感官は、独自な意味と価値をもつ。例えば、人間の胃は決して動物的なものではなく、人間的なものである。なぜなら、それは特定の種類の食物に制限されていない、普遍的なものだからである。換言すれば、人間の意識の基礎には人間的感官の普遍性が、人間的欲求の普遍性が存在している。つまり人間がただ思考するだけの存在ではなく、現実に空気や水、光や食物を求めているのであり、呼吸し、飲み、見、食べるといった現実の肉体をもった感性的存在にほかならないからである。

▼人間的感性の道徳

以上のことを念頭に入れながら、フォイエルバッハの倫理学を考えてみれば、それは人間的感性の道徳性にもとづいていると言えるだろう。人間の自由と必然性、意志と物質的欲求（自然）との関係は、人間が亡びないためには食わねばならず、人間が栄養を必要とする存在であることから分かるように、人間の自由はこのような欲求と対立しているのではない。欲求を否定し、それを克服するかのように考える意志自由論は、当然のことながら、フォイエルバッハによって拒否される。人間はたしかに自らの意志によって行動し、自分を規定していくが、しかし、それはあくまでも物質的欲求との関わりの中で行われる自己規定にすぎないのである。言い換えれば道徳の原理は、フォイエルバッハによれば、まさに物質的欲求を充足させようとする幸福への欲求であり、この幸福欲のみが人間の行為の必然性と自由を、物質的欲求と意志とを結び付ける紐帯なのである。

善は幸福欲の肯定であり、悪は幸福欲の否定である。感性は、われわれが罪を犯すための器官であるだけでなく、また罪を治すための治療手段をも与える器官である。たしかに悪徳を引きおこす刺戟は感性であるが、しかしまた、悪徳の帰結に対する嫌悪も感性である。フォイエルバッハはたしかに幸福欲や感性的欲求を強調した。しかし注意しなければならないことは、それは、粗野な、貪欲な利己主義なのではないということである。彼は、『宗教の本質に関する講義』（一八五一年）において自分の倫理学の原理を「利己主義」と規定しているが、それは、自己利益のみを眼中にもつ、通常のエゴイズムではなく、社会的利害、人類愛とも一致するところの「理性的なエゴイズム」である。こうしたフォイエルバッハの人間論や倫理観は、その後のマルクスに大きな影響を与えた。

２ マルクス

▼マルクスのフォイエルバッハ批判

マルクス（Karl Marx, 1815-83）によれば、このようなフォイエルバッハの「理性的エゴイズム」についての主張は、個人的利益と社会的利益の調和的結合についての可能性を論じながらも、ブルジョアジーとプロレタリアートとの正反対の利害をもつ社会階級の分裂構造の視点が欠如している。換言すれば、フォイエルバッハは、「理性的エゴイズム」が成り立つためには政治的・社会的諸問題がいかに密接に関係しているかを理解していなかったのである。フォイエルバッハにはなぜ政治的社会的視点が欠如していたのだろうか。マルクスによれば、フォイエルバッハは、対象をただ感性的欲求を充足させるだけの消費物としてのみとらえ、人間の労働という実践的行為が対象を変化させ、それが社会構造との関わりの中で行われるという点を、把握していなかったためである。つまりフォイエルバッハは対象を労働という人間の社会的実践領域から切り離したのである。フォイエルバッハは「神の本質は人間の類的本質にすぎない」と論じ、宗教的本質を人間的本質へと解消しながらも、この人間の類的本質が歴史的・社会的諸関係における労働として把握するのではなく、そこから切り離された抽象的な人間の個体として把握したにすぎなかった。そのため宗教的疎外は市民社会における労働とその疎外の必然性による産物であることを認識することができず、その疎外を廃棄するための現実的条件を把捉することもできなかったのである。フォイエルバッハは、神や絶対理念とは実際には人間から疎外された人間の類的本質にほかならないということを洞察しながらも、類的本質の回復という人間疎外の解決は、ただ教育や啓蒙による人類愛にゆだね、これによって人間の自由を回復すると述べているにすぎないのである。そのためフォイエルバッハの社会に対する把握は、階級の対立や矛盾をもつ歴史的存在としてではなく、没歴史的な、抽象的、自然的な「愛の宗教」による個人の共同体としての社会にすぎない。人間的自由の回復を歴史的社会的枠組みの中での労働との関連で把握するという社会科学的視点が、フォイエルバッハには欠けていた。近代市民社会の労働の重視という視点を、マルクスはヘーゲルから学び、自らの人間観の展開に利用することになる。

▼マルクスにおける人間疎外の克服

マルクスは、国民経済学の批判的研究を通して、フォイエルバッハの『将来の哲学の根本命題』と『哲学改革のための暫定的命題』から読み取った国民経済学批判の理論的基礎を使って、資本主義を永久に必然的な、自然に与えられたものとして把握する国民経済学の限界を指摘した。ここではマルクスは私有財産およびここから派生するいっさいの問題を生み出すのが、「疎外された労働」であるという認識に到達する。国民経済学は私有財産という事実から出発するだけで、この事実についての解明を行わないのである。言い換えれば、国民経済学は、生産における労働の重要性を認識しながらも、労働の本来の魂であるところの類的本質を認識せず、労働を私有化し、私有財産を生み出すための労働としているにすぎない。その意味で、国民経済学はただ単に疎外された労働の法則を語っただけなのである。マルクスによれば、労働は元来人間の社会的本質、類的本質を対象化する働きである以上、労働によって対象化された生産物は社会的なものであるにもかかわらず、その生産物は私有化され、私有財産となっている限り、労働は本来の類的本質から疎遠となり、疎外として現れている。そして、それがそうであるのは、そもそも労働者の労働そのものが自己疎外された活動になっているからである。したがって労働者は人間の類的本質からも疎外されてしまっているのである。だから、そこでは労働者は人間の本質たる労働の中で、自分が肯定されていると感ずることがなく、むしろ否定されていると感じ、幸福を感ぜず、むしろ不幸を感じ、自由な肉体的、精神的エネルギーを発揮せず、かえって肉体をそぎ、精神を破滅させるのである。このためにブルジョア社会では、労働者は労働を離れたときに自分を取り戻し、くつろぎを感じ、家庭において安らぎを感じることになる。そのため労働者は食べたり、飲んだり、生んだり、せいぜい住んだり着たりすることにおいて、極言すれば、まさに動物的な機能においてのみ、自分は自由な活動をしていると感じ、逆に、類的本質を顕現する人間の活動では、ただもう動物としての自分しか感じていないという転倒した状況が生まれるのである。

マルクスによれば、このような人間的本質の完全な疎外を示している宗教的（観念論的）疎外や政治的疎外、経済的疎外が解消されるためには、私有財産を基本とする社会構造を廃棄しなければならない。マルクスは『ヘーゲル法哲学批判』において、初めてこのような私的所有関係の革命的廃棄、人間の疎外の回復が、ただプロレタリアートの革命的運動によってのみ可能であることを明らかにした。そのため人間の全面的疎外を生み出す私有財産的特権や階級的搾取から、社会全体を、人類全体を解放するための条件として、ブルジョア社会におけるプロレタリアートの革命運動が必要となる。したがって労働を労働者の手に取り戻すことが、人間としての普遍性、人類愛、連帯性を回復することとなる。

資本の否定、階級対立の廃棄による社会主義社会の実現、社会の生産手段の個人的私有から人民的共有への移行によって、労働者の生産手段からの疎外は基本的に廃棄される。労働者が自らの労働によって作り出された生産物は、彼ら自身の所有となり、彼らの労働は自分自身の労働になる。これによって対立する社会関係は、連帯する共同体となり、人間は自分の個人的活動の中で自分の中の類的本質、人間的本質、社会的本質を確認し、人間の本質的力が解放される。またプロレタリアートが国家権力を掌握し、生産手段が社会的共有となるとともに、社会から人民から切り離された、つまり支配階級の搾取の手段としての国家は、基本的に全人民の国家となり政治的疎外は廃棄される。自分の人間的本質、自分の社会的本質を確認することによって、過酷な階級支配に対する絶望から生まれる信仰、宗教的疎外も消滅することになる。

▼マルクスにおける人間の自由と労働

以上述べたことについて、マルクスは自由の実現をどのように考えたのかという倫理的観点から、その論点をもう一度整理しておこう。マルクスによれば、人間が行為・行動をする際の本質的要因は、個々の内的な動機よりも、むしろ労働のあり方を映し出す経済基盤、社会構造であった。そのため例えば、宗教における神を信ずるという行為は、現実社会における人間疎外の問題であり、宗教における人間疎外はこの現実社会から派生した問題にすぎないということになる。したがって宗教における人間疎外を解決し、宗教的価値観による拘束から人間の自由を回復するためには、この問題をひきおこしている現実社会における人間疎外を克服しなければならない。マルクスによれば、社会の秩序や社会の諸制約を構成しているのは、社会の物質的生活手段を生産する労働の形式である。マルクスの倫理観の一つの特徴を示すものは、労働は単なる欲望充足のための手段ではなく、人間が人間としての類的本質を自覚させるためのものでもあるという点である。動物と異なり、人間は労働によって人間として存在することができ、労働によって社会を形成し、労働によって人類の歴史を発展させてきた。その意味で労働には、人間としての社会性が、他者との連帯性が示されており、利己的な欲望充足を超えた人間としての類的本質が示されている。

ここには自利と利他の共通の基盤である善が成り立っている。ところが近代のブルジョア社会では、この労働を一方の人々が自由に支配し、他方の人々は自らの労働を手放し、支配をうけている。人間の類的本質を照射しているはずの労働が、もはや一方が他方を支配するための労働にすぎず、人間の全体性を、共通の善を映し出すこともない。ブルジョア社会では、人間の全体性が、資本家と労働者とに分割され、対立しあい、人間に共通な善は引き裂かれている。労働者が自らの労働を資本家に譲渡することで賃金を受け取る社会構造では、人間は労働において自らの類的本質を確認し、他者との連帯性を自覚することはもはやできず、互いに分裂しあった個々の利害を得るために、自利に奔走するにすぎない。ブルジョア社会では利己的な利害関係だけが存在し、その利害間の関係は支配―被支配、あるいは調整にすぎず、人間としての共通の善という道徳意識は、抑え込まれているのである。自らの労働によって人間としての本当の姿から逸脱する人間疎外の下では、真の道徳意識は回復されない。ブルジョア社会では人間は、労働によって自利と利他の共通の基盤を意識するのではなく、逆に個人的利害の世界に埋没し、道徳的意識を喪失していくのである。

▼社会変革による自由の実現

このようなマルクスのブルジョア社会への批判に対し、ブルジョア社会の自由市場経済では、個人の企業心は解放され、個人の活動は自由であり、行動の自由は保障されているという反論も成り立つ。しかしマルクスによれば、ブルジョア社会でのこの個人の自由な活動は、幻想にすぎない。なぜなら、ブルジョア社会の経済のあり方では、実際はその個人の自由は、私的利益獲得のための自由であり、人間としての道徳的意識の顕現の自由ではないからである。換言すれば、私的所有が個人的利害として社会連関の中心的役割をしている限り、道徳的自由は無効にされ、その展開もまた阻害されているからである。人々は、自分たちの個人的生活領域において、自由に行為していると思っているが、しかし実際は、労働者が自らの労働力を賃金として資本家にその支配をゆだねている限り、またこのようなかたちで経済・社会が構造化されている限り、人々は労働によって他者との連帯性という人間的本質、道徳的自由を実現することはできない。むしろこの自由の分裂によってすべての人々が分かち合う善や正義は成立せず、私的利害をめぐる階級の対立となって現れるのである。したがってブルジョア社会においては、二つの社会的集団、支配階級と被支配階級が存在し、それぞれが、自分たちの自由と要求の実現を目指している。その結果、道徳律は、それぞれの階級の社会生活内に求められ、諸階級を包括するような超越的規範は存在しないことになる。そのためこれらの道徳律はそれぞれの階級に存在するだけで、諸階級間の関係を規定することはできない。社会における階級間の対立は、決して道徳的規範としては解決されないのである。

マルクスによれば、社会の階級闘争に関して、道徳的判断へ訴えることは的外れであるだけでなく、人を誤らせることになる。というのも道徳的判断に訴えるということになれば、それは誰に対して訴えることになるのだろうか。搾取する者たち、富者に対してであろう。しかし彼らは彼らの階級の規範に従って行動している。そして、たとえブルジョア階級の篤志家が個人的に人類愛をもって貧者に対する施しや寄付を行ったにしても、それは一部の貧者救済にすぎず、根本的解決とはならない。この種の人類愛では社会の階級構造を変えることはできない。道徳に訴える、良心に訴えると言われるとき、それは常に現に存続している社会秩序の形式を前提にしている。そのため、階級対立から生じた諸欲求や諸要求は、社会構造そのものに根ざしている限り、すべての人々に妥当する善や正義を実現するためには、新しい社会形式、社会秩序が、求められねばならない。マルクス主義では道徳の実現は、社会変革の問題として捉えられねばならないのである。

【参考文献】

河上睦子『フォイエルバッハと現代』御茶の水書房、一九九七年。
藤巻和夫『フォイエルバッハと感性の哲学』高文堂出版、一九九〇年。

柄谷行人『マスクスその可能性の中心』講談社学術文庫、一九九〇年。

柄谷行人『マルクスの現在』とっても便利出版部、一九九九年。

松田賀孝『人間・宗教・国家――マルクス主義の本義をさぐる』勁草書房、一九九三年。


（八田隆司）

第十四章　プラグマティズムの倫理

① プラグマティズムの誕生

今日、哲学を語る場合、アメリカ哲学を無視することはできない。しかし一〇〇年ほど前まで状況はかなり異なっていた。新興の地アメリカは、あらゆる点で、長い歴史と伝統に支えられたヨーロッパ文化に遅れをとっていた。哲学的思索においても、この遅れは否定しがたい事実であった。しかし、十九世紀末から二十世紀初頭にかけ、いわば「新興国の遅れ」を利するかたちで、その独自性を基に、ヨーロッパの伝統的哲学とは異なる「プラグマティズム」（この名称は、ギリシア語の「行為」や「行い」を表す「語」に由来する）と呼ばれる、特異な哲学を誕生させたのである。

▼アメリカ生まれの哲学

プラグマティズムの特徴としては、「現代科学と哲学の融合」さらに「科学的探究方法の民主主義社会への適応」を挙げることができるであろう。すなわち、プラグマティズムとは、一つの教説をとりあえず「仮説」と設定し、経験というテストを通じ不断に批判的再検討を続けていく、実験科学のプロセスと手順を、アメリカという民主主義社会の政策決定の手段にまで拡大した特異の思想、あるいは探究方法と考えられるのである。またそれゆえにプラグマティズムは、ヨーロッパで育まれてきた哲学的伝統を批判的に洞察し、特異な方向へ進むことにもなった。

▼統一的な「思想」なき哲学

　実際、プラグマティズムに、何か「イズム」が予想させる統一的な「思想」があるわけではない。プラグマティズムの生みの親と言われるパース、さらにジェームズ、デューイの思想の間には大きな違いも存在する。ジェームズによる「プラグマティズム」の通俗化は、生みの親パースを怒らせ、以後パースは自らの立場を「プラグマティシズム」と称して、ジェームズの「プラグマティズム」から区別したことが知られているのである。ただそのような多様な思想においても、前記のいくつかの特徴は、このアメリカに生まれた哲学が持つ共通した特徴として挙げることができるであろう。

2 プラグマティズムの特徴と倫理思想

　それでは、プラグマティズムを代表するパース、ジェームズ、デューイの思想的特徴を倫理との関連で見ていくことにしよう。一般にパースはプラグマティズムを意味の理論に、ジェームズは真理の理論に発展させたとされている。そしてデューイは、先の二人の思想を、政治哲学や社会哲学、教育哲学へと発展、展開させ、特にパースの影響のもと、道具主義と呼ばれる、疑念を確実な信念へと導く探究過程の確立に特に強い関心を持っていたと考えられている。

▼プラグマティズムの「格率」

　プラグマティズムの「生みの親」でもあるパース（Charles S. Peirce, 1839-1914）は、「プラグマティズムの格率」と呼ばれる基本テーゼを提示している。それによれば、ある対象の概念を明瞭に捉えるためには、その対象が、どんな効果を（とりわけ我々の行動との関わりで）もたらすかを考察する必要があるというのである。なぜなら、こうした効果についての概念こそ、その対象についての概念と一致するはずだという。例えば、「砂糖は水に溶ける」という言明の意味は、われわれが砂糖を水に入れたら溶けるという砂糖の「習慣」が実際に起きて、われわれが観察できるか、あるいは「起こりうる」、または「起こらねばならない」という意味だと考えられる。そして、そのような出来事が、われわれが行うこと、あるいは行いうることに関わるというのである。その結果パースの意味への関心は、ある行為へと向かう傾向性や習慣としての「信念」についての考察に関わっていく。

彼は日常的行動における「疑念」と「信念」の関係を「探究」の過程として説明する。われわれは、信念を保持している場合、その信念にもとづき行動する。しかし、ひとたび信念に確信が持てない状況に接したとき、すなわち疑念が生じ、行動がとれなくなったとき、新たな信念の獲得が必要となる。パースはこの「疑念から信念に達しようとする思考の努力」を「探究」と呼んだのである。彼は探究の方法として、自己の願望の実現だけを願う「固執の方法」「権威の方法」のほか、「先天的方法」「科学の方法」を挙げるが、その中でも「科学の方法」が主観的選好や趣味を斥け、客観的事実にもとづく信念へと導く探究の最終的方法と見なされているのである。この「科学の方法」には、きわめて重要なプラグマティズムの特徴が含まれていると考えられる。それは、現在いかに確証が与えられている仮説・理論も、将来覆される可能性を秘めているとする「可謬主義」の立場である。

▼科学的探究

パースは、科学的探究が何らかの信念を前提（仮定）としてスタートしなければならないことを認める。しかしその信念は異なった状況において、修正を必要とすることもありうるのである。この意味で、いかなる信念も「誤っている可能性がある（可謬的）」ことを免れない。しかしパースはここで懐疑的態度をとるわけではない。たしかに、多くの科学者は、異なる仮定を持ち、異なる方法を用い、異なる結果を得ており、その見解をめぐり一致した結論に到達してはいない。しかし、探究が十分の長きにわたり、しかも責任ある、可謬をわきまえた精神（fallibilistic spirit）で継続されたなら、すべての科学者が同意するよう運命づけられているもの、すなわち「実在」の存在を想定するのである。そしてこの探究の方法こそ、哲学もまた採るべき方法だとパースは考えたのである。

この方法によれば、倫理的探究も当然、個人的経験を超えた、普遍的目的を目指す、いわばカント的性質を持ったものとなる。そして、決して容易ではないであろうが、十分に探究が継続されれば、いずれ収斂するところに倫理的探究の目的があるという構図が描かれることになるのである。

▼ジェームズのプラグマティズム

ジェームズ（William James, 1842-1910）はプラグマティズムの通俗化の元凶のように見なされることも多いが、彼の『プラグマティズム』なくしては、この名称自体が広く普及することはなかったであろう。「真なるものとは、我々の思考の仕方における便宜にすぎない」と解される彼の真理論は、例えば、「Pを信ずることの結果が、人間にとってよいというのであれば、Pは真である」と理解され、事実世界の存在を一切認めない、「懐疑主義」と酷評されたのである。しかし近年ジェームズに関する再評価が進んでおり、「可謬主義」にもとづいた真理の探究方法に関し、パースとの類似点も指摘されている。

ところで、ジェームズは、医学、生理学から心理学に、そして哲学、宗教研究へと関心を広めていったことが知られている。その経歴からも推測されるとおり、彼においても、倫理的探究は科学的探究方法を念頭においたものであった。『プラグマティズム』（一九〇七年）に先立って公刊された『道徳哲学者と道徳生活』（一八九七年）では、倫理学と物理学を対比しながら、倫理学が究極的真理を前提に出発するのではなく、物理学がそうであるように、さしあたりわれわれに奉仕する「仮説」から出発しなければならないと指摘している。

ここにはたしかに、パースに見た可謬主義的探究方法が主張されているものと考えられる。しかしパースが主張した、最終的な収斂点としての「実在」を想定するような、いわば、絶対主義的傾向はそれほど強くない。ジェームズの中には、「道徳的懐疑論」や、「きまぐれな個人的標準」を克服しようとする強い意志はあるが、それはパースとは少し違った方向を目指しているようにも考えられる。そこでは道徳の進歩が、より多くの人々の直接、間接の経験に照らし、初めて承認されていく点が強調されていると考えるべきであろう。道徳はその意味でまさに科学同様、経験（実験）を通して、その客観性を獲得することができるのである。ジェームズにとって、探究によって求められる信念は、あくまで「社会の安定」に資すべき「習慣」であって、この習慣は日々の人々の様々な経験によって形成されるものなのである。またジェームズは人々それぞれが、行為者であると同時に傍観者として世界にあり、それぞれが相互作用しあい形成するところにこそ道徳の意義があり、道徳的決断の意味もあると考えているのである。

▼デューイのプラグマティズム

デューイ（John Dewey, 1859-1952）は、プラグマティズムの方法を広範な問題へと適用する。彼もまた先行したパース、ジェームズ同様、自然科学の方法に強い関心を示し、特にパースの強い影響のもと、独自の探究の理論を考案したのである。デューイの方法に見られる特徴は、彼がダーウィンの進化論の影響を受けている点である。デューイは人間を生物体と捉え、生物体がその存在環境において不確定な問題状況に直面したとき、その問題を解決していく過程を「探究」と考えたのである。デューイの描いた探究の過程は六段階から成る。(1)不確定な状況、(2)問題の設定、(3)問題解決のプランの決定、(4)推論、(5)テスト、そして(6)保証された主張可能性、である。それではこのような過程は倫理問題においてどのように機能するのであろうか。

デューイは人間と環境が対立した関係で存在していると考えてはいない。例えば社会は、いわば各個人をその一部として、あるいは各個人の連続体として成立している環境であり、人間はその中で「社会的存在」として生きているのである。そのような状況で個人と社会の相互作用から「習慣」が生まれる。習慣はある種の行動規制として作用するとともに、われわれの自我さえ構成するのである。有機体としての人間は、自然環境により、様々な制約を受け障害を与えられている。生命を維持するためにはこうした状況に適応しなければならないのである。しかしデューイにとって、適応は環境に屈服するという、消極的行動とはならない。むしろ、それは、生命の維持と生存を目指し、好ましいものを選び取り、好ましくないものを拒絶するという、積極的行動なのである。ここでは「道具」としての知性が活躍することにもなる。問題解決を目指し、新たなプランを立て、仮説を設け、「保証された主張可能性」を探るのである。

デューイは人間の行動を普遍的に規制する規範の存在を否定する。道徳の目的はあくまで「成長や改良や進歩といった過程」だというのである。道徳にとって目的は、到達すべき最終点ではない。それは、様々な問題をはらんだ現実の状況を変えていく永続的で積極的な過程なのである。人間はその過程を経ることにより成長する。この成長こそ唯一の道徳的「目的」だというのである。

また別の箇所で、「道徳的善や目的は、何かがなされなければならない場合にのみ存在する」とも言っている。いわば道徳的徳目は、あくまで各個人が遭遇する具体的状況での難事を具体的に解決することに有効であるという点において道徳的意味を持つのである。唯一の最高善や最高目的といった抽象的、普遍的概念が想定されているわけではないのである。しかし、といって各個人の各状況における道徳目的が乱立した状態を想定しているのでもない。ここではデューイが「社会的存在」として人間を捉えていることを思い起こす必要があるだろう。

▼民主主義とプラグマティズム

プラグマティズムは、アメリカという独特な社会を背景として発展してきた。プラグマティズムは自然科学と民主主義社会をアナロジーで捉える。そこでは「公共の場」における合意形成の過程が大きな役割を担う。たしかにその過程は、実際の状況ではきわめて複雑であることはいうまでもない。「合意」の形成には、相互の批判、モニタリングやチェックを続けていかなければならないし、試行錯誤を繰り返していかなければならないのである。これがいわゆる民主主義の方法である。これは少し楽観的すぎるとも思われるかもしれない。しかし、現代のアメリカ社会にも見られるように、彼らはこの方法にきわめて強い自信を抱いて、この制度化した民主主義の理念を堅持しているのである。

「道徳的目的」がこうした民主主義の手順によって、合理的な根拠にもとづき合意されることは、そう容易ではないだろう。しかし、様々な価値が存立し、相互の衝突が危惧されている現在、「可謬性」を受け入れ、時間をかければ十分に到達するであろう合意を信じ、根気強い探究を続けることが今ほど要求される時代はかつてなかったのではないだろうか。この意味で、プラグマティズムの示した探究の過程が、相互理解のためのコミュニケーションの方法として、再評価されることの意義はきわめて大きいといえるであろう。

（高橋直樹）

【参考文献】


Putnam, *Pragmatism*, Oxford U. P., 1995.

Sheffler, *Four Pragmatists*, RKP London, 1974.

魚津郁夫『現代アメリカ思想――プラグマティズムの展開』放送大学教育振興会、二〇〇一年。

世界の名著48『パース、ジェームズ、デューイ』中央公論社、一九六八年。

ジェームズ、福鎌達夫訳「信ずる意志」『ウイリアム・ジェームス著作集』2、日本教文社、一九六一年。

デューイ、河村望訳「倫理学」『デューイ＝ミード著作集』10、人間の科学社、二〇〇二年。

デューイ、東宮隆訳『人間性と行為』春秋社、一九五三年。

デューイ、清水幾太郎・清水禮子訳『哲学の改造』岩波書店、一九九九年。

マギー編、高頭直樹ほか訳『西洋哲学の系譜』晃洋書房、一九九三年。

ラッセル、市井三郎訳『西洋哲学史』みすず書房、一九五六年。

笠松幸一・和田和行編『二一世紀の哲学』八千代出版、二〇〇〇年。

理想 No. 669『特集　プラグマティズムの現在』理想社、二〇〇二年。

第十五章　メタ倫理学

1 メタ倫理学とは何か

二十世紀の倫理学を特徴づける探究方法に、メタ倫理学と呼ばれる方法がある。メタ倫理学の「メタ」は、元来ギリシア語で「あと」を意味する。しかし、この言葉は、「メタフィジック」(これは本来、アリストテレスが『フィジック(自然―物理)』の「あと」に扱った部分という意味であった)が、日本語で「形而上学」と訳されたように、欧米においても、「上」や「超」の意味を含むようになっている。したがって、メタ倫理学では、倫理学の「高階」(high-order)の問題、すなわち、具体的に「何々が正しい」、「どうあるべき」といった問題ではなく、「正しい」とか、「べきである」といった概念の意味や定義とは何か、「倫理的判断」は他の判断と比べどのように異なる特性をもっているのか等、倫理的問題を高次のレベル(メタレベル)で探求しようとする学的スタイルがとられるのである。

▼メタ倫理学の成立

このような探求方法は、以前になかったわけではない。古くは、ソクラテスやプラトンの議論の中にも類似の議論を見出すことはできる。ただ、二十世紀に入り、いわゆる分析哲学の方法が広まるとともに、言語や概念の分析を通したこの方法が、倫理学の問題の考察にも一つの方法論として広く受け入れられることになったのである。倫理学へのこのような方法の初期的適用は、分析哲学の開祖の一人と目されるケンブリッジの哲学者G・E・ムーア(George E. Moore, 1873-1958)の議論に中に見出すことができる。彼は

『倫理学原理』において、「何が善であるか」（What is good ?）を問うことこそが倫理学の主要課題であるとした。しかしこのような問いには、「よいものは何か」という問いと「善とはどういう性質であるか」という問いが、混在しているように思われる。ムーアは、この問いの本来の問題は、「何がよいもの（good things）か」と問うているのではなく、「よい」という述語の意味を、また善（good）一般という概念の本質を解明することであり、そのことこそが、最も重要な問いだと主張したのである。

ムーアは、従来の倫理学が、「善という性質」を様々な「よいもの」と明晰に区別することができなかった点を指摘する。そのため、本来、他のものに還元することのできない「善という性質」が他の諸性質と同一視され、それらによって定義可能であるかのように扱われてきたというのである。例えば、前世紀のベンサムやミルによる功利説では善は幸福に、そして究極的には個々人が感じる「快楽」（pleasure）に帰着する。あるいは、「善とは進化のより高度な段階にあること」とする進化主義、形而上学的実在にその根拠を求める形而上学的倫理学の主張なども、「善」を誤った方法で提示しようとする試みと考えている。ムーアは、ある対象XがAという性質（例えば快楽）を持つ場合、XがAを持つことが十分承認されても、「Aは善だろうか」と問うことが可能な限り、性質Aは善の定義にはなりえないとした。ムーアは、このような倫理学説はいずれも、倫理的価値を表す善の概念を様々な自然的概念と混同していると見なし（形而上学的倫理学は自然的概念との混同にはあたらないが、ムーアは一括して）、このような誤りを「自然主義的誤謬」（naturalistic fallacy）と呼んだのである。

ムーアは、善とは要するに善であり、それ以上の定義はできないという。善は、「黄色」という自然的性質の場合と同じく、単純でそれ以上分析不可能な思考の対象であり、他の概念によっては置き換えることができない。黄色という感覚が生じる物理・生理的条件をいくら列挙しても、実際に黄色いものを見たことがなければそれがどんな色であるかわからないように、善もそれを理解する人間によって無媒介的に把握される、他に還元できない性質である。善とは何かは、ただ直覚によってのみ捉えることができる。すなわち他の判断からの証明や定義といった間接的な手続きを必要としない。ムーアは、善という概念のこのような、それ以上遡ることのできない直接的な明証性を直覚的把握によってのみ捉えられると表現したのである。

▼直覚主義　善の概念を直覚にもとづかせる、ムーアのこのような立場は「直覚主義」(intuitionism) と呼ばれる。この立場は、イギリスでは伝統的に強い影響を持っていた学説でもある。彼の倫理学説は、自然主義的誤謬の批判によって、単なる事実判断と価値判断との本質的な差異を鋭く指摘したものとして、その後のメタ倫理学の展開に大きな影響を与えた点では、新たな方向を指し示したとは言えるが、彼自身はきわめて伝統的な考えを持っていたことも否定できない。ムーアらの直覚主義は、「よい」という述語の意味を問う限りにおいて言語分析的ではあるが、善を非自然的ではあるが言語外的な対象の性質として捉え、また善の概念の把握によって具体的倫理判断を導こうとする意図を持つという点で、メタ倫理学的な性格を必ずしも顕著に示すものではないのである。

直覚主義も「Xはよい」という形の倫理的判断は真偽を主張し何らかの認識を表明するものであるとする点では、自然主義と同様、「認識説」(cognitivism) という大きなグループに分類されるのである。ムーア以降イギリスでは、彼の影響下でプリチャード (Harold A. Prichard, 1871-1947)、ロス (William D. Ross, 1877-1971)、ユーイング (Alfred C. Ewing, 1899-1973) など、義務論者と呼ばれる一群の哲学者が活発な議論を展開することになる。

2　エイヤーの価値情緒説

一方、「認識説」に対し、倫理的価値判断は認識の表明ではないとする、非認識説が存在する。この説の根底には「事実」と「価値」の明確な区分が存在する。そのような非認識説をとる哲学者の代表者の一人に、エイヤー

（Alfred. J. Ayer, 1910-89）がいる。

論理実証主義の強い影響下に出発した彼は、認識の対象となる有意味な文は、経験的に検証が可能なものか、ア・プリオリに（経験を必要としないで）真偽が決定できる文に限ると主張し、前者を総合的な文、後者を分析的な文と呼んだのである。この有意味な文の規定に従い倫理的価値判断（文）を考えると、それはどちらにも属さない、すなわち無意味な文だと、彼は考えた。彼によれば、あらゆる言明は、真偽が確定できる限りにおいて科学的言明、すなわち有意味な文と見なすことができるが、そうでないならば、それは認識ではなく、叫び声と等しい感情の表出にすぎない、というのである。すなわち、自然主義者が主張するように「行為の正しさ」や「物事の善さ」を、「幸福」や「快楽」、「是認されていること」などによって定義するなら、経験的検証は可能になるが、「一般的に是認されていても正しくないものがある」とか「快楽的なものには悪いものもある」などが主張できる以上、自然主義者による価値言明と事実言明の同一視は成り立たないことになる。要するに規範的な価値概念は経験的な事実概念に還元されないというのである。

▼直覚主義の否定

自然主義の否定という点では、エイヤーの主張は、ムーアによる自然主義批判と基本的に一致しているということができる。しかしエイヤーは、価値がどこか神秘的な知的直観によって認知されている、とする直覚主義の主張も斥ける。彼が直覚に「神秘的」という形容を付して呼んだことには、科学的探究の方法として直覚を拒否する姿勢が明確に表されている。倫理的判断において、相対立する立場を表明する命題を、経験的基準を適用することもなく、ただ直覚に訴えることだけで、妥当性をテストすることはできない。経験的意味基準が存在しないことを前提とする直覚主義においては、倫理的言明は検証不可能なものと見なさざるをえないのである。したがってエイヤーの立場では、直覚によっては倫理的認識が成り立つことはないのである。

▼価値情緒説の主張

エイヤーは、基本的な倫理的述語を分析不可能と主張する点では直覚主義は正しいと認める。しかしそれは、倫理的述語がそもそも記述的な意味を持たないからであり、それが表現しているとされる倫理的概念は、実は概念ではなく「擬似概念」にすぎないというのである。文章の中に倫理的述語が現れたとしても、命題の実質的内容に何かが付け加えられるわけではない。例えば「君が盗みをはたらいたのは悪い」という文は、事実としては単に「君は盗みをはたらいた」という表現と変わることがないのである。

そして、「よい」とか「悪い」とかいった述語は、感嘆符や、発話の際の声の調子やジェスチャーなどと同じく、語り手の道徳的な承認、否認の感情を示すだけのものだという。それは、主観主義者が主張するように、語り手の心理状態や、承認、否認の態度をとっているという事実を記述するものでもない。われわれが倫理的価値判断を行っているときの、倫理的な言明は純粋に「情緒」の表出だ、とエイヤーは主張するのである。

このようにエイヤーは、倫理的判断の客観的妥当性を認めず、それは究極的に主観的な感情表出であるという主張を徹底していく。彼は倫理的判断のほか、宗教的、美的判断など価値判断一般は、すべて語り手の感情を示すものと見たのである。したがって、エイヤーの価値情緒説は事実判断と価値判断の区別を前提としながら、後者を認識から排除するきわめてラディカルな主張を導いたものだと言える。哲学の科学化を目指す論理実証主義の立場からすれば、経験的検証基準のない道徳言明は科学の対象となりえず、したがって哲学が具体的な倫理体系の構築について論じることもない。哲学的倫理学のメタ倫理学的性格は、このように倫理的認識を否定するというネガティブなエイヤーの主張によって、明確に意識されるものとなった。論理実証主義による検証理論は様々な批判に晒され、後年になって彼は経験的検証基準による科学と非科学の厳密な区別という立場を修正するが、倫理に関する価値情緒説は基本的に維持し続けることになる。

3 情緒説からの展開

エイヤーは、倫理的言語が、感情を表出するものにすぎず、その点で有意味な「科学的言語」ではないと結論付けた。しかしその一方彼の議論は、倫理的言語の特徴を浮かび上がらせ、以後の倫理的言語の研究に大きな影響を与えることになる。それは、倫理的な言語表現の持つ、相手の感情に働きかけ、行動を引き起こしたり刺激する機能に注目した点である。その中には「命令」の機能も含まれる。エイヤーは、こうした特徴を、倫理的言語の持つ「弱点」または「欠陥」として捉えたのであるが、このような機能こそ実は、倫理が言語表現を通して、その規範性を発揮する最も重要な側面ではないかという関心が生まれた。そして、こうして機能に倫理的価値判断の還元しがたい主観的性格を認め、倫理言語の持つ命令的な機能の中に道徳言語の本質を探る試みが現れたのである。

▼スティーブンソンによる合理性の追求　L・スティーブンソン（C. L. Stevenson, 1908-79）は、リチャーズ（Ivor A. Richards, 1893-）とオグデン（Charles K. Ogden, 1889-1957）が、その著『意味の意味』（一九二三年）において展開した、言語の持つ「記述的意味」と「情緒的意味」の区分に注目し、倫理的言語が持つ情緒的作用を組み込んだ倫理的判断の分析モデルを作ることで、その合理化の可能性を探究した。彼によれば倫理現象は人間の広義における実践的営みであり、それは倫理的判断における意見の一致・不一致として現れる。一般に意見の不一致には二つの種類がある。一つは「確信の不一致」と呼ばれるもので、科学や日常生活において事実に関する認識が食い違うことである。もう一つは「態度の不一致」と呼ばれるものである。これは、事実認識に関してではなく、目的、願望、嗜好などが異なることである。前者については何らかの証拠を示し、一方を真と証明することができれば、基本的には不一致は解消される。ところが後者の場合は、確信、つまり事実判断が完全に一致していても態度が異

なることは十分ありうるのであり、経験的証明によっては根本的に不一致を解消することはできない、というのである。

倫理的判断に認められる不一致において重要なのは、「確信」ではなく「態度」の不一致である。倫理的言語は、こうした態度に訴えかける作用を持っているのである。すなわち、倫理的言明には事実を記録したり伝達する「記述的意味」と、人々に感情的反応を引き起こすように機能する「情緒的意味」の両者が含まれているということになる。そして、この二つの「意味」を含んだ倫理的言明の大きな特性は「擬似命令機能」にあるというのである。それは通常の命令文の形ではなく、事実を伝える言明の形をとることもある。しかしそうであっても、それは単に事実を記述したり、または感情を一方的に表出するだけではなく、聞き手に働きかけ、語り手の判断に同意するように誘い、勧告するはたらきを持つというのである。例えば「暴力を振るうのは悪いことだ」と言ったとする。その言葉の中には「私は暴力を否認する、あなたもそうしなさい」という語りかけが含まれているというのである。倫理的判断文の情緒的意味は、このように相手の同意を要求する。スティーブンソンは、倫理的言明が持つこのような命令の機能を命令文の形に明確化させ、記述機能を果たす平叙文と対比する作業モデルを作ることで、倫理的判断の構造を分析したのである。

もちろん、言語の情緒的意味は、個人や状況によって微妙な差異を持ち、完全に分析し尽くすことはできない。また倫理的価値判断の対立は、情緒や態度の相違にもとづく限り、究極的に解消することもできない。しかし倫理的判断の根拠（理由）は、平叙文によって表すことができる記述的意味によるのであり（「私は暴力を否認する」）、個々のケースの特殊事情を考慮しながら倫理的判断をモデル化し、明晰化していくことができる。態度は事実によって決定されないが、少なくとも「支持」はされるということから、その支持方法を問うことによって、スティーブンソンは倫理的価値判断の中に、可能な限りの合理性を追求したのである。

▼ヘアによる倫理言語の分析

このような倫理的言語の分析方法を通し、価値判断文の命令機能に、より強調を置くことで情緒説から踏み出し、独自の功利主義の理論的基礎付けへと進んだのが、ヘア（Richard M. Hare, 1919-2002）である。彼のメタ倫理学としての体系は、初期の主著である『道徳の言語』に最も明確に現れている。彼は倫理言語が「指令言語」（prescriptive language）というクラスに属すると考える。指令言語とは、人々にとるべき行為を示唆するために使用される言語である。そしてヘアは指令言語が、さらに命令と価値判断とに下位区分されると考え、命令文の持つ論理的特性の解明から、倫理言語の分析を試みたのである。

指令言語の特徴は、文法上命令文で表現される命令において最も顕著に現れる。ヘアによれば、人に何かを命令するとは、「私は何をしたらよいのか」という問いに答えることだという。事実に関する言明と命令の間には多くの相違もあるが、人に何かを「告げる」という点で共通性を持つ。料理のレシピやゲームの教則に命令文が頻出しても、著者が特定の読者を説得しようとしていると考える必要はないように、命令の機能は語り手の感情を表出したり、聞き手の感情に因果的に影響を与えることではない。また命令文と平叙文は、一般的にまったく異なった機能を果たすものと考えられがちだが、両者の相違を強調しすぎると、命令の本質を考察する妨げとなってしまう。ヘアの分析モデルによれば、「窓を閉めたまえ」という命令文と、「君は窓を閉めようとしている」という平叙文は、それぞれ「すぐ後で君が窓を閉めること、どうぞ（please）」、「すぐ後で君が窓を閉めること、はい（yes）」と書き表されるという。そして、両者に共通する「すぐ後で君が窓を閉めること」という部分は「指示部」（phrastic）、後半の「どうぞ」「はい」という相違部分は、「承認部」（neutic）と名付けられる。したがって、命令文は指示部を持つことで事実の記述と同様の側面も持つことになるというのである。

さて、一般的な倫理的判断は「何々はよい」という形の評価文や、「何々すべきである」という形の当為文で表現される。それらは表面的な文法形式上命令文ではないが、命令文における指示部と承認部の区分に対応した仕方で、分析することができるという。「よい」「正しい」「べきである」といった価値語は、「評価的（evaluative）意味」と、「記述的（descriptive）意味」を持っていると考えられるのである。例えば「Aはよい」という評価文は、ただ単に情緒的な意味を表しているだけではなく、「A（家）はよい（すばらしい）」という場合、その理由としての、デザイン、居住性、経済性等が、「記述的」意味によって表されていると考えられる。そしてその理由から、評価文がもつ特異な機能である、例えば、購入を「推奨する（commend）機能」を担っているのが「よい（すばらしい）」の評価的意味ということになる。

記述的な意味はそれだけで情報伝達の機能を果たすことができる。「昨日会ったあの人はよい人だった」というような使われ方をするときには、それについて直接的に何事かが勧められているというより、「正直」「親切」「気さく」というような情報が、少なくとも潜在的に与えられていると見ることができる。このように、価値語が記述的にも使用されうるという事情が、倫理学上の認識説を生み出す原因ともなる。

以上のように価値語が記述的と評価的の二重の意味を持つことから、価値判断文もまた命令法における指示部と承認部に対応するように、表層的な文法構造を超えて、記述的部分と評価的部分に分析することが可能になる。価値判断は平述文によって述べられるが、評価的部分を持つ点で単なる事実判断とは異なる。と同時に、事実に言及する記述的部分を持つことで、事実判断と共通の機能をも持っているのである。

その結果、個々の機会における道徳的判断は道徳原理からの実践的推論の帰結として捉えることができる。命令をモデルに考えると、例えば「命を失いかけている人は（いかなる機会においても）助けよ」という普遍的命令と、「溺れているあの少年は命を失いかけている」という事実判断を前提として、「溺れているあの少年を助けよ」という単独的命令が結論として導かれる。同様に命令以外の価値判断も、事実判断と平叙文という形式を共有している一方、評価的意味をも持っていることで命令を結論とする推論の前提となりうる。あるいは少なくとも命令形の前提をそこから導くことができるのである。もっとも「何々はよい」という評価文が、直接行為に結びつかないような場合、はたしてどのような命令が導かれうるのかは、多分に曖昧ではある。例えば「家庭の団欒《らん》はよい」という判断から、ただちに具体的な行為を導く命令は出てこない。また命令文と異なり、価値判断は多様な時制を持ちうるが、過去形の個別的な判断から、これからの行為に対する命令が直接導かれることはない。だが、価値判断は少なくとも間接的には、何らかの行為の選択に関係しており、選択に対する指針を示唆するために使用されると考えられる。価値語は、過去の事柄や個物であろうと、現在のものであろうと、同じ評価基準にもとづき評価する。この意味で、価値判断は潜在的に普遍的判断の性格を持つことになる。したがって、様々な機会において価値判断が行われるということは、それらを通して行為選択の基準が確立され教えられるということなのである。

道徳的文脈においては、それは道徳原理の確立という役割を担う。「道徳的判断に使用される『よい』『正しい』『べきである』等の価値語は、類似するすべての事例に等しく適応されなければならない」という普遍化可能性(universalizability)の要請もここから生まれてくるのである。そして、これらの価値語は、それぞれに命令に近い機能を果たすことにより、道徳的言説の包括的体系の中で相互に密接に関連し合いながら、最終的に命令を導くような推論の前提を支えることとなる。道徳的判断の主要な機能は行為の統制にあり、その機能を果たすことができるのは、その判断が命令力あるいは指令力を持つものとして解釈されるからである。ヘアは、このように倫理的言語を分析することにより、先行する価値情緒説の命令理論を再解釈しながら、道徳的判断を可能な限り合理的に扱おうと試みたのである。

▼メタ倫理学の現状

二十世紀の英米倫理学を特徴づけるメタ倫理学は、概観したように、大きくは認識説と非認識説という二つの系譜で展開された。前者には自然主義と直覚主義、後者には情緒主義と指令主義が含まれる。特にヘアは、先行する理論を批判的に取り入れながら指令主義、普遍化可能性を基に、独特の議論を展開し大きな影響を残している。ヘアの旺盛な活動と論争的性格もあり、一九五〇年代から六〇年代にかけて、英米では言語哲学とも連動しながらメタ倫理学的議論が活発に行われることとなったのである。

しかし一九七〇年代に入ると状況は一変する。様々な社会情勢ともあいまって、より具体的な問題に応えうる実践哲学・倫理学への期待が高まってきたのである。ロールズの『正義論』に端を発する政治社会的正義をめぐる論争や、医療や科学技術の発達がもたらした新しい社会問題に対応するものとしての生命倫理や環境倫理など、より具体的、日常的な内容を持つ倫理問題の議論へと、哲学界の関心は急速に移行したのである。そうした流れの中で、メタ倫理学はともすると具体的問題に何ら寄与することのない不毛な議論と目されることも多くなっている。たしかに、哲学が具体的な倫理問題により直接的に関与することが望まれたのは当然と言えよう。

しかし、ともすると、そのような議論にみられる、議論の混乱、論点の不明性が、多くの議論を不毛にしていることも否定できない。論点の所在、議論の妥当性に対する反省を欠いた議論は哲学的に薄弱である。このような時こそ、概念の明確化、議論の正当性を冷静に分析するメタ倫理学の本来の使命が発揮されるべきではないか。その意味では、メタ倫理学は、むしろこれからその機能を発揮する新しい段階に入ったと言えるのである。

【参考文献】

ムーア、深谷昭三訳『倫理学原理』三和書房、一九八二年。
エイヤー、吉田夏彦訳『言語・真理・論理』現代岩波双書、岩波書店、一九五五年。
スティーブンソン、島田四郎訳『倫理と言語』内田老鶴圃新社、一九七六年。
オグデン・リチャーズ、石橋幸太郎訳『意味の意味』一九六七年。
ヘア、小泉仰・大久保正健訳『道徳の言語』勁草書房、一九八二年。

ヘア、山内友三郎訳『自由と理性』理想社、一九八二年。
山内友三郎『相手の立場に立つ——ヘアの道徳哲学』勁草書房、一九九一年。
ハーマン、大庭健・宇佐見公生訳『哲学的倫理学序説』産業図書、一九八八年。

（高頭直樹）

資料集

第一章　生命倫理学

○ヒポクラテス『誓い』

「医神アポローン、アスクレーピオス、ヒュギエィア、パナケィアをはじめ、すべての男神・女神にかけて、またこれらの神々を証人として、誓いを立てます。そしてわたしの能力と判断力の限りをつくしてこの誓いとこの約定を守ります。この術をわたしに授けた人を両親同様に思い、生計をともにし、この人に金銭が必要になった場合にはわたしの金銭を分けて提供し、この人の子弟をわたし自身の兄弟同様とみなします。そしてもし彼らがこの術を学習したいと要求するならば、報酬も契約書も取らずにこれを教えます。わたしの息子たち、わたしの師の息子たち、医師の掟による誓約を行って契約書をしたためた生徒たちには、医師の心得と講義その他すべての学習を受けさせます。しかしその他の者には誰にもこれをゆるしません。わたしの能力と判断力の限りをつくして食餌療法を施します。これは患者の福祉のためにするのであり、加害と不正のためにはしないようにつつしみます。致死薬は、誰に頼まれても、けっして投与しません。またそのような助言をも行いません。同様に、婦人に堕胎用器具を与えません。純潔に敬虔にわたしの生涯を送りわたしの術を施します。膀胱結石患者に截石術をすることはせず、これを業とする人にまかせます。どの家に入ろうとも、それは患者の福祉のためであり、あらゆる故意の不正と加害を避け、とくに男女を問わず、自由民であると奴隷であるとを問わず、情交を結ぶようなことはしません。治療の機会に見聞きしたことや、治療と関係なくても他人の私生活についての洩らすべきでないことは、他言してはならないとの信念をもって、沈黙を守ります。もしわたしがこの誓いを固く守って破ることがありませんでしたら、永久にすべての人々からよい評判を博して、生涯と術とを楽しむことをおゆるし下さい。もしこれを破り誓いにそむくようなことがありましたならば、これとは逆の報いをして下さい。」（小川政恭訳『古い医術について』岩波文庫、所収、一九一～一九二頁）

○ニュールンベルク綱領（一九四七年　アメリカ軍事法廷）

人間に対するある種の医学的実験は、それが充分納得のいく範囲内で、医療の倫理に依拠しておこなわれるときは、われわれに明証性の大きな重みを提示するものである。人体実験の推進者たちは、そのような実験が他の研究法や手段では得られない社会の善となる結果を生むという理由で、その見解の正当性を主張している。しかしながら、道徳的、倫理的および法的な考え方を満足するためには、いくつかの基本的原則を遵守しなければならぬことについては、だれしも認めるところである。

1　被験者の自発的同意は絶対的本質的なものである。これは、被験者本人が法的に同意する資格のあることを意味するが、さらに、暴力、欺瞞、虚偽、脅迫や他の制約や強圧の間接的な形式のいかなる要素の干渉を除いた、自由な選択力を働かしうる状況におかれること、および実験目的を理解し、啓発された上での決断をうるために被験者に充分な知識と理解を与えなければならない。そのためには、被験者によって肯定的決断を受ける前に、実験の性格、期間および目的、行われる実験の方法、手段、予期しうるすべての不利と危険、実験に関与することからおこりうる健康や個体への影響などを知らさなければならない。

同意の性格を確認する義務と責任は、実験を計画するもの、指導するもの、実施するもの、すべてにかかわる。これは個人的な義務と責任であり、罰を免れている他人に委ねることはできない。（以下略）（資料集　生命倫理と法編集委員会編『資料集　生命倫理と法』太陽出版、二四頁）

○ヘルシンキ宣言　ヒトを対象とする医学研究の倫理原則（一九六四年採択、世界医師会）

22．ヒトを対象とする研究はすべて、それぞれの被験予定者に対して、目的、方法、資金源、起こり得る利害の衝突、研究者の関連組織との関わり、研究に参加することにより期待される利益及び起こり得る危険並びに必然的に伴う不快な状態について十分な説明がなされなければならない。対象者はいつでも報復なしに、この研究への参加を取りやめ、または参加の同意を撤回する権利を有することを知らされなければならない。対象者がこの情報を理解したことを確認した上で、医師は対象者の自由意志によるインフォームド・コンセントを、望ましくは文書で得なければならない。文書による同意を得ることができない場合には、その同意は正式な文書に記録され、証人によって証明されることを要する。

（『資料集　生命倫理と法』一一九頁）

○優生保護法（昭和二三（一九四八）年七月一三日施行、平成八年の改正で「母体保護法」と改称）

第一条［この法律の目的］　この法律は、優生上の見地から不良な子孫の出生を防止するとともに、母性の生命健康を保護することを目的とする。

第二条〔定義〕①この法律で優生手術とは、生殖腺を除去することなしに、生殖を不能にする手術で命令をもつて定めるものをいう。
②この法律で人工妊娠中絶とは、胎児が、母体外において、生命を保続することのできない時期に、人工的に、胎児及びその附属物を母体外に排出することをいう。
第三条〔医師の認定による優生手術〕①医師は、左の各号の一に該当する者に対して、本人の同意並びに配偶者（届出をしないが事実上婚姻関係と同様な事情にある者を含む。以下同じ。）があるときはその同意を得て、優生手術を行うことができる。但し、未成年者、精神病者又は精神薄弱者については、この限りでない。
一　本人若しくは配偶者が遺伝性精神病質、遺伝性身体疾患若しくは遺伝性奇型を有し、又は配偶者が精神病若しくは精神薄弱を有しているもの
二　本人又は配偶者の四親等以内の血族関係にある者が、遺伝性精神病、遺伝性精神薄弱、遺伝性精神病質、遺伝性身体疾患又は遺伝性畸形を有しているもの
三　本人又は配偶者が、癩疾患に罹り、且つ子孫にこれが伝染する虞れのあるもの
四　妊娠又は分娩が、母体の生命に危険を及ぼす虞れのあるもの
五　現に数人の子を有し、且つ、分娩ごとに、母体の健康度を著しく低下する虞れのあるもの
②前項第四号及び第五号に掲げる場合には、その配偶者についても同項の規定による優生手術を行うことができる。
③第一項の同意は、配偶者が知れないとき又はその意思を表示することができないときは本人の同意だけで足りる。
第四条〔審査を要件とする優生手術の申請〕医師は、診断の結果、別表に掲げる疾患に罹つていることを確認した場合において、その者に対し、その疾患の遺伝を防止するため優生手術を行うことが公益上必要であると認めるときは、都道府県優生保護審査会に優生手術を行うことの適否に関する審査を申請しなければならない。
（略）
第一二条〔精神病者等に対する優生手術〕（略）
第一四条〔医師の認定による人工妊娠中絶〕①都道府県の区域を単位として設立された社団法人たる医師会の指定する医師（以下「指定医師」という。）は、次の各号の一に該当する者に対して、本人及び配偶者の同意を得て、人工妊娠中絶を行うことができる。
一　本人又は配偶者が精神病、精神薄弱、精神病質、遺伝性身体疾患又は遺伝性奇型を有しているもの
二　本人又は配偶者の四親等以内の血族関係にある者が遺

伝性精神病、遺伝性精神薄弱、遺伝性精神病質、遺伝性身体疾患又は遺伝性奇型を有しているもの
三　本人又は配偶者がらい疾患にかかつているもの
四　妊娠の継続又は分娩が身体的又は経済的理由により母体の健康を著しく害するおそれのあるもの
五　暴行若しくは脅迫によつて又は抵抗若しくは拒絶することができない間に姦淫されて妊娠したもの
②前項の同意は、配偶者が知れないとき若しくはその意思を表示することができないとき又は妊娠後に配偶者がなくなつたときには本人の同意だけで足りる。
③人工妊娠中絶の手術を受ける本人が精神病者又は精神薄弱者であるときは、精神保健及び精神障害者福祉に関する法律第二十条（後見人、配偶者、親権を行う者又は扶養義務者が保護者となる場合）又は同法第二十一条（市町村長が保護者となる場合）に規定する保護者の同意をもつて本人の同意とみなすことができる。

（略）

第二〇条［優生保護相談所］　優生保護の見地から結婚の相談に応じ遺伝その他優生保護上必要な知識の普及向上を図るとともに、受胎調節に関する適正な方法の普及指導をするため、優生保護相談所を設置する。

（以下略）

○母体保護法（平成八（一九九六）年六月施行）

第一条［この法律の目的］　この法律は、不妊手術及び人工妊娠中絶に関する事項を定めること等により、母性の生命健康を保護することを目的とする。

第二条［定義］　①この法律で不妊手術とは、生殖腺を除去することなしに、生殖を不能にする手術で厚生労働省令をもつて定めるものをいう。
②この法律で人工妊娠中絶とは、胎児が、母体外において、生命を保続することのできない時期に、人工的に、胎児及びその附属物を母体外に排出することをいう。

第三条　医師は、次の各号の一に該当する者に対して、本人の同意及び配偶者（届出をしていないが、事実上婚姻関係と同様な事情にある者を含む。以下同じ。）があるときはその同意を得て、不妊手術を行うことができる。ただし、未成年者については、この限りでない。
一　妊娠又は分娩が、母体の生命に危険を及ぼすおそれのあるもの
二　現に数人の子を有し、かつ、分娩ごとに、母体の健康度を著しく低下するおそれのあるもの
②前項各号に掲げる場合には、その配偶者についても同項の規定による不妊手術を行うことができる。
③第一項の同意は、配偶者が知れないとき又はその意思を表示することができないときは本人の同意だけで足りる。

第四条から第一三条まで削除

第一四条〔医師の認定による人工妊娠中絶〕①都道府県の区域を単位として設立された社団法人たる医師会の指定する医師（以下「指定医師」という。）は、次の各号の一に該当する者に対して、本人及び配偶者の同意を得て、人工妊娠中絶を行うことができる。

一　妊娠の継続又は分娩が身体的又は経済的理由により母体の健康を著しく害するおそれのあるもの

二　暴行若しくは脅迫によつて又は抵抗若しくは拒絶することができない間に姦淫されて妊娠したもの

②前項の同意は、配偶者が知れないとき若しくはその意思を表示することができないとき又は妊娠後に配偶者がなくなつたときには本人の同意だけで足りる。

第一五条〔受胎調節の実地指導〕（略）

第一六条から第二四条まで削除

（以下略）

○刑法（平成一三年　改正）

第二一二条〔堕胎〕　妊娠中の女子が薬物を用い、又はその他の方法により、堕胎したときは、一年以下の懲役に処する。

第二一三条〔同意堕胎及び同致死傷〕　女子の嘱託を受け、又はその承諾を得て堕胎させた者は、二年以下の懲役に処する。よって女子を死傷させた者は、三月以上五年以下の懲役に処する。

第二一四条〔業務上堕胎及び同致死傷〕　医師、助産師、薬剤師又は医薬品販売業者が女子の嘱託を受け、又はその承諾を得て堕胎させたときは、三月以上五年以下の懲役に処する。よって女子を死傷させたときは、六月以上七年以下の懲役に処する。

第二一五条〔不同意堕胎〕①女子の嘱託を受けないで、又はその承諾を得ないで堕胎させた者は、六月以上七年以下の懲役に処する。

②前項の罪の未遂は、罰する。

第二一六条〔不同意堕胎致死傷〕　前条の罪を犯し、よって女子を死傷させた者は、傷害の罪と比較して、重い刑により処断する。

○臓器の移植に関する法律（平成九年七月一六日施行、平成一一年改正）

第一条〔目的〕　この法律は、臓器の移植についての基本的理念を定めるとともに、臓器の機能に障害がある者に対し臓器の機能の回復又は付与を目的として行われる臓器の移植術（以下単に「移植術」という。）に使用されるための臓器を死体から摘出すること、臓器売買等を禁止すること等につき必要な事項を規定することにより、移植医療の適正な実施に資することを目的とする。

第二条〔基本的理念〕①死亡した者が生存中に有していた自己の臓器の移植術に使用されるための提供に関する意思は、尊重されなければならない。

②移植術に使用されるための臓器の提供は、任意にされたものでなければならない。

③臓器の移植は、移植術に使用されるための臓器が人道的精神に基づいて提供されるものであることにかんがみ、移植術を必要とする者に対して適切に行わなければならない。

④移植術を必要とする者に係る移植術を受ける機会は、公平に与えられるよう配慮されなければならない。

（略）

第五条〔定義〕　この法律において「臓器」とは、人の心臓、肺、肝臓、腎臓その他厚生労働省令で定める内臓及び眼球をいう。

第六条〔臓器の摘出〕　①医師は、死亡した者が生存中に臓器を移植術に使用されるために提供する意思を書面により表示している場合であって、その旨の告知を受けた遺族が当該臓器の摘出を拒まないとき又は遺族がないときは、この法律に基づき、移植術に使用されるための臓器を、死体（脳死した者の身体を含む。以下同じ。）から摘出することができる。

②前項に規定する「脳死した者の身体」とは、その身体から移植術に使用されるための臓器が摘出されることとなる者であって脳幹を含む全脳の機能が不可逆的に停止するに至ったと判定されたものの身体をいう。

③臓器の摘出に係る前項の判定は、当該者が第一項に規定する意思の表示に併せて前項による判定に従う意思を書面により表示している場合であって、その旨の告知を受けたその者の家族が当該判定を拒まないとき又は家族がないときに限り、行うことができる。

④臓器の摘出に係る第二項の判定は、これを的確に行うために必要な知識及び経験を有する二人以上の医師（当該判定がなされた場合に当該脳死した者の身体から臓器を摘出し、又は当該臓器を使用した移植術を行うこととなる医師を除く。）の一般に認められている医学的知見に基づき厚生労働省令で定めるところにより行う判断の一致によって、行われるものとする。

⑤〜⑥（略）

（略）

第一一条〔臓器売買等の禁止〕　①何人も、移植術に使用されるための臓器を提供すること若しくは提供したことの対価として財産上の利益の供与を受け、又はその要求若しくは約束をしてはならない。

②何人も、移植術に使用されるための臓器の提供を受けること若しくは受けたことの対価として財産上の利益の供与

し、又はその申込み若しくは約束をしてはならない。
③何人も、移植術に使用されるための臓器を提供すること若しくはその提供を受けることのあっせんをすること若しくはあっせんをしたことの対価として財産上の利益の供与を受け、又はその要求若しくは約束をしてはならない。
④何人も、移植術に使用されるための臓器を提供すること若しくはその提供を受けることのあっせんを受けること若しくはあっせんを受けたことの対価として財産上の利益を供与し、又はその申込み若しくは約束をしてはならない。
⑤何人も、臓器が前各項の規定のいずれかに違反する行為に係るものであることを知って、当該臓器を摘出し、又は移植術に使用してはならない。
⑥第一項から第四項までの対価には、交通、通信、移植術に使用されるための臓器の摘出、保存若しくは移送又は移植術等に要する費用であって、移植術に使用されるための臓器を提供すること若しくはその提供を受けること又はそれらのあっせんをすることに関して通常必要であると認められるものは、含まれない。（以下略）

○臓器の移植に関する法律施行規則（平成九年一〇月八日施行、平成一二年改正）

第二条［判定］　法第六条第四項に規定する判断に係る同条第二項の判定（以下「判定」という。）は、脳の器質的な障害（以下この項において「器質的脳障害」という。）により深昏睡（略）及び自発呼吸を消失した状態と認められ、かつ、器質的脳障害の原因となる疾患（以下（中略）「原疾患」という。）が確実に診断されていて、原疾患に対して行い得るすべての適切な治療を行った場合であっても回復の可能性がないと認められる者について行うものとする。ただし、次の各号のいずれかに該当する者については、この限りでない。
一　六歳未満の者
二　急性薬物中毒により深昏睡及び自発呼吸を消失した状態にあると認められる者
三～四　（略）
②法第六条第四項に規定する判断に係る判定は、次の各号に掲げる状態が確認され、かつ、当該確認の時点から少なくとも六時間を経過した後に、次の各号に掲げる状態が再び確認されることをもって行うものとする。ただし、自発運動、除脳硬直（頸部付近に刺激を加えたときに、四肢が伸展又は内旋し、かつ、足が底屈することをいう。（略））、除皮質硬直（頸部付近に刺激を加えたときに、上肢が屈曲し、かつ、下肢が伸展又は内旋することをいう。（略））又はけいれんが認められる場合は、判定を行ってはならない。
一　深昏睡
二　瞳孔が固定し、瞳孔径が左右とも四ミリメートル以上

であること
三　脳幹反射（対光反射、角膜反射、毛様脊髄反射、眼球頭反射、前庭反射、咽頭反射及び咳反射をいう。）の消失
四　平坦脳波
五　自発呼吸の消失
③前項第五号に掲げる状態の確認は、同項第一号から第四号までに掲げる状態が確認された後に行うものとする。
④⑤（略）

○「体外受精・胚移植」に関する見解（一九八三年十月　日本産科婦人科学会会告）

「ヒトの体外受精ならびに胚移植等」（以下、本法と称する）は、不妊の治療として行われる医療行為であり、その実施に際しては、わが国における倫理的・法的・社会的な基盤を十分に配慮し、本法の有効性と安全性を評価した上で、これを施行する。

1　本法は、これ以外の医療行為によっては妊娠成立の見込みがないと判断されるものを対象とする。
2　実施者は生殖医学に関する高度の知識・技術を習得した医師で、細心の注意のもとに総ての操作・処置を行う。また、本法実施前に、被実施者に対して本法の内容と予想される成績について十分に説明し、了解を得た上で承諾書等に記入させ、それを保管する。
3　被実施者は婚姻しており、挙児を希望する夫婦で、心身ともに妊娠・分娩・育児に耐え得る状態にあり、成熟卵の採取、着床および妊娠維持が可能なものとする。
4　受精卵の取り扱いは、生命倫理の基本にもとづき、これを慎重に取り扱う。
5　本法の実施に際しては、遺伝子操作を行わない。
6　本法の実施に際しては、関係法規にもとづき、被実施者夫婦およびその出生児のプライバシーを尊重する。
7　本法実施の重要性に鑑み、その施行機関は当事者以外の意見・要望を聴取する場を必要に応じて設ける。

（『資料集　生命倫理と法』一五二頁）

○ヒト精子・卵子・受精卵を取り扱う研究に関する見解（一九八五年三月、〔二〇〇二年一月〕改訂　日本産科婦人科学会会告）

1　研究の許容範囲
精子・卵子・受精卵は生殖医学発展のための基礎的研究ならびに不妊症の診断治療の進歩に貢献する目的のための研究に限って取り扱うことができる。

［なお、受精卵はヒト胚性幹細胞（ＥＳ細胞）の樹立のためにも使用できる。］
2　精子・卵子・受精卵の取り扱いに関する条件

精子・卵子及び受精卵は、提供者の承諾を得たうえ、また、提供者のプライバシーを守って研究に使用することができる。
(1)非配偶者間における受精現象に関する研究は、その目的を説明し、充分な理解を得た上で、これを行う。
(2)受精卵は2週間以内に限って、これを研究に用いることができる。
(3)上記期間内の発生段階にある受精卵は凍結保存することができる。
3〜5　(略)

(『資料集　生命倫理と法』一五五頁)

○「多胎妊娠」に関する見解（一九九六年二月　日本産科婦人科学会会告）

近年の補助生殖医療の進歩に伴って多胎妊娠の頻度は増加した。多胎妊娠の中でも、特に四胎以上の妊娠には母子の生命リスクを高めるといった医学上の問題点が指摘されている。

本学会では多胎妊娠の防止をはかることで、この問題を根源から解決することを志向すべきであろうとの結論に達した。すなわち、体外受精・胚移植においては移植胚数による妊娠率と多胎率とを勘案して移植胚数を原則として3個以内とし、また、排卵誘発に際してはゴナドトロピン製剤の周期あたりの使用量を可能な限り減量するよう強く求めることとした。

(『資料集　生命倫理と法』一六五頁)

○「非配偶者間人工授精と精子提供」に関する見解（一九九七年五月　日本産科婦人科学会会告）

精子提供による非配偶者間人工授精（artificial insemination with donor semen；AID，以下本法）は、不妊の治療として行われる医療行為であり、その実施に際しては、我が国における倫理的・法的・社会的基盤を十分に配慮し、これを実施する。

1　本法以外の医療行為によっては、妊娠成立の見込みがないと判断され、しかも本法によって挙児を希望するものを対象とする。

2　被実施者は法的に婚姻している夫婦で、心身ともに妊娠・分娩・育児に耐え得る状態にあるものとする。

3　実施者は医師で、被実施者である不妊夫婦双方に本法を十分に説明し、了解を得た上で同意書を作成し、それを保管する。また本法の実施に際しては、被実施者夫婦およびその出生児のプライバシーを尊重する。

4　精子提供者は健康で、感染症がなく自己の知る限り遺伝性疾患を認めず、精液所見が正常であることを条件とする。精子提供者は、本法の提供者になることに同意して登録をし、提供の期間を一定期間内とする。

5　精子提供者のプライバシー保護のため精子提供者は匿名とするが、実施医師は精子提供者の記録を保存するものとする。

6　精子提供は営利目的で行われるべきものではなく、営利目的での精子提供の斡旋もしくは関与または類似行為をしてはならない。

7　非配偶者間人工授精を実施する施設は日本産科婦人科学会へ施設登録を行う。

（『資料集　生命倫理と法』一六六頁）

○ロウ対ウェイド判決（アメリカ　一九七三年）

［判決要旨］　連邦最高裁は、当事者適格については、未婚女性にのみ認め、堕胎罪規定の違憲性については一審を支持しつつ具体的見解を示した。つまり、女性の妊娠を中止する（中絶する）権利が、プライバシー権の範囲に含まれると明示したうえで、その堕胎する権利は絶対的なものではなく、州の「強度の利害関心」により相対化されるものとした。しかしこの「利害関心」とは、沿革的に認められてきた「不法な性交の阻止」ではなく、保護法益は母体の健康・生命および胎児の生命を守ることであるとした。そのうえで、胎児は、修正第一四条の「人間」にあたらないとして、胎児の生命権と女性のプライバシー権の衝突を避けながら、州の介入の具体的基準について、⑴妊娠初期の三分の一（約三ヶ月）の期間より前に、州は堕胎を行うという医師の決定に介入してはならない。⑵妊娠初期の三分の一の期間以降、胎児が生存能力を持つにいたる時期まで、州は母体の健康保護の範囲内で、堕胎手続を規制しうる。⑶胎児が生存能力を持つようになった時点以降、州は、母体の健康・生命を保護する必要性がある場合を除いて、堕胎を全面的に禁止しうるものであり、さらに⑷州は、州により現在免許を保持している医師により行われたものを除く全ての堕胎を禁止しうる、と判示した。

［滝本シゲ子］　（『資料集　生命倫理と法』三六一頁）

○名古屋高裁安楽死判決（名古屋高等裁判所　昭和三七（一九六二）年一二月二二日判決）

［判決要旨］　安楽死が認められるには、人為的に至尊なるべき人命を絶つのであるから、つぎのような厳しい要件のもとにのみ、これを是認しうるにとどまるであろう。①病者が現代医学の知識と技術からみて不治の病に冒され、しかもその死が目前に迫っていること。②病者の苦痛が甚だしく、何人も真にこれを見るに忍びない程度のものなること。③もっぱら病者の死苦の緩和の目的でなされたこと。④病者の意識がなお明瞭であって意思を表明できる場合には、本人の真摯な嘱託又は承諾があること。⑤医師の手によることを本則とし、これによりえない場合には、医師によりえない首肯するに足る特別な事情があること。⑥その方法が倫理的にも妥当なものとして認容しうるものなること。これらの要件がすべて充されるのでなければ、安楽死としてその行為の違法性までも否定しうるものではないであろう。本件については、安楽死

の①ないし③の要件を充足していることは疑いがないが、④の点はしばらくおくとしても、⑤医師の手によることをなしえなかったなんら首肯するに足る特別な事情が認められないこと。⑥その手段が病人に飲ませる牛乳に有機燐殺虫剤を混入させるという倫理的に認容しがたい方法をとったことの二点において、⑤⑥の要件を充足せず、本件被告人Aの所為は安楽死として違法性を阻却するものではない。

前記④について、被告人の父親が死にまさるかようなひどい苦しみのなかから、「殺してくれ」「早く楽にしてくれ」などと口走るにいたつたのは同人の容態の急激に悪化した以後のことであつて、身体を動かすたびに襲われる激痛としやくりの苦しみに堪えかねて発した言葉であるから、同人の真意にいでたものとは認めがたいというのであるが、証拠・証人らの各証言を総合すると同人が五年有余のながきにわたる病苦のためにすでに精根をつかい果していたとはいえ、意識はまだ明瞭であつて、しかもその頃から病状は日に日に急激に悪化してきたので、いよいよ死期の迫つたことを自覚し、どうせ助からぬものなら、こんなひどい苦しみを続けているよりは、一刻もはやく死んで楽になりたいと希つていたことを推認するに難くないのであるから、むしろ同人の自由なそして真意にいでたものと認めるのが相当であり被告人の判示所為は刑法第二〇二条（自殺関与・嘱託殺人）に該当するものである（判決主文：懲役一年、執行猶予三年）。

（『資料集　生命倫理と法』三四四〜三四五頁）

○東海大学病院安楽死事件（横浜地裁　平成七（一九九五）年三月二八日判決）

［判決要旨］　1.「治療行為の中止（消極的安楽死）が許容されるための要件」としては、①患者が治療不可能な病気に冒され、回復の見込みもなく死が避けられない末期状態にあること。②治療行為の中止を求める患者の意思表示が存在し、かつ治療の中止を行う時点で存在すること。但し、明確な意思表示が存在しないときは、推定的意思でも足りる。リビングウィルは患者の推定的意思を認定する有力な証拠となる。家族の意思表示から患者の意思を推定することが許される。③治療行為の中止の対象となる措置は、薬物投与、化学療法、人工透析、人工呼吸器、輸血、栄養・水分補給など、疾病を治療するための治療措置及び対症療法である治療措置、さらには、生命維持のための治療措置などすべてが対象となってよい。どの様な措置を何時どの時点で中止するかは、死期の切迫の程度、当該措置の中止による死期への影響の程度などを考慮して、医学的にもはや無意味であるとの適正さを判断し、自然の死を迎えさせるという目的に沿って決定されるべきである（本件では②の要件が欠ける）。

2.「積極的安楽死」について、医師による末期患者に対する致死行為が積極的安楽死として許容されるのは、苦痛の除去・緩和のため他の医療上の代替手段がないときであり、それは、苦痛から免れるため他に代替手段がなく生命を犠牲にすることの選択も許されてよいと緊急避難の法理と、その選択を患者の自己決定に委ねるという自己決定権の理論を根拠に認められるものといえる。その要件は①患者が耐え難い肉体的苦痛に苦しんでいること、②患者は死が避けられず、その死期が迫っていること、③患者の肉体的苦痛を除去・緩和するために方法を尽くし他に代替手段がないこと、④生命の短縮を承諾する患者の明示の意思表示があること、ということになる。

本件は結局、塩化カリウム等を注射した被告人の具体的行為について、注射については、その除去・緩和の対象となった鼾あるいはその原因である荒い呼吸は、到底耐え難い肉体的苦痛とはいえないのみならず、そうしたものの除去・緩和を頼まれ、注射を行った時点では、そもそも患者は意識を失い疼痛反応もなくなんら肉体的苦痛を覚える状態にはなかったのだから①の要件にあたるような、除去・緩和されるべき肉体的苦痛は存在せず、また、肉体的苦痛を除去するため医療上の他の手段が尽くされたとか、他に代替手段がなく、死に致すしか方法がなかったともいえず、③の要件もあてはまらない。さらに、積極的安楽死を行うのに必要な④の患者本人の意思表示が欠けていたのも明白である。したがって塩化カリウム等を注射して患者を死に致らしめた行為は、いずれにしても積極的安楽死としての許容要件を満たすものではない（判決主文：懲役二年、執行猶予二年）。

（『資料集　生命倫理と法』三四五〜三四六頁）

○マイケル・トゥーリー『嬰児は人格を持つか』

「あるものが人格になる——つまり生存する重大な権利を持つ——ためには、どのような諸性質を持たねばならないか。私が擁護したいのは次の主張である。ある有機体は、諸経験とその他の心的状態の持続的主体としての自己の概念を持ち、自分自身がそのような持続的存在者であると信じているときに限り、生存する重大な権利を持つ。

この主張を支持する私の基本的な議論を、私は自己意識要件 self-consciousness requirement と呼びたい。（中略）

生存する権利を持つ、ということは、〈諸経験とその他の心的状態の主体として存在し続けたいと欲求可能であること〉を前提とする。そして今度はこの欲求可能性は、〈そのような持続的実体の概念を持ち、自分自身がそのような実体であると信じていること〉を前提とする。したがって、心的状態の持続的主体としての自己意識を欠いた実体は、生存する権利を持っていないのである。（中略）

生まれたばかりの子猫が持続的自己の概念を持っていないのと同様に、生まれたばかりの赤ん坊もそれを持っていないことは完全に明白である、と私は信じる。もしそうであるならば、出産後まもない時期での嬰児殺しは、道徳的に承認可能でなければならない。」（マイケル・トゥーリー、森岡正博訳「嬰児は人格を持つか」、加藤尚武・飯田亘之編『バイオエシックスの基礎』東海大学出版会、一〇一～一〇八頁）

○ピーター・シンガー『実践の倫理』
人間以外の動物は人格《パーソン》でありうるか

「人格でないものを殺すことに比べて人格を殺すのははるかに不正であると考えることには理由がある。このことは、我々が選好功利主義を認めようと、トゥーリーの生命の権利に関する議論を認めようと、自律に対する尊敬の原理を認めようと、変わらない。（中略）そこで、人間以外の動物を殺すのは不正であるかどうか議論する場合、「人間以外の動物の中には人格と言えるものがいるかどうか」が重要な問題になる。

動物を人格と呼ぶのは奇妙に聞こえる。この奇妙さは我々人間が自分たちの種を他の種からはっきりと切り離して区別している習慣の現われにすぎないかも知れない。とにかく、我々の「人格」の定義に従って質問を言い換えれば、言葉の上の奇妙さを避けることは可能である。我々が本当に問うているのは、人間以外の動物の中には何か理性的で自己意識のある存在がいるかどうか、つまり自分たちを過去と未来を持ち、他とはっきり異なる存在として意識している存在がいるかどうか、ということである。

動物には自己意識があるだろうか。少なくとも動物のなかにも自己意識を持っているものがいるということには証拠がある。それは類人猿に対してアメリカの手話の言語を教える最近の試みが明らかにした証拠である。（中略）ガードナー夫妻の考えでは、チンパンジーに言葉を話すことを教える試みがこれまで失敗してきたのは、チンパンジーに言語を使うのに必要な知性が欠けているためではなく、人間の言語の発音を再現するのに必要な発声器官が欠けているためである。そこで夫妻は幼いメスのチンパンジーを声帯のない人間の赤ん坊と同じように扱うことにした。（中略）この方法は驚くほどうまくいった。夫妻がウオショーと名付けたこのチンパンジーは今では三百五十もの違ったサインを理解しているし、その内の約百五十のサインは正しく用いることができる。このメスのチンパンジーはサインとサインを結びあわせて、簡単な文章も作れる。自己意識に関しては、ウオショーは鏡に映った自分を見せられて、「あれはだれ」と尋ねられると、ためらうことなく「私、ウオショー」と答える。彼女はまた将来の意図を表現するサインも使っている。（中略）

手話の言語を用いることを学んだチンパンジーとゴリラを除けば、言語を用いている可能性が最も高いのはクジラとイルカであろう。と言うのも、クジラとイルカのブツブツ声とキーキー声は複雑な形態のコミュニケーションを構成しているという証拠があり、いつか言語であると認められるかもしれないのである。」（山内友三郎・塚崎智監訳『実践の倫理』昭和堂、一二三〜一二六頁）

人間以外の人格を殺すことについて

「人格という言葉の我々の定義によれば、人間以外のある種の動物は人格である。（中略）私が論じたのは以下の点である。つまり〈人間の生命は神聖である〉という教説のうちで擁護できる唯一の形態は、「人格の生命の神聖さの教説」と我々が名づけるものである。私の主張によれば、人間の生命に確かに価値があるとすれば、それは大多数の人間存在が人格である限りにおいてである。しかし、人間以外の何らかの動物も人格であるなら、こうした動物の生命にも人間の生命と同じ価値があるに違いない。人間の人格の生命には特別な価値があるということの根拠を、選好功利主義におくにせよ、〈生きる権利は動物の生き続けることを欲求する能力に由来する〉という立場におくにせよ、自律に対する尊敬におくにせよ、こうした議論は人間以外の人格にも適用されねばならない。（中略）

こうした理由から、我々自身の種の成員の生命を他の種の成員の生命よりも上位におくような理論は拒否すべきであろう。他の種の成員の中にも人格であるものがいるし、我々自身の種の成員の中にも人格でないものがいる。客観的に評価するかぎり〈我々自身の種の成員であっても人格ではないものの生命〉に対して〈他の種の成員で人格であるものの生命〉よりも大きな価値を与えることはできない。反対に、（中略）人格でないものの生命よりも人格の生命を上位におくことに対しては、それを支持する有力な議論が色々ある。そういうわけで、たとえばチンパンジーを殺すのは、重度の障害者で人格ではないものを殺すのに比べて、より悪いように思われる。（中略）

チンパンジーは人間以外の人格の最もはっきりした事例であろうが、他にも同じような動物がいるのは、ほとんど確実である。クジラとイルカの組織的な研究は始まったばかりであるが、大きな脳を持ったこれらの哺乳類が理性的で自己意識を持っているとわかるようになる可能性は大きい。」

（同書、一一八〜一二〇頁）

胎児の生命の価値

「ある存在が我々の種の成員であるか否かということは、それが我々の人種の成員であるか否かということと同様、それ自体としては、その存在を殺してよいか否かという問題に何ら関係がない。〈ある存在が他の特性とは無関係に、単に我々の種の成員であるということだけで、その存在を殺すことの不正の質を大きく変える〉と信じることは、宗教的教説の名残であって、中絶に反対する人でさえこれを論争に持ち込もうとはしないだろう。（中略）中絶に抗議しはするものの、習慣的に鶏や豚や仔牛を食べている人は、すべての生命に対して配慮していると言えるには程遠く、当の生命の性質だけにもとづいた公平な配慮の尺度を持っているわけではない。ただ我々の種の成員の生命に偏った配慮を示しているにすぎないのである。理性、自己意識、感知、自律性、快苦など、道徳的に関連ある特性を公平に比較検討してみれば、仔牛や豚や、あるいはそれらにはるかに劣るとされる鶏が、どの妊娠時期にある胎児よりもこれらの点で進んでいることがわかるだろう。また、妊娠三カ月以下の胎児と比較すれば、魚のほうが、あるいは海老でさえ意識の徴候をより多く示すだろう。

そこで、私の提案は、〈理性、自己意識、感知、感覚能力などの点で同じレベルにあるならば、胎児の生命に人間以外の生命と同じだけの価値しか認めないようにしよう〉ということである。どんな胎児も人格的存在ではないのだから、胎児には人格的存在と同じだけの生きる資格はないのである。さらに、妊娠十八週に満たない胎児は神経系統が機能するほど発達してはいないのだから、おそらく何を感じる能力もないだろう。だとすると、妊娠十八週までの中絶は内在的価値〔手段的価値に対するそれ自体としての価値〕をまったく持たない存在を終結させることと同じである。妊娠十八週から誕生までの間に胎児は自己意識を持つことはないかもしれないが、意識は持つようになるかもしれない。とすればそのとき中絶は事実上内在的価値を持つ存在の生命を終わらせることであり、それゆえ安易に試みられるべきではない。しかし、女性の重大な利益のほうが通常は胎児の未発達な利益にまさるだろう。実際のところ、肉を味わうために胎児よりも格段に発達した形態の生命を惨殺する社会においては、最も取るに足らぬ理由による妊娠後期の中絶でさえ非難することは難しい。」

（同書、一五六～一五七頁）

中絶と嬰児殺し

「胎児の生命には、理性や自己意識、感知、感覚能力などの点で同じレベルにある人間以外の動物の生命と同じだけの価値しかなく、また、胎児は決して人格的存在ではないのだから、胎児には人格的存在と同じだけの生きる資格はないのである。今や認められなければならないことは、これらの議論は胎児と同様に新生児にも当てはまるということである。生後一週間目の赤ん坊は理性的で自己意識のある存在ではない。また、理性、自己意識、感知、感覚能力などの点で、生後一週間目、一カ月目、あるいは一年目の赤ん坊よりもまさっている人間以外の動物がたくさんいる。もしも人格的存在と同じだけの生きる資格が胎児にないとすれば、新生児にもなく、新生児の生命は豚や犬やチンパンジーの生命よりも価値がないように思われる。（中略）

もしもこれらの結論があまりにもショッキングで真剣に受け取れないように思われるなら、次のことを思い出す価値があるだろう。すなわち、我々は現在、嬰児の生命の保護を至上のものとしているが、これは普遍的な倫理的価値というよりも、むしろすぐれてユダヤ-キリスト教的な態度である、ということである。嬰児殺しは、地理的にはタヒチからグリーンランドにおよび、文化的にはオーストラリアの遊牧民であるアボリジニから古代ギリシアや清朝中国の洗練された都市市民にいたるまで、様々な社会で行なわれてきた。(中略)嬰児殺しはおそらく最初の、そしていくつかの社会では唯一の人口抑制策だったのである。(中略)プラトンもアリストテレスも国家が奇形の嬰児を殺すよう命じることを勧めたのである。(中略)セネカのようなローマ人もまた、病弱で奇形の赤ん坊が引き起こす問題に対しては、嬰児殺しが自然で慈悲深い解決策だと考えていたのである。嬰児殺しに対するローマ時代以降の西洋の態度の変化は、人間生命の尊厳という教義——これもキリスト教の教えの一部であるが——と同様、キリスト教の教えによってもたらされたものである。キリスト教の道徳的枠組みは、あまりにも長きにわたって根本的に評価しなおすことが禁じられてきたが、おそらく今日では、もはやこれを前提することなく、これらの問題について考察することが可能であろう。」(同書、一六三〜一六七)

障害を持つ嬰児の安楽死

「障害嬰児を殺すことは、正常な人間や、人間以外の自己意識のある存在を殺すことと同等に扱うことができない。この結論は、回復できない精神遅滞のために理性的で自己意識のある存在には決してなりえないような嬰児だけに当てはまるというわけではない。(中略)いかなる嬰児にも——障害があろうがなかろうが——、自らを持続的に存在する独自の実体と見なしうるような存在と同じだけの生きる資格はないのである。

障害のある嬰児を殺すことと、正常な嬰児を殺すこととの違いは、前者にはないが後者にはあるとされる生きる権利にあるのではなく、殺すことに関する他の問題にある。当然のことであるが、子供に対する両親の態度に違いのあることが多い。(中略)

そのような嬰児をそれ自体として考察すれば、そこに存在しているのは、理性も自己意識もない感覚をそなえた存在である。嬰児がどのような種に属しているかということは、その嬰児の道徳的地位に本質的な関連がないのであるから、〈感覚能力はあるが、理性も自己意識もない、人間以外の動物を殺すことが不正なことであるか否かを決定する原則〉がこの場合にも当てはまる。それらの原則は功利主義の原則である。したがって、嬰児に期待される生命の質が問題になるのである。」(同書、一七四〜一七五頁)

滑りやすい坂

「ナチズムの場合、ホロコーストを可能にしたものは、非アーリア人に対する人種主義的態度——非アーリア人は人間以下の存在であり、民族の純血にとって危険であるという態度――であった。またナチスのいわゆる「安楽死」計画は、倫理的根拠によって擁護されうる種類の安楽死とは似ても似つかぬものである。そのことは、ナチスが「安楽死」計画を完全に秘密にし、殺された人の死因について近親者を欺き、「安楽死」計画から退役軍人やこの計画に参加しているスタッフの近親者など特定の特権階級を除外していたという事実から明らかである。ナチスによる安楽死が自発的であったことは決してなかったし、非自発的というよりは往々にして反自発的なものであった。「慈悲殺」というよりも、「ごくつぶしの抹殺」――「安楽死」計画の担当者が用いた言い回しである――のほうが「安楽死」計画の目的をよく表わしている。人種の起源と労働の能力が、殺されるべき患者を選択する際に考慮された要因に含まれていた。したがって、ナチスの「安楽死」計画と、現在、安楽死の法制化を進めている人々の提案には何ら類似性はないのである。」

（同書、一二〇六頁）

○H・トリストラム・エンゲルハート『医学における人格の概念』

「人間の生命は、人間の人格的生命であるか、人間の生物学的生命であるかに従って区別されねばならない。人間の生物学的生命のすべてが、人間の人格的生命の事例であるわけではない。（他の点では生きていても）脳死状態に陥っている人間、人間の配偶子、培養液中の人体細胞、これらはすべて人間の生物学的生命の事例と見なされる。さらに、人間の中に人格でないものが存在するばかりでなく、地球以外にも自己意識を有する生命が存在するかもしれないということからも示唆されるように、すべての人格が人間であると考えるべき理由もない。（中略）

人工妊娠中絶の問題については、多くの人々が異口同音に、胎児は、人間の生物学的生命の事例ではあるにしても人格ではないと主張してきた。確かに胎児は、遺伝学的・有機体的には、おそらく人間の人格と連続する人体組織ではあるが、しかし、それは未だそのような人格ではない。単純に言って、胎児は理性的で自己意識を有する存在者ではないからである。すなわち、「人格」の厳密な定義の下では、胎児は人格としての資格を欠いている。（中略）

しかし、マイケル・トゥーリー Michael Tooley の嬰児殺し是認論が示しているように、この区別が行き過ぎになることがある。彼の議論によれば、胎児だけでなく幼児もまた人格ではないのであるから、胎児が人工妊娠中絶に付されて構わないのと同程度に、幼児も嬰児殺しに付されて構わない、ことになる。（中略）

われわれは少なくとも2つの（おそらくはそれ以上の）人格概念を有している。（中略）第1に、われわれが道徳的行為者を同定する際に用いる人格の意味がある。権利と義務との、個別的で生きた担い手という意味である。「人格」のこの意味によって、道徳の言語に参加しうる存在者、種々の要求を行い、それらの要求を尊重させることのできる存在者が選び出される。（中略）

「人格」のこの意味を私は「厳密な意味」と名づけるが、それは、自己意識を持つ理性的な行為者を指示するのに用いられるものである。だが、幼児や、それ以外の、「自己意識を持たない」もしくは「未だ自己意識を持つに至らない」人間の生命の実例に対して払われる尊敬についてはどうなのであろうか。そうした存在者をどう理解したらいいのだろうか。

　私の信ずるところでは、「人格」の第2の概念ないしは用法の観点からすれば、納得のゆく分析をすることが可能である。それは、「人格の社会的概念ないしは社会的役割 a social concept or social role of person」であって、これが用いられるのは、人間の生物学的生命のある種の事例が、実際にはそうでないにもかかわらず、あたかも「厳密な意味での人格」であるかの如くに扱われるといった場合である。一つの好例は、母子関係または親子関係であって、そこでは幼児が、厳密には人格でないにもかかわらず人格として扱われる。（中略）

　幼児に社会的意味で人格という役割を認めるということは、慎重に線引きをするということである。人間は誕生後、ある程度時を経ないと厳密には人格にならない。さらにまた、ある存在者が人間的だと認めて当然であるほどの外見と振舞いをする時に——特に、その存在者が、幼児が「子供」という役割に所属するのと同様に、人間社会のある既存の役割に所属した時に——その存在者に保護を与えることには、相当な価値がある。この場合も、人格という役割を帰属させる手続は、1個の社会的実践であって、これが、少なくとも最小限の社会的相互作用には参加しうる形態の人間の生命に、1人の人格の権利を認めることを可能ならしめるのである。そして、この場合に期待される利益は、十分な程度に人格の役割を担いうる存在者を保護することにより、人格一般の社会的立場を強化するという点にある。

「人格の社会的な意味」は同様に、老衰者や知恵遅れの者や、その他の重度精神障害者の処遇の仕方をも支えているように思われる。彼らは道徳的行為者でなく、「厳密な意味での人格」でないにもかかわらず、あたかも人格であるかの如く扱われている。「人格の社会的な意味」は、「厳密な意味での人格」との社会的関係における彼らの位置を定めている。要するに、人間の生物学的生命のある種の事例に、人格という地位を与えているのは1個の実践なのである。権利および義務の担い手である「厳密な意味での人格」とは異なり、「社会的な意味での人格」は権利は持つが義務は全く負わない。（中略）つまりわれわれは、虚弱であったり病弱であったりするような人々への、思いやりある処遇の仕方が社会の中に定着することを目指しているのである。」（エンゲルハート、久保田顕二訳「医学における人格の概念」加藤尚武・飯田亘之編『バイオエシックスの基礎』二一一～二一八頁）

第二章　環境倫理学

○アルド・レオポルド『野生のうたが聞こえる』

「これまでの倫理則はすべて、ただひとつの前提条件の上に成り立っていた。つまり、個人とは、相互に依存しあう諸部分から成る共同体の一員であるということである。個人は、本能の働きにより、その共同体のなかで自分の場を確保しようとして他人と競争をする。だが同時に、倫理観も働いて、他人との協同にも努めるのである。（中略）

土地倫理《ランド・エシック》とは、要するに、この共同体という概念の枠を、土壌、水、植物、動物、つまりはこれらを総称した「土地」にまで拡大した場合の倫理をさす。」（新島義昭訳『野生のうたが聞こえる』講談社学術文庫、三一八頁）

「物事は、生物共同体の全体性、安定性、美観を保つものであれば妥当だし、そうでない場合は間違っている。」（同書、三四九頁）

○レイチェル・カーソン『沈黙の春』

「自然は、沈黙した。うす気味悪い。鳥たちは、どこへ行ってしまったのか。みんな不思議に思った。裏庭の餌箱は、からっぽだった。ああ鳥がいた、と思っても、死にかけていた。ぶるぶる体をふるわせ、飛ぶこともできなかった。春がきたが、沈黙の春だった。」

（青樹簗一訳『沈黙の春』新潮社、一二頁）

「人類の歴史がはじまって以来、いままでだれも経験しなかった宿命を、私たちは背負わされている。いまや、人間という人間は、母の胎内に宿ったときから年老いて死ぬまで、おそろしい化学薬品の呪縛のもとにある。」（同書、一二四頁）

○ピーター・シンガー『動物の解放』

「平等という基本原理をあるグループから別のグループへ拡張することは、われわれが両者を正確に同じやり方で扱わなければならないとか、両者にまったく同じ権利を付与しなければならないということを意味するわけではない。われわれがそうすべきかどうかは、その二つのグループの成員の特質によってちがってくるであろう。平等の基本原理は同一の扱いを要求するわけではない。それは同等の配慮を要求するのである。」（戸田清訳『動物の解放』技術と人間、一五頁）

「アメリカで暮らしている子どもの福祉に対する関心は、われわれがその子に読み方を教えることを要求するであろう。豚の福祉に対する関心が求めるのは、十分のエサと自由に走りまわれるスペースのある場所に他の豚といっしょにいさせ

てやることにほかならない。」（同書一八～一九頁）

「動物を殺すということ自体は、心を悩ませる行為である。もしわれわれが自分で食べる動物を自分の手で屠殺しなければならないとしたら、みんなベジタリアンになるだろうとはよく言われることである。」（同書一八七頁）

○ルース・ハリソン『アニマル・マシーン』

「私はこれから新しいタイプの畜産について論じようと思う。そこでは、工場での流れ作業方式が動物の飼育に適用されている。動物はどうにか生きてはいるが、暗がりのなかで太陽を一目拝むことすらできない。また人間はといえば、自分の飼っている動物のなかに、やがて人間のたべものになるという要素しか見ない、といった具合なのである。」

（橋本明子ほか訳『アニマル・マシーン』講談社、一二頁）

○『旧約聖書』創世記

「神はまた言われた、『われわれのかたちに、われわれにかたどって人を造り、これに海の魚と、空の鳥と、家畜と、地のすべての獣と、地のすべての這うものとを治めさせよう』。神は自分のかたちに人を創造された。すなわち、神のかたちに創造し、男と女とに創造された。

神は彼らを祝福して言われた、『生めよ、ふえよ、地に満ちよ、地を従わせよ。また海の魚と、空の鳥と、地に動くすべての生き物とを治めよ』。」

（『聖書』日本聖書協会、第一章二六―二八節）

「神はノアとその子らとを祝福して彼らに言われた、『生めよ、ふえよ、地に満ちよ。地のすべての獣、空のすべての鳥、地に這うすべてのもの、海のすべての魚は恐れおののいて、あなたがたの支配に服し、すべて生きて動くものはあなたがたの食物となるであろう（後略）』。」（同書第九章一―三節）

○リン・ホワイト『機械と神――生態学的危機の歴史的根源』

「キリスト教は古代の異教やアジアの宗教（おそらくゾロアスター教は別として）とまったく正反対に、人と自然の二元論をうちたてただけではなく、人が自分のために自然を搾取することが神の意志であると主張したのであった。」

（青木靖三訳『機械と神――生態学的危機の歴史的根源』みすず書房、八八頁）

「われわれの科学と技術とは人と自然との関係にたいするキリスト教的な態度から成長してきたものである。その態度をほとんど普遍的に、キリスト教徒や新しいキリスト教徒だけでなく、他愛なくも自分のことを脱キリスト教時代の人間と思っている人びともまたとっているのである。コペルニクスにもかかわらず、全宇宙はわれわれの小さな地球の周りを回っている。ダーウィンにもかかわらず、われわれは、心のなかでは、自然的な過程の一部では〈ない〉。われわれは自然よ

り優越しており、自然を軽蔑しており、自分たちのつまらぬ気まぐれのために自然を使おうとしている。」（同書、九二頁）

「いまだんだん進みつつある地球の環境の崩壊は、西欧の中世世界に始まる精力的な技術と科学の産物であり、それにたいして聖フランチェスコはかれ独特のやり方で反抗したのであった。技術と科学の成長は、キリスト教の教義に深く根差す自然にたいする特別な態度というものを度外視しては、歴史的に理解のできないものである。多くの人びとがこれらの態度をキリスト教的なものと考えないという事実は無関係である。われわれの社会では、キリスト教の基礎的な価値にとって代るべき新しい一組の価値が認められたことがない。したがってわれわれは、自然は人間に仕える以外になんらの存在理由もないというキリスト教の公理が斥けられるまで、生態学上の危機はいっそう深められつづけるであろう。

西欧の歴史上の最大の精神革命、聖フランチェスコは、かれが自然および自然と人間との関係についてのもう一つ別のキリスト教的見解と考えたものを提案した。かれは人間が無際限に被造物を支配するという考えにかえて、人間をも含むすべての被造物の平等性という考えをおこうと試みた。」

（同書、九五～九六頁）

○ジョン・パスモア『自然に対する人間の責任』

「人間は動物とは違うというキリスト教的峻別、および自然は人間のために造られたというキリスト教的見方のなかには、人間の支配に関する純粋に旧約聖書的な考え方というよりも、一層正確には「尊大」という言葉で記述しうるような、自然に対する態度の種子が宿っている。」

（間瀬啓允訳『自然に対する人間の責任』岩波書店、一七頁）

「けれども正しく論じうることは次のことである。すなわちキリスト教は自然に対してある特定の態度をとるように奨励したこと、自然は楽しみごとで観想されるべきものではなく専ら供給の源泉として存すること、人間はこれを思いのままに利用する権利を有すること、それは神聖なものではないこと、そして自然と人間との関係はいかなる道徳原理によっても左右されないこと、の以上である。」（同書、三二頁）

○クリストファー・D・ストーン「樹木の当事者適格――自然物の法的権利について」

「私は全く大まじめに、森、海、河、その他いわゆる環境の中にある『自然物』、そしてまた自然環境全体に、法的権利を与えるよう提案する。」（岡嵜修・山田敏雄共訳「樹木の当事者適格――自然物の法的権利について」『現代思想』一九九〇年一一月号、六〇頁）

「私がここで提案している一つの見方――同心円的な見方――というのは、自然物の後見人を後世の人々の後見人として見るだけではなく、同様に、そのほかでは代表しえず、し

かも遠隔的に被害を受ける現在の人々の後見人としても見ようということである。」（同、七一頁）

「環境問題におけるわれわれの経験は、絶えず、われわれの行為が、当初の予測以上に、より長期的でかつ広範囲に及ぶ損害を引き起こしてきたことの発見であった。」（同、七四頁）

○アルネ・ネス『ディープ・エコロジーとは何か——エコロジー・共同体・ライフスタイル』

「ディープ・エコロジー運動の綱領

(1) 地球上の人間そして他の生命の繁栄は、固有の価値をもっている。人間以外の生命形態の価値は、人間の狭い目的のためにこれらが有している有用性からは独立している。

(2) 生命形態の豊かさと多様性は、それら自身において価値があり、地球上の人間と他の生命の繁栄に寄与する。

(3) 人間は自らの生存に関わる必要（vital needs）を満たす場合を除き、この豊かさと多様性を削減する権利はない。

(4) 人間以外の世界に対する、人間の現在の干渉は度を越しており、その状況は急速に悪化している。

(5) 人間の生活・文化の繁栄は、人口がかなり減少しても成り立ちうる。他の生物の繁栄のためには、そのような人口の減少が必要である。

(6) 生活状況の意味ある改善には、政治の変革が必要である。これは経済・技術・イデオロギーの基本構造に影響を及ぼす。

(7) イデオロギーの変革とは主に、高い生活水準への執着ではなく、むしろ（固有の価値を有する状況に根づいた）生き方の質を理解する変革である。大きい（big）ことと偉大である（great）こととの違いが深く自覚されるだろう。

(8) 以上の諸点に賛同する人は、必要とされる変革を実行する企てに、直接的ないし間接的に参加する義務がある。」（斉藤直輔・開龍美訳『ディープ・エコロジーとは何か——エコロジー・共同体・ライフスタイル』文化書房博文社、五〇～五一頁）

○ハンス・ヨナス『責任という原理——科学技術文明のための倫理学の試み』

「子どもに対する配慮の義務は、たとえ感情による後押しがなくとも、十分に基礎づけることができる。すなわち、われわれが子どもの存在の**創始者であること**に伴う事実的な責任によって、そして子どもの存在に帰属するようになったばかりの**権利**によって基礎づけられる。つまり、相互性を欠いており、義務も権利も一方的なものなのだが、ともかく義務・権利についての古典的な原理によって基礎づけることが

できる。これは創始者であることに由来する義務である。」（加藤尚武監訳『責任という原理』東信堂、七〇〜七一頁）

「『人類の生存が要求されるそもその理由に反するような在り方は、人類の将来の子孫の在り方としては許されない』。要するに、『人類をあらしめよ』という命令が、人間だけを念頭に置く限り、第一の命令（Imperative）なのである。」（同書、七六頁）

○ジョン・ロールズ『正義論』

「原初状態にある人は、自分がどの世代に属すかについての情報を何ももっていない。知識に関するこれらのより広い制約が適切なのは、一部には、社会正義という問題が、同世代内に属す人々の間だけでなく、世代間でも生じるからであり、例えば、適切な資本貯蓄率や自然資源や自然環境の保全という問題が生じるからである。また、とにかく理論的には、合理的な遺伝（genetic）政策という問題がある。このような場合にもまた、原初状態という観念を貫徹するために、当事者は、彼らを対立関係におく偶然性を知っていてはならない。彼らは、結果としてどの世代に属すことになるにせよ、その帰結にしたがって生きる用意のある原理を選択するにちがいない。」（矢島鈞次監訳『正義論』紀伊國屋書店、一〇六頁）

○エルンスト・F・シューマッハー『スモール　イズ　ビューティフル』

「だれも彼もが十分に富を手に入れるまでは際限なく経済成長を進めるという考え方には、少なくとも二つの点、すなわち基本的な資源の制約か、経済成長によってひき起こされる干渉に自然が堪えられる限度か、あるいはその双方から見て重大な疑問がある。」（小島慶三・酒井懋訳『スモール　イズ　ビューティフル』講談社学術文庫、三九〜四〇頁）

「仏教経済学が適正規模の消費で人間としての満足を極大化しようとするのに対して、現代経済学者は、適正規模の生産努力で消費を極大化しようとする。」（同書、七五頁）

第三章　経営倫理学（ビジネス・エシックス）

○経営倫理学の定義

「経営倫理とは、ビジネス行為において、何が倫理的に許容され、何がはっきりと道徳にかなっているかについての研究である。それは結論に到達しようとするだけでなく、その結論の根底に何があるかをも理解しようとする。これは応用倫理の一分野である。そのようなものとして経営倫理は、倫理学説や倫理概念に接近し、これらを、ビジネスの際やビジネスにとって生じる問題や課題に関係させる。」（Jennifer Jackson 'Business Etics, Overview' *Encyclopedia of Applied*

Ethics I, Academic Press, 1998, p. 398.）

「今日、《経営倫理》は文字通り、ビジネス（経営）そのもののエシックス（倫理）であって、企業に限らず、広義のビジネス関連の組織体の経営のあらゆる場面での倫理問題を包含するものである。営利組織体である企業はもとより、非営利の組織体でも経営する以上、必ず倫理問題は存在する。」

（水谷雅一『経営倫理学の実践と課題』I、白桃社）

著者、水谷氏は、二〇〇四年一一月現在、経営倫理学会会長である。この著作は平成八年度経営科学文献賞を受賞されたこともあり、わが国の現在のひとつの基準になると考えてよい。

「ビジネス・エシックスは明らかに、ビジネスを扱う。ここでは、ビジネスを、個人間、個人と営利組織、営利組織間に行われるありとあらゆる経済的な取引を含んだものとして考えていこう。ビジネス・エシックスは、利益を目的として、財とサービスを生産し、販売し、購入するために行われるすべての活動に関わる。（中略）しかしながら、この領域の範囲は明確なものではまったくなく、また、正確にその範囲を決定する必要もない。」（リチャード・T・ディジョージ、永安幸正・山田經三訳『ビジネス・エシックス』明石書店、三九頁）

この論文の巻頭でも述べように、経営倫理においては、とくにわが国ではまだスタンダードな研究書というものはないと私も思っている。しかし経営倫理についての基本的な問題点はどの書物にも十分に見てとれるので、その部分を引くことにする。以下、比較的入手しやすい三書から、経営倫理への手掛かりを示していると思う箇所を引用した。

○リチャード・T・ディジョージ『ビジネス・エシックス』

大部の著作にもかかわらず原著も版を重ねているし、内容も米国流の経営倫理の方法をよく示している。米国の経営倫理研究では作例による研究が多く見られるので、ここではその作例を引いておく。典型的な作例なので、長めに引用する。

「**鉱山の落盤事故の事例**

以下の架空の物語が示すのは、ビジネス・エシックスで起こりうる種類の問題と、これらの問題に接近する多様な方法である。たて坑が崩壊した鉱山のケースを考えてみよう。ウエスト・ヴァージニアの小さな町で、坑夫たちは、地表から数千フィートのトンネルで、石炭を掘っていた。ガスが充満していることが、二日前に検出された。保安担当者は、このことを鉱山監督者に報告していた。ガスの充満は、空気が浄化されるまで作業を一時中止しなければならないほど危険なものだった。鉱山監督者は、次のような判断を下した。すなわち、ガスの充満はほんのわずかな危険にすぎず、石炭の注文もあり、その鉱山をストップする余裕はない、爆発が起きる前にガスは消散してしまうであろうというものだった。鉱山監督者は、保安担当者にガスの危険について口外するなと告げた。五月二日にガスは爆発した。トンネルの一部分が崩れ、三人が死亡し、八人が坑内に閉じ込められた。残りの坑夫はなんとか脱出した。

爆発の力はすさまじく、トンネルの落盤の程度は相当なものであった。閉じ込められた坑夫たちが生存している間に、彼らを救い出すための費用は何百万ドルにも上るものと思われた。鉱山監督者が直面した問題は、それだけの多額の支出を行う価値があるかどうかであった。結局のところ、次の点が問題となった。人間の生命の価値はどれほどのものであるのか。誰がそれを決めるのか、またどうやって決めるのか。鉱山監督者は、その企業の株主に多くを負っているのか、それとも閉じこめられた坑夫たちに負っているのか。ゆっくりではあるが、安全で費用の少ない方法をとることによって、多額の費用を節約するべきなのか、それともより迅速で、危険性が高く、費用がかかる方法を用いて、坑夫たちの生命を救う可能性を高めるべきか。

鉱山監督者は、後者の方法をとることを決定し、救出活動の志願者を募った。二四名が名乗り出てきた。三日後に、この救出作戦が予想していた以上に困難であることが明らかとなった。さらに二度の爆発が起こり、救出作戦に従事していた人々のうちの三名が命を落とした。しばらくすると、閉じこめられた坑夫たちと電話連絡を取ることができた。彼らは、幸運なことに、まだ線が生きている坑内電話を見つけだすことができたのだ。彼らは飢えていた。同様の事故のケースについて、以前に読んだことがあったので、坑夫たちは次のような決定を下した。誰かが助け出されるまで生き残るためには、くじを引いて、もっとも短い棒を引き当てた者を殺して、食糧とするという決定であった。坑夫たちは、少なくとも自分たちのうちの何人かは生きて救出されることが自分たちの義務であると感じていた。そうでなければ、救出活動において亡くなった、三人の生命が無駄になってしまうからである。

結局二〇日後に、七名の坑夫が救出された。彼らは同僚を食べて生き延びてきた。爆発の前にガスを発見していた保安担当者は、新聞社にその事実を知らせた。その鉱山監督者は、過失の罪を犯していると非難を受けたが、自分が職を辞する前に、保安担当者を解雇した。結局、その鉱山は再び活動を再開した。」

（四三〜四四頁）

この作話の中の保安担当者について、著者の問題提起も引用しよう。「保安担当者は、ある意味でこの話におけるヒーローであった。しかし、彼が坑夫たちや鉱山監督者のさらに上部の人間、一般大衆にその炭坑が危険であることを知らせずに、鉱山監督者に従ったのであるなら、彼は、事故の前に自分の道徳的責務を果たしたといえるであろうか。爆発が起こり、坑夫たちが救出された後で、その炭坑が安全ではなかったことを鉱山監督者が知っていたことを公にするという道徳的責務を持っていたのであろうか。彼は新聞社に話を持ち込む代わりに、自社の取締役会、あるいは企業内の誰かに先ずその事実を知らせるべきではなかったか。こうした問いのすべては、労働者の責任という問題に関わる。労働者は誰に対して何の責任を負っているのか、自分が命じられたことをすれば、それで道徳的責務を果たしたことになるのか。この保安担当者のように内部情報を公にすることは、「内部告発」として一般にも知られている。保安担当者のように内部告発をした者が、解雇されることはよくあることである。内部告発という事象それ自体が、労働者が自分の職を失うことを覚悟してまでそのような過激な行動をとらざるをえないと考えるにいたらせた企業の構造についての問いを提起する。鉱山監督者が保安担当者を解雇したことは正当化されたのか。」（四四〜四五頁）

鉱山監督者についての著者の設問。「もちろん、鉱山監督者はこの話における悪役である。彼は、危険な状況にあることを知っていながら、坑夫たちを炭坑に送り出した。しかし彼の主張によれば、それは会社のために良かれと思ってやったことであった。彼はその企業の所有者と契約を結んでおり、収益を上げる義務があった。彼は悪い決定を下した。しかし経営に携わる者はすべてリスクを負わなければならない。彼が不運であったことは明らかであった。このような弁護は、説得力を持つように思えるか。

この鉱山監督者は、より時間のかかる手段をとった場合と比べて会社に費用がかかるにもかかわらず、迅速な手段で穴に閉じ込められた坑夫たちを救おうと判断した。このようなやり方で、会社により多額の支出をさせる権利が鉱山監督者にあるのか。人間の生命を、支出金額との比較でもって評価することができるのか。人間の生命はすべての金銭的価値を超えるとの主張は、道徳的に聞こえるし、ある意味ではそのとおりである。しかし、社会や人々が、生命を救うために費やすことになる、また費やすことのできる、あるいは費やすべき金額には限度がある。だがその金額を決定するための方法は、統計的な平均年令まで生きるものとして、残りの人生で生み出されると思われる所得総額からその期間に使用される資源の総額を引いた金額を、人間の価値とするといったわけにはいかない。ではいったい、どのようにして決定するのか。人間の生命を金銭的支出と比較検討するにはどうすればよいのか、またどうすべきであるのか。道路を建設する場合であれ、自動車を設計する場合であれ、あるいはその他の多くの製品を作る場合であれ、製品に組み込む安全性と製品のコストとの間には、トレード・オフの関係が存在する。極度に安全な車を作ろうとすれば、比較的安全である車と比べて、その費用はいちだんと高くつく。われわれは、極度に安全な車と比較的安全な車との違いを、運転中に死亡する確率の違いとして、数字で表すことができる。そのような決定は、自動車メーカー、消費者、政府、あるいは何か他のグループによって行われるべきか。

鉱山監督者は、救助作業のための志願者を募った。志願者のうち三名が死亡した。マネージャーは、最初の爆発事故で死亡した三名の坑夫に対するのと同じ意味で、三名のボランティアの死に対しても責任があったのか。それぞれの死に対して、会社は責任があったのか。会社は、そのような状況下で、従業員や従業員の家族に対して責務を負うのか。あるいは、鉱山監督者のみが責務を負うのか。もしも鉱山監督者が坑夫にガスのレベルは危険であると警告しており、これに対して坑夫たちが、その日の賃金のために働くとの決定を下したとしたら、鉱山監督者は、坑夫の死に対して責任があったのか。金を稼ぐだけのために人々が危険な仕事をするのは、道徳的なことか。金を稼ぐためにそうした仕事を人びとに強いるようなシステムは、道徳的と言えるのか。会社には、どの程度まで、労働者を保護し、彼らが事故に遭うのを防ぐ道徳的責務があるのか。」

（四五～四六頁）

米国の経営倫理ではこのような作例による倫理判断の訓練が多く見られる。この場合、解答は与えられていない。

また練習問題がついているのも米国流である。これらにも一般に解答はついていない。引用した章に付けられた練習問題を掲げておく。

「1　ビジネスの非道徳性の神話とは何か。どの程度正しいのか。あるいは、間違っているのか。

2　ビジネスが前提とするいくつかの道徳的価値とは何か。

3　ビジネスの仕事が何であるかを決めるのは、誰か。

4　企業が法の範囲内で経営しているのならば、それによってその企業は道徳的に経営していることになるのか。

5　次の用語を定義せよ。倫理、道徳、記述倫理学、規範倫理学、メタ倫理学、決疑論、ビジネス・エシックス。

6　会社内部の個人行動の倫理は、企業の倫理や企業がアメリカの自由企業システム内部で経営しているという事実によって、どのような影響を受けているのか。

7　ビジネス・エシックスにメタ倫理的な問題はあるのか。もし、あるとすれば、それはいかなるものか。もし、ないとすれば、なぜないのか。

8　アメリカのビジネスに変化を起こすか否かを質問することによって、ビジネス・エシックスを評価することは、適切か。

9　落盤事故の事例において、いずれにしろ、鉱山監督者は非倫理的な行動をとったのか。その答えの理由を説明しなさい。

10　落盤した鉱山の事例において、七人の閉じ込められた生存者を救出しようとして八人あるいはそれ以上の志願者が死亡するかもしれないということがあらかじめ予測できたとしたら、志願者たちに救援を求めることは、倫

理的に許されることだったであろうか。なぜか。あるいは、なぜそうでないのか。」（四七〜四八頁）

○水谷雅一『経営倫理学のすすめ』

広い領域に目が行き届いた入門書である。

「さて「経営倫理」というと、旧来からの考えでは、一見、自己矛盾とみられがちである。なぜなら、昔から「経営」とは企業に代表されるように究極的には「儲ける」ための活動であり、たとえば、企業の最終目標は最大利益の追求だとよく言われる。これに「倫理」という、いわゆる道徳的な考えや規則を尊重するものを付加して、一つの複合コンセプトをつくること自体、自己憧着で、ナンセンスだと思われやすいからである。しかし、一見このように矛盾する「経営倫理」が、実は今日ほど強く求められている時代はないと言っても過言でないほどに注目され始めたわけである。

たしかに、世界で最も早くからこの「経営倫理」を取り上げたアメリカでも、初期の一九七〇年代の初め頃には、企業人の多くが、経営倫理なんて企業活動に所詮は関係ないものとか、企業の儲けようとする活動の足を引っ張る考え方だとか、批判的否定論が展開されていたと言われている。

それが一九八〇年代に入ると、そうした疑念や批判がほとんど影をひそめ、むしろ、積極的に容認するばかりか、現代企業に不可欠の考え方だとする認識が浸透するようになった。それは、単に企業ガラミのスキャンダルをはじめとする各種の反社会的な不祥事件が後を絶たないためばかりでなく、企業存在そのものや企業経営のあり方そのものが社会の道理や人間や地球のあり様から改めて見直されてきたからである。

わが国でも、最近は「経営倫理」の必要性について徐々ながら認識され始めてはきたが、まだ、その本当の意義や期待される役割について必ずしも充分に理解されているとは言い切れない。」（『経営倫理学のすすめ』丸善ライブラリー、三〜四頁）

○T・R・パイパー、M・C・ジェンタイル、S・D・パークス『ハーバードで教える企業倫理』

そのタイトルで読者の注目を引く。ともかく経営倫理は米国で始まり、もっとも盛んなのだし、総本山のハーバードなので、その章立ての説明を一部分見ておこう。

「第1章（パイパー教授）では、現代アメリカにおいて顕著にみられる冷笑主義（シニシズム）に、ビジネス・スクールはいかに対処すべきかということが議論される。冷笑主義は、あらゆるものを冷ややかに見て、それを改善するための建設的意見を出さない。一九八〇年代におきた金融スキャンダルなどを考えると、たしかに人間はもともと詐欺的性格をもち、それにはなんの改善策もないといった冷笑主義が導き出されがちで、なかでもビジネス・スクールこそ、そうした冷笑主義の標的のひとつになりやすい。ハーバード・ビジネス・スクールは、そうした社会の風潮にたいして、《リーダーシップ、倫理および企業責任（LECR）》計画でもって、マネジメント教育を倫理的、社会的視点から改革するという挑戦的な試みをなすことにしたのである。

第2章（パークス上級研究員）では、発達心理学の研究成果やハーバード・ビジネス・スクールの新入生の意識調査などをもとにして、ヤングアダルト期の二〇代から三〇代前半においても価値観や倫理観が変わりうることを実証することで、彼らに企業倫理を教えることに学問的正当性をあたえている。とくに、ヤングアダルトが自分たちの身近な人たちにたいしては、倫理的行動をとれるが、社会的問題になると無関心になる傾向があることを指摘する。そうした視野の狭さを克服し、社会システムの複雑性や曖昧性に耐える適応力をもち、広い視野をもてるようにするためには、たんなるリーダーでなく、精神的なささえにもなるメンターの指導を受けなければならないとする。ビジネス・スクールこそそうした学生にメンターの役割をはたすべきで、そのために教授陣はメンターの集まりとしてのメンタリング・コミュニティーを形成する必要があるというわけだ。そのようなビジネス・スクールでは、学生に種々の慣習的な倫理に疑問をもたせるべきであるとされる。たとえば、ノーブレス・オブリージも、それが、功成り名とげたあとで善行をつめばよいといった風に解釈されると、そこにいたるまでのプロセスが問われなくなるおそれがあるので、そのプロセスの重要性も教えなければならない。要するに、ハーバード・ビジネス・スクールのカリキュラムに倫理を導入するための学問的根拠が存在し、それが、MBAにたいする社会からの批判にこたえる方途でもあることが指摘されているのだ」（小林俊治・山口義昭訳『ハーバードで教える企業倫理』生産性出版、ii〜iii頁）。

第四章　正義論

○ポリス的（国的）動物としての人間

「何故に人間は凡ての蜜蜂や凡ての群居動物より一そう国的であるかということも明らかである。何故なら自然は、われわれが主張するように、何ものをも無駄に作りはしないのに、動物のうちで言葉をもっているのはただ人間だけだからである。声なら、これは快・苦を示す徴《しるし》であるから、従って他の動物もまたもっている（何故ならこの程度、すなわち快・苦の知覚をもち、それを互に示めし合う程度まではこれらの動物の自然も発達しているからである）、しかし言葉は有利なものや有害なもの、従ってまた正しいものや不正なものをも明らかにする為に存するのである。何故ならこのことが、すなわち独り善悪正邪等々について知覚をもつということが、他の動物に比べて人間に固有なことであるからである。そして家や国を作ることの出来るのは、この善悪等々の知覚を共通に有していることによってである。」

（アリストテレス、山本光雄訳『政治学』岩波文庫、一二五頁）

○ロールズにおける正義と平等

「平等な正義を受ける資格があるのは、厳密には、道徳的人間であるというのが、極く自然な答であるように思える。道徳的人間は、二つの特徴によって識別される。第一に、彼らは自分の善の概念をもつことができることであり（そして持っていると仮定される）、第二に、正義感を、つまり正義の原理を適用しそれにもとづいて行為したいという通常は有効な願望を、少なくとも一定の最小限度までは、持つことができることである。」（ロールズ、矢島欽次監訳『正義論』紀伊國屋書店、三九三頁）

○フランケナによる規則功利主義批判

「R1とR2という二つの規則があり、その両者が一緒にはわれわれの道徳の一部とはなりえない、と仮定しよう。さらにつぎの仮定をしよう。まず、だれもがつねに適当な状況でこれらの各規則にのっとって行動する場合の結果をわれわれは知っているとしよう（むろん実際はこれを知るには大きな困難があろう）。つぎに、できるかぎりのことをしてこれら行為の結果の価値をわれわれが計算したとき、得点は均等であることがわかるとしよう――つまり、二つの場合について、結局はこの世全体に対して悪にまさる同量の善をわれわれは得ることがわかるとしよう。とすれば、R1とR2とは同等に十分正邪の原理として役立ち、両者の間に選択の余地を認める根拠はない、と規則功利主義者はいわねばなるまい。しかし、両規則は実現された善の量を異なったしかたで配分する、ということはいぜんありうる：R1にもとづいて行動すれば、受ける側にそれに値する功績がないのに（ここで功績を重要なものとすることはすでに功利主義をすてることになる）比較的少数の一団のひとびとに善のすべてを与えるかもしれないが、R2にもとづいて行動すれば、社会の成員のより広範囲な部分にわたってもっと平等に善をゆきわたらせることになるかもしれない。この場合、R1は不公正な規則であり、R2の方が道徳的には望ましい、といわなければならないし、事実われわれはそういうであろう――私にはこう思われる。そして、もしそうならば、われわれは規則功利主義さえもすてなければならない。」

（フランケナ、杖下隆英訳『倫理学』培風館、五八～五九頁）

○「秩序ある社会」

「社会が構成員の善を増進するよう企図されているだけでなく、正義の公共的概念によって有効に規制されている時、その社会は秩序ある社会であるということにしよう。それは、つまり(1)誰もが正義の諸原理を受け入れていて、かつ、他の人々も同じ正義の諸原理を受け入れていることを承知してい て、⑵基本的な社会制度は一般的にこれらの原理を満たして おり、また満たしていることが一般的に知られている、社会 である。」

（ロールズ、前掲『正義論』四頁）

○「公正」とは

「お互いに他人に対していかなる権威ももたない自由な人々が共同の活動に携わり、その活動を明確にし、その各々の利益や負担の分担を決定するルールを、自分達の間で決めたり承認する場合に、公正の問題が生じるのである。（中略）ある実践が正義にかなっている、つまり公正であるのは、それが、その実践に参加する人々が前述のような状態において相互に受け容れることを提案しあえるような諸原理を満たしている場合である。」（ロールズ、田中成明編訳『公正としての正義』木鐸社、四八頁）

○「原初状態」

「公正としての正義においては、平等な原初状態は、伝統的な社会契約論における自然状態（the state of nature）に対応している。もちろん、この原初状態は、実際の歴史上の事態として、ましてや文化の原始的な状態として、考えられているものではない。それは、ある正義の概念をもたらすように特徴づけられた、純粋に仮説的な状況であると理解される。この状況の本質的な特徴の中には、誰も社会の中での自分の位置や階級上の地位あるいは社会的身分を知らないばかりでなく、生来の資産や能力、知性、体力その他の分配における自分の運も知らないということがある。そして、当事者は自らの善の概念あるいは自分の特異な心理的性向を知らないことまでも、私は仮定しよう。正義の諸原理は、無知のヴェールの背後で選択される。このことが、諸原理の選択において、自然の運あるいは社会環境の偶然性の結果によってだれも有利にも不利にもならないことを、保証する。」

（ロールズ、前掲『正義論』九頁）

○「正義の諸原理」

ロールズは、正義の諸原理をまず§11で提示し…(A)、第二原理を§13で厳密化した上で…(B)、多くの議論を踏まえて§46でその最終的な定式を示している…(C)。ここではそのすべてを提示しておく。

(A)

「二つの原理の最初の言明は次の通りである。

第一原理：各人は、他の人々の同様な自由の図式（見取り図）と両立する平等な基本的自由の最も広汎な図式（見取り図）に対する平等な権利をもつべきである。

第二原理：社会的、経済的不平等は、それらが(a)あらゆる人に有利になると合理的に期待できて、(b)全ての人に開かれ

ている地位や職務に付随する、といったように取り決められているべきである。」（〔 〕内は引用者による）

(B)
「社会的、経済的不平等は、それらが、(a)最も不利な立場にある人の期待便益を最大化し、(b)公正な機会の均等という条件の下で、全ての人に開かれている職務や地位に付随する、ように取り決められているべきである。」

(C)
「第一原理

各人は、全ての人の同様な自由の体系と両立する平等な基本的自由の全体体系を最大限度までもつ平等な権利を有するべきである。

第二原理

社会的、経済的不平等は、それらが次の両者であるように取り決められるべきである。

(a)正義に適う貯蓄原理と矛盾せずに、最も恵まれない人の便益を最大化すること。

(b)公正な機会の均等という条件の下で、全ての人に解放されている職務や地位に付随していること。」

（同書、四七、六四、一一三二一頁）

○正義論と不確定性

「正義論における不確定性はそれ自体、欠点ではない。それこそがわれわれの期待すべきものなのである。公正としての正義は、もし、それが、既存の理論がそうである以上にわれわれの慎重な判断にしたがって、正義の範囲を定義するならば、そして、それが、より鋭利に、社会が避けるべき重大な悪を排除するものであれば、価値ある理論であることを証明するであろう。」

（同書、一五七頁）

○正義感（the sense of justice）

「正義に適う体系は、自からへの支持を生み出さなければならない。体系は、構成員に対応する正義感を、つまり正義に根拠をもつルールにしたがって行為したいという有効な願望を、よびおこすように取り決められていなければならないというのが、この意味である。」

（同書、一一〇五頁）

○道徳的発達に関する三つの心理法則

「第一法則：家族制度が正義に適っていて、親が子供を愛して、子供の善を気にかけることによって愛情を表面に表わしているとすれば、その時には、子供は自分へのはっきりそれとわかる愛を認めて、親を愛するようになる。

第二法則：仲間感情に関する人の力量が第一法則に従った愛着心の習得によって実現されたとすれば、そして社会的取り決めが正義に適っていて、正義に適っていると全員に公共的に知られているとすれば、その時には、他者がはっきりした意図をもって連合体の義務を受諾し、自分の持ち場の理念にしたがって行為しているので、この人は、他者に対する友愛的な感情と信頼の絆を発達させる。

第三法則：仲間感情に関する力量が第一法則に従った愛着心の形成によって実現されているとすれば、そして社会の諸制度が正義に適っていて、全員によって正義に適っていると公共的に知られているとすれば、その時には、この人は、自分と自分の気にかけている人々とがこうした取り決めの受益者であることを認識しているので、それに対応する正義感を獲得する。」

（同書、三八三頁）

○善の多様性は善である

「秩序ある社会では、諸個人の人生計画は、これらの計画が異なる狙いを重視し、そして、人々には自分たちの善を決定する自由があり、他の人々の意見は単に助言とみなされるにすぎない、という意味で異なるものである。さて、善概念のこうした多様性はそれ自体善なる事である。すなわち、秩序ある社会の構成員たちが相異なる計画を求めることは合理的である、ということである。その理由は明白である。人間はさまざまな才能や能力を持っているが、その全部はどんな個人、あるいは複数の個人からなる集団によっても実現しえないからである。したがって、われわれはわれわれの発達した性癖の補完的性質から便益を得るだけでなく、またわれわれはお互いの活動を楽しむのである。それはあたかも、われわれが涵養しえなかったわれわれ自身の一部を他の人々が生み出しているかのようである。」

（同書、三五〇頁）

○善とは何か

「われわれの善は、未来が正確に予見され、適確に想像される場合に、われわれが十分思慮ある合理性をもって採用するような人生計画によって決定されるのである。」

（同書、三三九頁）

○共同体主義の自我論

「というのは、私はただの個人としては、善そのもの（the good）を求め、諸徳を実行することが決してできないからである。この理由の一部は、たとえ人間の生に具現されるのは〈善い生〉という同一の概念そして諸徳の同一の組合せであっても、〈善き生を生きる〉ということが何かは環境によって具体的には変化する点にある。（中略）私たちは皆、特定の社会的同一性の担い手として自分の環境に接近する（中略）。私は誰かの息子か娘であり、別の誰かの従兄弟か叔父である。私はこのあるいはあの都市の市民であり、特定のギルド、職業団体の一員である。私はこの一族、あの部族、この民族に属している。したがって、私にとって善いことは、これらの役割を生きている者にとっての善であるはずだ。そういう者として私は、私の家族、私の都市、私の部族、私の民族の過去から、負債と遺産、正当な期待と責務をいろいろ相続しているのである。これらは私の人生の所与となり、私の道徳の出発点となっている。私の人生に独特の道徳的特性を与えるものは、部分的にはこういったものである。」（マッキンタイア、篠崎榮訳『美徳なき時代』みすず書房、二六九〜二七〇頁）

○「物語を語る動物」としての人間

「一つの中心的なテーゼがここで姿を現し始める。〈人間はその行為と実践において、虚構においてと同様、本質的に物語を語る動物（story-telling animal）である〉とのテーゼである。ただし人間は、本質的に真理に就こうとする物語の語り手であるのではなく、自分の歴史をとおしてそうした語り手になっていくのである。しかし、人々にとって鍵となる問いは、彼らが自分で創作したかどうかではない。「私は何を行うべきか」との問いに答えられるのは、「どんな（諸）物語の中で私は自分の役を見つけるのか」という先立つ問いに答えを出せる場合だけである。私たちが人間の社会に仲間入りするということは、一つか複数の負わされた役回り――私たちが選り抜かれて与えられた役割のこと――をもってなのであり、その役回りが何であるかを学んで初めて、どのように他の人々は私たちに応答するか、そしてその人たちに対する私たちの応答はどのように説明されるのが適切か、を理解できるのだ。」（同書、二六四〜二六五頁）

○アイデンティティと言語

「もし〔アイデンティティの〕内面における形成が、独白的な意味に（monologically）理解されるならば、事柄の性格上、そういったものは存在しない。アイデンティティと承認との間の密接な結びつきを理解するためには、人間の条件の決定的な特徴のひとつを考慮にいれる必要があるが、近代哲学の主流の持つ圧倒的に独白的な傾向によって、この特徴は、ほとんど見えなくされてきた。

人間の生の、この決定的な特徴とは、それが根本的に対話的（dialogical）な性格を持つということである。我々は、表現のための豊かな人間言語を身につけることによって十全な人間主体となり、自らを理解し、自らのアイデンティティを定義づけることができるようになる。ここでの目的のために、私は言語を広義に解釈したい。すなわち我々の話す言葉のみでなく――芸術、身ぶり、愛などの「言語」を含めて――我々が自己を定義づける手段となる他の表現形態をも含めたい。しかし我々はこれらの表現形態を他者との交渉を通じて学ぶのである。人々は自己定義に必要な言語をひとりで獲得するのではない。むしろ我々は、我々にとって重要である他者――ジョージ・ハーバート・ミードが「重要なる他者」と呼んだもの――との相互作用を通じて、それらの言語へと導かれるのである。この意味で、人間の心の起源は独白的ではない。すなわち、それぞれの人がひとりで達成するものではない。それは対話的なのである。」（テイラーほか、佐々木毅・辻康夫・向山恭一訳「承認をめぐる政治」、ガットマン編、佐々木毅・辻康夫・向山恭一訳『マルチカルチュラリズム』岩波書店、四六～四七頁）

○実践と権威

「実践には、諸善の達成だけでなく、卓越性の基準と規則への服従とが含まれる。実践に入るとは、これらの基準に権威があり、その基準で判断された私自身の仕事振りは不十分なものだと、認めることである。それは、私自身の態度、選択、嗜好、趣味を、その実践を目下のところ部分的に定義している諸基準に服させることである。実践には言うまでもなく、いま注目したように、歴史がある。すなわち、競技、科学、芸術などすべては歴史をもっている。だから、基準はそれ自体、批判から免れているわけではないが、それにもかかわらず、これまで認識された最善の基準がもつ権威を認めなければ、ある実践に入門を許されることはできないのだ。」

（マッキンタイア、前掲『美徳なき時代』二二三頁）

○徳の定義

「徳とは、獲得された人間の性質であり、その所有と行使によって、私たちは実践に内的な諸善を達成することができるようになる。またその欠如によって、私たちはそうした諸善の達成から効果的に妨げられるのである。」

（同書、二三四頁）

○解釈の出発点

「私たちは私たちが現にいる場所からしか出発せざるをえないのだ。しかしながら、私たちがいるところはつねに、価値をもった何らかの場所である。そうでなかったとしたら、私たちがそこに住みつくことは決してなかったであろう。」（ウォルツァー、大川正彦・川本隆史訳『解釈としての社会批判』風行社、二一頁）

○解釈としての社会批判

「社会との繋がりを欠いた（disconnected）批判、したがって新しく〈発見〉ないし〈発明〉された道徳規範から引き出される批判につきものの問題点は、批判が圧力となって、それを実践する者を操作と強制とに向かわせるということにある。（中略）社会批判は科学的な知識の実の子孫であるというよりも、人びとが共有する不平の教養ある兄弟分である。私たちは、いわば現存の道徳に磨きをかけ、私たち自身の社会と完全に異なってはいないとしても、それよりは公正な社会に関する物語を語ることによって、無理なく批判者へと生成するのである。」

（同書、八四〜八五頁）

第五章　古代ギリシア・ローマの倫理

○英雄サルペードーンの言葉　貴族戦士の倫理

「グラウコスよ、何故われら二人がリュキエにおいて特に重んぜられ、上席に坐り肉も酒も他の者より多く飲みかつ食らい、皆が神の如く仰ぎ見てくれるのであろう。（中略）これを思えば今われらは、リュキエ勢の第一線にあって踏み留まり、燃えさかる火の如き激戦に立ち向かってゆかねばなるまい。さすれば武装堅固なリュキエ人のたれかれが、こういってくれるかも知れぬ。『なるほど、リュキエを治めておられる殿様方は並のお人ではない、肥えた羊、極上の美酒を飲み食いされても文句はいえぬ。リュキエ勢の先陣にあって戦っておられるところを見れば、その御力も大したものだからな』とでもな。友よ、もしもわれら二人がこの戦いを無事に切り抜けさえすれば、いつまでも老いも死も知られずにいられるものならば、わたしも第一線で戦うこともなかろうし、男子がその名を挙げる戦場に、おぬしを送ることもなかったろうに。さはいえ今のありようは、数も知れぬほどの死の運命がわれらの身に迫っており、人間の分際ではこれを逃れることも避けることもできぬ。されば勝利の栄誉は、われらが敵に与えるか、敵がわれらに譲るかは判らぬが、今は進んでゆこうではないか。」（ホメロス、松平千秋訳『イリアス』上、第十二歌、岩波文庫、三八五〜三八六頁）

○鉄の時代　不正のはびこる現代

「かくなればわしはもう、第五の種族とともに生きたくはない、

むしろその前に死ぬか、その後に生れたい。

今の世はすなわち鉄の種族の代《だい》なのじゃ。

（中略）

父は子と、子は父と心が通《かよ》わず、

客は主人と、友は友と折りあわず、

兄弟どうしも昔のように親密な仲とはならぬであろう。

親が年をとれば、たちまちこれを冷遇し、

悪罵を放って誹《そし》るようになる——

神々を恐れることを知らぬ、けしからぬ振舞いじゃ。

かかる人間であれば、年老いた両親に、その養育の恩に報いることもするまい、

正義は力にありとする輩《やから》で、互いにその国を侵すことになるであろう。

誓いを守る者、正義の士、善人を尊ぶ気風はすたれ、

むしろ悪事を働く者、暴力をふるう者を重んずるようになる。

正義は腕力の中にあり、廉恥の心は地を掃《はら》うであろう。
佞人《ねいじん》は邪《よこ》しまな言辞を弄して善人を傷つけ、
偽りの誓いを立てて、それを繕《つくろ》うであろう。
悲惨なる人間には誰かれとなく、「妬み心《ゼーロス》」がとりついて
離れぬであろう、
口汚く、凶事《まがごと》を好み、憎々しい面《つら》がまえの「妬み心」がな。
かかる世となったならば、アイドース（廉恥）とネメシス
（義憤）の二神は、
その美《うる》わしい肌を白衣《びゃくえ》に蔽い、
人間どもを見捨てて、道広き地上から、
オリュンポスなる神々の許《もと》へ去られるであろう。
かくして人間には、悲惨な苦悩のみ残り、災難を防ぐ術《すべ》も
なかろう」。
（ヘシオドス、松平千秋訳『仕事と日』岩波文庫、三二～三五頁）

○疫病と人身の荒廃

「そしてついにこの疫病は、ポリスの生活全面にかつてなき無秩序を広めていく最初の契機となった。人は、それまでは人目を忍んでなしていた行為を、公然とおこなって恥じなくなった。（中略）生命も金もひとしく今日かぎりと思うようになった人々は、取れるものを早く取り享楽に投ずるべきだ、と考えるようになった。栄光の目的地に到達するまでに生命があるかどうかさえ判らなくなると、誰ひとりとして名を惜しみ苦難に耐え続けていこうと真剣に考えたがらなくなった。その反対に、今の歓楽とこれに役立つものであればみな、すなわち利益であり、誉れであり、善であるとする風潮がひろまった。そして宗教的な畏怖も、社会的な掟も、人間にたいする拘束力をすっかり失ってしまった。」

（トゥーキュディデース、久保正彰訳『戦史』上、岩波文庫、二四〇～二四一頁）

○伝統倫理の危機　敬虔

「天高く歩む掟に従い、言葉でも
行ないでもおしなべて清らかに
汚れなく過ごす定めがわたしとともに
あるように！　その掟こそ天の高みに
生まれ、オリュムポスひとりを
父とするもの。死すべき人間の性《さが》が
生み出したものでもなく、
忘れられ、眠ることもない。
そこには大いなる神が
宿り、老いることもない。
驕《おご》りは暴君を生む。驕りは
時宜にかなわぬ、益なき富に

いたずらに満たされるなら、
笠石の頂きに登りつめ、にわかに
避けられぬ断崖の淵にいたる。
そこでは足はなんの足しにもならない。
ただ国のための闘争を
神がさしとめられぬよう、
わたしは祈る。たえずわたしは
神をわが守り手と仰ぎまつろう。

行ないにせよ言葉にせよ
驕《おご》りの道をすすみ、正義の女神
ディケーをおそれず神々の座を
うやまわぬ者がいるなら、
呪われた思い上がりが仇となり、
みじめな定めにつかまるがよい、――
不正な利をもとめ、
不敬な行ないより身を遠ざけず、
触れてはならぬものに
おろかにも手を出すならば。
だれがそののち神の矢を防ぎ
おのが命を守れようか。
かかる振舞いが尊ばれるならば、
なぜわたしが奉納の舞いを
舞わねばならぬのか。

もはやわたしは聖なる
大地のへそに詣でず、
アバイの神の社にも、
オリュムピアーにも参詣すまい、――
これらの予言が成就し、なべての民に
指し示されるのでなければ。
支配者よ、万物を統《す》べるゼウスよ、
御名《みな》のとおりなら、このことが
あなたのおん目を、あなたの
不滅の統治をまぬかれぬように！
昔、ラーイオスにくだされた予言は
いまないがしろにされ、消えんとす。
アポローンを崇《あが》める者は
いづこにも見えず、神を
尊ぶ心は失せんとす。」
（ソポクレース、岡道男訳「オイディプース王」『ギリシア悲劇全集』3、岩波書店、五七〜六〇頁）

○カリクレスの演説　自然の正義

「しかしながら、ぼくの思うに、法律の制定者というのは、そういう力の弱い者たち、すなわち、世の大多数を占める人間どもなのである。だから彼らは、自分たちのこと、自分たちの利益のことを念頭において、法律を制定しているのであり、またそれにもとづいて賞賛したり、非難したりしているわけだ。つまり彼らは、人間たちの中でもより力の強い人たち、そしてより多く持つ能力のある人たちをおどして、自分たちよりも多く持つことがないようにするために、余計に取るのは醜いことで、不正なことであると言い、また不正を行なうとは、そのこと、つまり他の人よりも多く持とうと努めることだ、と言っているのだ。というのは、思うに、彼らは、自分たちが劣っているものだから、平等に持ちさえすれば、それで満足するだろうからである。

かくて、以上のような理由で、法律習慣の上では、世の大多数の者たちよりも多く持とうと努めるのが、不正なこと、醜いことだと言われているのであり、またそうすることを、人びとは不正行為と呼んでいるのだ。しかし、ぼくの思うに、自然そのものが直接に明らかにしているのは、優秀な者は劣悪な者よりも、また有能な者は無能な者よりも、多く持つのが正しいということである。そして、それがそのとおりであるということは、自然はいたるところでこれを明示しているのだが、つまりそれは、他の動物の場合でもそうだけれども、特にまた人間の場合においても、これを国家と国家の間とか、種族と種族の間とかいう、全体の立場で考えてみるなら、そのとおりなのである。すなわち、正義とは、強者が弱者を支配し、そして弱者よりも多く持つことであるというふうに、すでに結論は出てしまっているのだ。（中略）この人たちがそういうことをしているのは、自然――つまり正義の自然本来のあり方に従ってであると思う。

それにまた、そうだ、ゼウスに誓っていいが、彼らはたしかに法にも従っているのだ。しかしその法とは、自然の法であって、おそらくわれわれが勝手に制定するような法律ではないだろう。われわれはその法律なるものによって、自分たちのなかの最も優れた者たちや最も力の強い者たちを、ちょうど獅子を飼いならすときのように、子供の時から手もとにひきとって、これを型通りの者につくり上げているのだ。平等に持つべきであり、そしてそれこそが美しいこと、正しいことだというふうに語りきかせながら、呪文を唱えたり、魔法にかけたりして、彼らをすっかり奴隷にしてだね。しかしながら、ぼくの思うに、もしかして誰か充分な素質をもった男が生まれてきたなら、その男は、これらの束縛をすべてすっかり振い落し、ずたずたに引き裂き、くぐり抜けて、われわれが定めておいた規則も術策も呪文も、また自然に反する法律や習慣のいっさいをも、これを足下に踏みにじって、このわれわれの奴隷となっていた男は、われわれに反抗して立ち上り、今度は逆に、われわれの主人として現われてくることになるだろう。そしてそのときこそ、「自然の正義」は燦然と輝き出すことになるのだ。」（プラトン、加来彰俊訳

「ゴルギアス」『プラトン全集』9、一一四～一一六頁）

○ソクラテスの使命

「しかし、わたしが命に従うのは、むしろ神に対してであって諸君にではないだろう。すなわちわたしの息のつづくかぎり、わたしにそれができるかぎり、決して知を愛し求めること（哲学）を止めないだろう。わたしは諸君に勧告し、いつ誰に会っても、諸君に指摘することをやめないだろう。そしてその時のわたしの言葉は、いつもの言葉と変りはしない。世にもすぐれた人よ、君はアテナイという、知力においても、武力においても、最も評判の高い、偉大なポリス（市民国家）の一員でありながら、ただ金銭を、できるだけ多く自分のものにしたいというようなことに気をつかっていて、恥ずかしくはないのか。評判や地位のことは気にしても、思慮と真実には気をつかわず、たましい（いのちそのもの）を、できるだけすぐれたよいものにするように、心を用いることもしないというのは、と言い、もし諸君のうちの誰かが、これに異議をさしはさみ、自分はそれに心を用いていると主張するならば、その者をわたしは、すぐには去らしめず、またわたしも立ち去ることをせず、これに問いかけて、しらべたり、吟味したりするでしょう。そしてその者が徳（よさ）を、もっているように言い張っているけれども、実際にもってはいないと、わたしに思われるなら、いちばんたいせつなことをいちばんそまつにし、つまらないことを、不相応にたいせつにしているといって、わたしは非難するでしょう。（中略）諸君のうちの若い人にも年寄りの人にも、誰にでも、たましいができるだけすぐれたよいものになるよう、ずいぶん気をつかわなければならないのであって、それよりも先に、もしくは同程度にでも、身体や金銭のことを気にしてはならないと説くわけなのです。そしてそれは、金銭をいくらつんでも、そこからたましいのよさ（徳）が生れてくるわけではなく、金銭その他のものが、人間のために善いものとなるのは、公私いずれにおいても、すべてはたましいのよさによるのだからと言うわけなのです。」（プラトン、田中美知太郎訳「ソクラテスの弁明」『プラトン全集』1、岩波書店、八二～八五頁）

○幸福

「『いったい、われわれ人間というものは、誰でも旨《うま》くいくこと（幸福であること）を望みはしないか。（中略）われわれが初めに挙げた善いもの、すなわち、富や健康や美の使用について見てみても、すべてこのようなものを正しく用いる道を教え、その行為を旨く成し遂げさせるのは、きっと知識ではないか、（中略）われわれの最初に善いものであると言ったすべてのものが、遺憾ながら、どうしてもともとそれら自らただ自分らだけで善いものであるかという問題についてなされてきたものではないようだ、むしろ僕の見るところでは、次のようなものだ。すなわち、もし愚昧がそれらの道案内をすれば、それらが、その悪くある案内者に随うことができればできるだけ、その反対のものどもよりもそれだけ大きな悪いものである。これに反して、もし思慮や知恵が道案内をすれば、それらは、それだけ大きな善いものである、しかしそれらのどちらも、それら自らただ自分らだけでは、何の値打もないものだ。（中略）他のものはどれ一つとして善いものでもなければ悪いものでもなくて、これら二つあるうちで、一方の知恵は善いものだが、他方の愚昧は悪いものである、ということになるだろう。（中略）われわれは皆幸福であることを心から望んでいるが、しかしかようなものになるのは物を用いること、しかも正しく用いることによってであるということがわかったし、それにこの正しさ、成功というものをもたらすのは知識であることがわかったから、それで人は皆できるだけ知恵のある人になるように、どうにでもこうにでもして身を修めなければならないようだ。それとも違うかね』と私は言った。」（プラトン、山本光雄訳「エウテュデモス」『プラトン全集』8、岩波書店、二二〜二三頁）

○善のイデア

「つまり、視覚を通して現われる領域というのは、囚人の住いに比すべきものであり、その住いのなかにある火の光は、太陽の機能に比すべきものであると考えてもらうのだ。そして、上へ登って行って上方の事物を観ることは、魂が〈思惟によって知られる世界〉へと上昇して行くことであると考えてくれれば、ぼくが言いたいと思っていたことだけは——とにかくそれを聞きたいというのが君の望みなのだからね——とらえそこなうことはないだろう。

ただし、これが真実にまさしくこのとおりであるかどうかということは、神だけが知りたもうところだろう。とにかくしかし、このぼくに思われるとおりのことはといえば、それはこうなのだ。——知的世界には、最後にかろうじて見てとられるものとして、〈善〉の実相（イデア）がある。いったんこれが見てとられたならば、この〈善〉の実相こそはあらゆるものにとって、すべて正しく美しいものを生み出す原因であるという結論へ、考えが至らなければならぬ。すなわちそれは、〈見られる世界〉においては、光と光の主とを生み出し、〈思惟によって知られる世界〉においては、みずからが主となって君臨しつつ、真実性と知性とを提供するものであるのだ、と。そして、公私いずれにおいても思慮ある行ないをしようとする者は、この〈善〉の実相をこそ見なければならぬ、ということもね。」（プラトン、藤沢令夫訳「国家」第七巻『プラトン全集』11、岩波書店、四九八〜四九九頁）

○真の美

「ところで人間の営みの次には、もろもろの知識へと彼を導いて行かなければなりません。その目的とするところは、このたびもまた当の者がもろもろの知識の美を観取し、その眺める美もいまや広大な領域にわたるものとなって、もはや下僕のように、一人の少年の美とか、一人の大人の美、あるいは一つの営みの美というように、一つのもののもとにある美をありがたがってそれに隷属して、眼界狭小な人間としてあることのないようにということなのです。それどころか、美の大海原に向い、それを観想し、惜しみなく豊かに知を愛し求めながら、美しく壮大な言論や思想を数多く生み出し、ついには、そこで力を与えられ生長して、次のような美を対象とするごとき唯一のある知識を観取するようになるためなのです。（中略）

さて、いろいろの美を順序を追って正しく観ながら、恋の道をここまで教え導かれて来た者は、今やその恋の道の窮極目標に面して、突如として、本性驚歎すべきある美を観得することでしょう。これこそ、ソクラテスよ、じつにそれまでの全努力の目的となっているところのかのものなのです。すなわち、それはまず第一に、永遠に存在して生成も消滅もせず、増大も減少もしないものです。次に、ある面では美しいが他の面では醜いというものではなく、ある時には美しいが他の時には醜いというのでも、ある関係では美しいが他の関係では醜いというのでもなく、またある人々にとっては美しいが他の人々にとっては醜いというように、ある所では美しいが他の所では醜い、というものでもないのです。さらにまた、その美は見る者に、何か顔のような恰好をして現れるものでなく、また手や、そのほか身体《からだ》に属するいかなる部分の形をとって現れることもないでしょう。それに、何かある言論や知識の形で現れることもなく、またどこかほかの何かのうちに、例えば動物とか大地とか天空とか、その他何ものかのうちにあるものとして現れることもないでしょう。かえってそれ自身、それ自身だけでそれ自身とともに、単一な形相をもつものとして永遠にあるのです。」（プラトン、鈴木照雄訳「饗宴」『プラトン全集』5、九六～九七頁）

○正義の通念

「それは、〈正義〉とは何であり、どのような起源をもつものなのか、という問題です。

人々はこう主張するのです。――自然本来のあり方からいえば、人に不正を加えることは善（利）、自分が不正を受けることは悪（害）であるが、ただどちらかといえば、自分が不正を受けることによってこうむる悪（害）のほうが、人に不正を加えることによって得る善（利）よりも大きい。そこで、人間たちがお互いに不正を加えたり受けたりし合って、その両方を経験してみると、一方を避け他方を得るだけの力のない連中は、不正を加えることも受けることもないように互いに契約を結んでおくのが、得策であると考えるようになる。このことからして、人々は法律を制定し、お互いの間の契約を結ぶということを始めた。そして法の命ずる事柄を「合法的」であり「正しいこと」であると呼ぶようになった。

これがすなわち、〈正義〉なるものの起源であり、その本性である。つまり〈正義〉とは、不正をはたらきながら罰を受けないという最善のことと、不正な仕打ちを受けながら仕返しをする能力がないという最悪のこととの、中間的な妥協なのである。これら両者の中間にある〈正しいこと〉が歓迎されるのは、けっして積極的な善としてではなく、不正をはたらくだけの力がないから尊重されるというだけのことである。げんに、それをなしうる能力のある者、真の男子ならば、不正を加えることも受けることもしないという契約など、けっして誰とも結ぼうとはしないだろう。そんなことをするのは、気違い沙汰であろうから。

――〈正義〉というものの本性とは、ソクラテス、この説によれば、だいたいこういったものであり、また、そのそもの起源は、以上のようなものであるというのです。

つぎに、正義を守っている人々は、自分が不正をはたらくだけの能力がないために、しぶしぶそうしているのだという点ですが、このことは、次のような思考実験をしてみればいちばんよくわかるでしょう。つまり、正しい人と不正な人のそれぞれに、何でも望むがままのことができる自由を与えてやるわけです。そのうえで二人のあとをつけて行って、両者それぞれが欲望によってどこへ導かれるかを観察すればよい。そうすれば、正しい人が欲心（分をおかすこと）に駆られて、不正な人とまったく同じところへ赴いて行く現場を、われわれははっきり見ることができるでしょう。すべて自然状態にあるものは、この欲心をこそ善きものとして追求するのが本来のあり方なのであって、ただそれが、法の力でむりやりに平等の尊重へと、わきへ逸《そ》らされているにすぎないのです。」

（プラトン、藤沢令夫訳「国家」第二巻、同書、一〇八～一〇九頁）

○目的・機能・幸福

「われわれは、しかるに、「それ自身として追求に値するところのもの」は、「他のもののゆえに追求に値するごときもの」に比して、より究極的であり、また「いかなる場合にも決して他のもののために追求されることのないもの」は、「それ自身としても望ましいが、ときとしては、かのもののために望ましいものでもあるといったようなもの」に比して、より究極的であるというのであり、したがって、「常にそれ自身として望ましく、決して他のもののゆえに望ましくあることのないようなもの」は、これを無条件的に究極的であるという。

しかるに、かかる性質を最も多分に持つと考えられるのは幸福（エウダイモニア）である。なぜなら、われわれが幸福を望むのは常に幸福それ自身のゆえであって決してそれ以外のもののゆえではなく、しかるに、名誉とか、快楽とか、知（ヌース）その他いろいろのアレテー（卓越性・徳）をわれわれが選ぶのは、これらのもの自身のゆえでもあるが、（そのいずれの場合にあってもわれわれは何ものがそれから結果するのでなくともそれを選ぶだろうから、）しかしまた、幸福のために、すなわち、それによって幸福でありうるだろうと考えて選ぶこともあるのだからである。だが幸福をこれらのもののために選ぶひとはないのであり、総じて、幸福をそれ以外のことがらのために選ぶひとはいない。（中略）

　しかしながら、最高善は幸福にほかならないと説明するのは、けだし、何びとにも異論のないことがらを語るにすぎないのであって、真に要望されるのは、さらに、幸福とは何であるか、ということが、より判然と語られることであろう。

　このことは、おそらく、人間の機能《エルゴン》の何たるかが把握されるとき果たされるであろう。というのは、笛吹きとか彫刻家とかその他あらゆる技能者、総じて何らかその固有の機能とか働きとかを有しているひとびとにあっては、かかる機能を果たすことにその善とよさがあるごとく、人間についてもまた、何らか「人間の機能」なるものが存在するかぎり、これと同様なことがいえると考えられるからである。（中略）

　生きている（ゼーン）ということは植物にも共通な機能であると見られる。ここで求められているのは、しかるに、人間に特有の機能である。それゆえ、食養摂取とか成育とかの意味における生は除外されなくてはならぬ。次には感覚的な或る生が問題になるであろうが、これも馬や牛やその他あらゆる動物に共通の機能であると見られる。かくして残るところのものは、魂（プシュケー）の「ことわりを有する部分（ト・ロゴン・エコン）」のはたらき《プラクティケー》といった、そうした生のほかにはない。（中略）

　だが、人間の機能は、「ことわり」に即しての、ないしは「ことわり」を欠いていないところの、魂《プシュケー》の活動であるとするならば、そうしてまた、これこれのものの機能とすぐれたこれこれのものの機能とは同類の機能であるということを認めるならば——たとえば琴弾きの機能はすぐれた琴弾きの機能に同じく、その他いかなる場合について見てもまったくこれと同様であり、ただ、性能の優劣ということが後者の機能には付加されるのであって、すなわち、琴弾きの機能は琴を弾ずるにあり、すぐれた琴弾きの機能のそれはよく弾ずるにある——。もし以上のごとくであるとするならば、（中略）「人間というものの善」とは、人間の卓越性《アレテー》に即しての、またもしその卓越性が幾つかあるときは最も善き究極的な卓越性に即しての魂の活動であることとなる。

　のみならずまた、それは究極の生涯においてでなくてはならない。まことに、一羽の燕が、また或る一朝夕が春をもちきたすのではなく、それと同じように、至福なひと・幸福なひとをつくるものは一朝夕や短時日ではないのである。（アリストテレス、高田三郎訳『ニコマコス倫理学』上、岩波文庫、三〇～三四頁）

○哲学の勧め（「メノイケウス宛の手紙」序）

「人はだれでも、まだ若いからといって、知恵の愛求（哲学の研究）を延び延びにしてはならず、また、年取ったからといって、知恵の愛求に倦《う》むことがあってはならない。なぜなら、なにびとも、霊魂の健康を得るためには、早すぎるも遅すぎるもないからである。まだ知恵を愛求する時期ではないだの、もうその時期が過ぎ去っているだのという人は、あたかも、幸福を得るのに、まだ時期が来ていないだの、もはや時期ではないだのという人と同様である。（中略）われわれは、幸福をもたらすものどもに思いを致さねばならない。幸福が得られていれば、われわれはすべてを所有しているのだし、幸福が欠けているなら、それを所有するために、われわれは全力を尽すのだから。」（エピクロス、出隆・岩崎允胤訳『エピクロス――教説と手紙』岩波文庫、一二二頁）

○内的幸福の絶対性

「『しかし、なぜ神は善き人に悪が起きるのを許しているのですか』。いや、許してはいない。悪はことごとく彼らから取り去ってある。犯罪、淫らな行い、非道の想い、強欲の企み、盲目の欲望、他人の財を窺う貪欲は。彼ら自体のほうは、引き受け、守っているのだ。（中略）

何のため辛苦に耐えるのか。他の者に忍耐を教えるためだ。彼らは模範となるべく生まれた。だから、神がこう告げているのだと考えたまえ。『私に不満を言える訳がどこにあるのだ。お前たち、正義をみずからの意となした者らよ。私は、他の者には、まやかしの善をまとわせ、その虚ろな心を、長い偽りの夢幻で玩《もてあそ》んだ。金銀象牙で飾ってやった。だが、内側に善は何もない。（中略）

お前たちには、必ず常にあり続ける善を与えた。それは、繰り返し反省し点検するほど、より善く、より大きくなる。お前たちには、恐るべきものを軽んじ、快楽を厭うことを認めた。お前たちは外面で輝きはしない。お前たちの善は、内面に向けられている。それはまさに、宇宙がみずからの光景を喜び、外部を軽んじたのと同じだ。私はいっさいの善を内に置いた。お前たちの幸せは、幸せが要らないことだ。

『けれども、つらくて恐ろしくて、堪えがたいことが数多《あまた》起きています』。だから、お前たちからそうしたことを取り除くことはできなかったから、私はお前たちの精神に、あらゆることに抗すべく、武具をまとわせてやったのだ。逞しく耐えよ。ここでお前たちは、神をも凌ぎうる。彼は受難の外にある。お前たちは受難を凌駕するのだ。窮乏を軽蔑せよ。誰も生まれた時ほど貧しく生きはしない。苦痛を軽蔑せよ。

それは解かれるか、解くかにすぎない。死を軽蔑せよ。お前たちを終わらせるか、移すかにすぎない。運命を軽蔑せよ。精神を撃てる武器は、何一つ彼女にやらなかった。

何より先に、私は、誰かがお前たちを不本意のうちに留め置くことがないよう配慮した。出口は開いている。戦いたくないなら、逃げるがいい。そのため私は、お前たちに必要だとみなしたあらゆることで、死より簡単なことは何も作らずにおいた。私は生命を傾斜面に置いた。長引いているだと？少しでも気をとめてみろ。自由へつながる道が、いかに短く、いかに手軽か、分かるはずだ。お前たちの退場には、入場の時のような長い遅滞を設けなかった。さもなくば、運命がお前たちに大きな王権をふるったことだろう。もしも人間が生まれる時と同様に、ゆっくり死んでいくとしたならば。

すべての時、すべての場所がお前たちに教えるだろう。自然と絶交し、その賜り物を相手に突き返すことが、いかにたやすいか、ということを。祭壇に犠牲を捧げる人々の厳《おごそ》かな儀式のあいだ、生命が希《こ》い望まれる最中、死を学び取れ。牡牛の巨軀がわずかな傷に倒れ、膂力強靱な獣を人の手の打撃が屠《ほふ》る。細い刃が頸の結部を裂き、頭と首をつなぐ継ぎ目が断たれると、巨大な体が崩れ落ちる。

息は奥深くに潜まない。刃でえぐるまでもなく、切口を深く突き広げ、胸奥を探ることもない。死は間近にある。私は必殺の打撃の場を定めなかった。どこでも、好きなところで通じている。死と呼ばれる出来事、魂の身体からの分離自体が、束の間のこと。その速さは、感じることもできない。咽喉を縄目が絞める。水が気道をふさぐ。真っ逆さまに墜落し、真下の硬い地面が微塵に砕く。呑み込まれた炎が息の戻りを妨げる。――どれであろうと、たちまちのこと。いったいお前たちは恥ずかしくないのか。かくも速やかに終わることに長く戦いて』。」（セネカ、兼利琢也訳「摂理について」六章一―九節、『セネカ哲学全集』1、岩波書店、二八～三二頁）

〇十戒

「神はこれらすべての言葉を告げられた。『わたしは主、あなたの神、あなたをエジプトの国、奴隷の家から導き出した神である。あなたには、わたしをおいてほかに神があってはならない。あなたはいかなる像も造ってはならない。上は天にあり、下は地にあり、また地の下の水の中にある、いかなるものの形も造ってはならない。あなたはそれらに向かってひれ伏したり、それらに仕えたりしてはならない。わたしは主、あなたの神。わたしは熱情の神である。わたしを否む者には、父祖の罪を子孫に三代、四代までも問うが、わたしを愛し、わたしの戒めを守る者には、幾千代にも及ぶ慈しみを与える。あなたの神、主の名をみだりに唱えてはならない。みだりにその名を唱える者を主は罰せずにはおかれない。安息日を心に留め、これを聖別せよ。六日の間働いて、何であれあなたの仕事をし、七日目は、あなたの神、主の安息日であるから、いかなる仕事もしてはならない。あなたも、息子も、娘も、男女の奴隷も、家畜も、あなたの町の門の中に寄留する人々も同様である。六日の間に主は天と地と海とそこにあるすべてのものを造り、七日目に休まれたから、主は安息日を祝福して聖別されたのである。あなたの父母を敬え。そうすればあなたは、あなたの神、主が与えられる土地に長く生きることができる。殺してはならない。姦淫してはならない。盗んではならない。隣人に関して偽証してはならない。隣人の家を欲してはならない。隣人の妻、男女の奴隷、牛、ろばなど隣人のものを一切欲してはならない。』」（共同訳聖書実行委員会『聖書　新共同訳』「出エジプト記」二〇章一―一七節）

○信仰の希望

「このように、わたしたちは信仰によって義とされたのだから、わたしたちの主イエス・キリストによって神との間に平和を得ており、このキリストのお陰で、今の恵みに信仰によって導き入れられ、神の栄光にあずかる希望を誇りにしています。」（同書「ローマの信徒への手紙」五章一―二節）

○愛

「そこで、わたしはあなたがたに最高の道を教えます。（中略）たとえ、預言する賜物を持ち、あらゆる神秘とあらゆる知識に通じていようとも、たとえ、山を動かすほどの完全な信仰を持っていようとも、愛がなければ、無に等しい。全財産を貧しい人々のために使い尽くそうとも、誇ろうとしてわが身を死に引き渡そうとも、愛がなければ、わたしに何の益もない。愛は忍耐強い。愛は情け深い。ねたまない。愛は自慢せず、高ぶらない。礼を失せず、自分の利益を求めず、いらだたず、恨みを抱かない。不義を喜ばず、真実を喜ぶ。すべてを忍び、すべてを信じ、すべてを望み、すべてに耐える。愛は決して滅びない。預言は廃れ、異言はやみ、知識は廃れよう。わたしたちの完全な知識は一部分、預言も一部分だから。完全なものが来たときには、部分的なものは廃れよう。幼子だったとき、わたしは幼子のように話し、幼子のように思い、幼子のように考えていた。成人した今、幼子のことを棄てた。わたしたちは、今は、鏡におぼろに映ったものを見ている。だがそのときには、顔と顔とを合わせて見ることになる。わたしは、今は一部しか知らなくとも、そのときには、はっきり知られているようにはっきり知ることになる。それゆえ、信仰と、希望と、愛、この三つは、いつまでも残る。その中で最も大いなるものは、愛である。」（同書「コリントの信徒への手紙」一二章三一節―一三章一三節）

〇神の義

「正しい人はいない。一人もいない。（中略）すべて律法の言うところは、律法の下にいる人々に向けられています。それは、すべての人の口がふさがれて、全世界が神の裁きに服するようになるためなのです。なぜなら、律法を実行することによっては、だれ一人神の前で義とされないからです。律法によっては、罪の自覚しか生まれないのです。ところが今や、律法とは関係なく、しかも律法と預言者によって立証されて、神の義が示されました。すなわち、イエス・キリストを信じることにより、信じる者すべてに与えられる神の義です。そこには何の差別もありません。人は皆、罪を犯して神の栄光を受けられなくなっていますが、ただイエス・キリストによる贖いの業を通して、神の恵みにより無償で義とされるのです。神はこのキリストを立て、その血によって信じる者のために罪を償う供え物となさいました。」

（同書「ローマの信徒への手紙」三章九～二五節）

〇キリスト教的生活の規範

愛には偽りがあってはなりません。悪を憎み、善から離れず、兄弟愛をもって互いに愛し、尊敬をもって互いに相手を優れた者と思いなさい。怠らず励み、霊に燃えて、主に仕えなさい。希望をもって喜び、苦難を耐え忍び、たゆまず祈りなさい。聖なる者たちにとっての貧しさを自分のものとして彼らを助け、旅人をもてなすよう努めなさい。あなたがたを迫害する者のために祝福を祈りなさい。祝福を祈るのであって、呪ってはなりません。喜ぶ人と共に喜び、泣く人と共に泣きなさい。互いに思いを一つにし、高ぶらず、身分の低い人々と交わりなさい。自分を賢い者とうぬぼれてはなりません。だれに対しても悪に悪を返さず、すべての人の前で善を行うように心がけなさい。

（同書「ローマの信徒への手紙」一二章九～一七節）

第六章　ルネサンス・宗教改革

〇ピコ・デッラ・ミランドラ『人間の尊厳について』

「他のものどもの限定された本性は、われわれが予め定めたもろもろの法の範囲内に制限されている。おまえは、いかなる束縛によっても制限されず、私がおまえをその手中に委ねたおまえの自由意志 arbitrium に従っておまえの本性を決定すべきである。私はおまえを世界の中心 medium mundi に置いたが、それは、世界の中に存在するいかなるものをも、おまえが中心からうまく見回しうるためである。われわれは、おまえを天上的なものとしても、地上的なものとしても、死すべきものとしても、不死なるものとしても造らなかったが、それは、おまえ自身のいわば「自由意志を備えた名誉ある造形者・形成者」arbitrarius honorariusque plastes et fictor として、おまえが選び取る形をおまえ自身が造り出すためである。おまえは、下位のものどもである獣へと退化する degenerare こともできるだろうし、また上位のものどもである神的なものへと、おまえの決心によっては生まれ変わる regenerari こともできるだろう。」（大出哲・阿部包・伊藤博明訳『人間の尊厳について』国文社、一六〜一七頁）

○マックス・ヴェーバー『プロテスタンティズムの倫理と資本主義の精神』

「さて、〔「職業」を意味する〕ドイツ語の「ベルーフ」《Beruf》という語のうちに、また同じ意味合いをもつ英語の「コーリング」《calling》という語のうちにも一層明瞭に、ある宗教的な——神からあたえられた使命（Aufgabe）という——観念がともにこめられており、個々の場合にこの語に力点をおけばおくほど、それが顕著になってくることは見落としえぬ事実だ。しかも、この語を歴史的にかつさまざまな文化国民の言語にわたって追究してみると、まず知りうるのは、カトリック教徒が優勢な諸民族にも、また古典古代の場合にも、われわれが〔世俗的な職業、すなわち〕生活上の地位、一定の労働領域という意味合いをもこめて使っている《Beruf》「天職」という語と類似の語調をもつような表現を見出すことができないのに、プロテスタントの優勢な諸国民の場合にはかならずそれが存在する、ということだ。さらに知りうるのは、その場合何らか国語の民族的特性、たとえば「ゲルマン民族精神」の現われといったものが関与しているのではなくて、むしろこの語とそれがもつ現在の意味合いは聖書の翻訳に由来しており、それも原文の精神ではなく、翻訳者の精神に由来しているということだ。ルッターの聖書翻訳では、まず「ベン・シラの知恵」〔旧約聖書外典中の一書〕の一個所（一一章二〇、二一節）で現在とまったく同じ意味に用いられているように思われる。」（大塚久雄訳『プロテスタンティズムの倫理と資本主義の精神』岩波文庫、九五〜九六頁）

「この「天職」という概念の中にはプロテスタントのあらゆる教派の中心的教義が表出されているのであって、それはほかならぬ、カトリックのようにキリスト教の道徳誡を《praecepta》「命令」と《consilia》「勧告」とに分けることを否認し、また、修道士的禁欲を世俗内的道徳よりも高く考えたりするのではなく、神によろこばれる生活を営むための手段はただ一つ、各人の生活上の地位から生じる世俗内的義務の遂行であって、これこそが神から与えられた「召命」《Beruf》にほかならぬ、と考えるというものだった。」（同書、一〇九〜一一〇頁）

「宗教的要求にもとづく聖徒たちの、「自然の」ままの生活とは異なった特別の生活は（中略）もはや世俗の外の修道院ではなくて、世俗とその秩序のただなかで行われることになった。このような、来世を目指しつつ世俗の内部で行われる生活態度の合理化、これこそが禁欲的プロテスタンティズムの天職観念が作り出したものだったのだ。」

（同書、二八七頁）

「プロテスタンティズムの世俗内的禁欲は、所有物の無頓着な享楽に全力をあげて反対し、消費を、とりわけ奢侈的な消費を圧殺した。その反面、この禁欲は心理的効果として財の獲得を伝統主義的倫理の障害から解き放った。利潤の追求を合法化したばかりでなく、それを（中略）まさしく神の意志に添うものと考えて、そうした伝統主義の桎梏を破砕してしまったのだ。」

（同書、三四二頁）

「たゆみない不断の組織的な世俗的職業労働を、およそ最高の禁欲的手段として、また同時に、再生者とその信仰の正しさに関するもっとも確実かつ明白な証明として、宗教的に尊重することは、われわれがいままで資本主義の「精神」とよんできたあの人生観の蔓延にとってこの上もなく強力な槓《こう》杆《かん》とならずにはいなかったのだ。そして、さきに述べた消費の圧殺とこうした営利の解放とを一つに結びつけてみるならば、その外面的結果はおのずから明らかとなる。すなわち、禁欲的節約強制による資本形成がそれだ。利得したものの消費的使用を阻止することは、まさしく、それの生産的利用を、つまりは投下資本としての使用を促さずにはいなかった。」

（同書、三四四～三四五頁）

第七章　社会契約説

○ホッブズの自然状態

自然状態において人間は自己保存をめざす限り、必然的に戦争状態に突入する。

「《平等から不信が生じる》能力のこの平等から、われわれの目的を達成することについての、希望の平等が生じる。したがって、もしだれかふたりが同一のものごとを意欲し、それにもかかわらず、ふたりがともにそれを享受することができないとすると、かれらはたがいに敵となる。そして、かれらの目的（それは主としてかれら自身の保存 conservation であり、ときにはかれらの歓楽 delectation だけである）への途上において、たがいに相手をほろぼすか屈服させるかしようと努力する。こうしてそこから、つぎのようなことが生じる。すなわち、侵入者が、ひとりの他人の単独の力以上には、おそれるべきものをもたないところでは、ある人が植えつけ、種子をまき、快適な住居を建築または占有すると、他の人びとが合同した力をもってやってきて、かれを追いだし、かれの労働の果実だけでなく、かれの生命または自由をも、うばいとることが、おそらく予想されるだろう。そして、その侵入者は、さらに別の侵入者による、同様な危険にさらされるのである。

《不信から戦争が生じる》この相互不信から自己を安全にしておくには、だれにとっても、先手をうつことほど妥当な方法はない。それは、自分をおびやかすほどのおおきな力《パワ》を、ほかにみないように、強力または奸計によって、できるかぎりのすべての人の人格《パースン》を、できるだけながく支配することである。そしてこのことは、かれ自身の保全が必要とするところをこえるものではなく、一般にゆるされている。また、ある人びとが、自分たちの安全が必要とする以上に追求する征服行為のなかに、自分の力をながめることをよろこぶということのためにも、他の人びとは、そうでなければ謙虚な限界のなかで安楽をたのしんでいたであろうのに、征服によって力を増大させなければ、守勢にたつだけでは、ながく生存することができないであろう。その帰結として、人びとに対する支配のこのような増大は、人の保存のために必要なのだから、かれに対して許容されるべきなのである。」（水田洋訳『リヴァイアサン』1、岩波文庫、二〇八〜二一〇九頁）

○ホッブズの平和状態

平和状態とは自己保存の放棄ではなく、自己を効果的に保存するためのものである。

「《各人は自然的に、あらゆるものに対して権利をもつ》そして、人間の状態は（前章で明示されたように）各人の各人に対する戦争の状態なのであり、このばあいに各人は、かれ自身の理性によって統治されていて、かれが利用しうるものごとで、かれの敵たちに対してかれの生命を維持するのに、かれのたすけになりえないものは、なにもないのであるから、したがってそういう状態においては、各人はあらゆるものに、相互の身体に対してさえ、権利をもつのである。それだから、各人のあらゆるものに対するこの自然権が存続するかぎり、どんな人にとっても（かれがいかに強力または賢明であるにしても）、自然が通常、人びとに対して生きるのをゆるしている時間を、生きぬくことについての保証はありえない。《基本的自然法》そして、したがって、「各人は、平和を獲得する希望があるかぎり、それにむかって努力すべきであり、そして、かれがそれを獲得できないときには、かれは戦争のあらゆる援助と利点を、もとめかつ利用していい」というのが、理性の戒律すなわち一般法則である。この規律の最初の部分の内容は、第一のかつ基本的な自然法であり、それは、「平和をもとめ、それにしたがえ」ということである。第二の部分は、自然権の要約であって、それは「われわれがなしうるすべての手段によって、われわれ自身を防衛する」権利である。」

（同書、二一七〜二一八頁）

○神によって賦与された自然状態（ロック）

ロックの自然状態は、神によって賦与され、自然法に合致した状態である。

「政治権力を正しく理解し、またその起源を尋ねるためには、われわれは、すべての人間が天然自然にはどういう状態に置かれているのかを考察しなければならない。そうしてそれは完全に自由な状態であって、そこでは自然法の範囲内で、自らの適当と信ずるところにしたがって、自分の行動を規律し、その財産と一身とを処置することができ、他人の許可も、他人の意志に依存することもいらないのである。

それはまた、平等の状態でもある。そこでは、一切の権力と権限とは相互的であり、何人も他人より以上のものはもたない。同じ種、同じ級の被造物は、生れながら無差別にすべて同じ自然の利益を享受し、同じ能力を用い得るのであるから、もし彼らすべての唯一の主なる神が、なんらかの明瞭な権利をその者に賦与するのでない限り、互いに平等であって、従属や服従があるべきではない、ということは明々白々であるからである。」（鵜飼信成訳『市民政府論』岩波文庫、一〇頁）

○平和的な自然状態

自然状態とは戦争状態ではなく、互いに友好的な平和状態である。

「他人を愛することは自分を愛することと同様にその義務である、ということを人間に教えたのは、万人の均しくもっている自然の動機である。何故なら、万物が平等である以上必然的にすべてのものはただ一つの標準によらざるを得ないからである。私は、人間が、自分自身のために欲し得る限りの最大の幸を、何人の手からも、享けることを望まないではいられない。われわれすべてが全く同じ性質のものである以上、たしかに他の人が有しているに相違ない同様の欲望を満足させるように私自身もまた配慮しないで、どうして、自分の欲望のどの部分でも満されることを期待できようか。もしこの欲望に反するものを彼らに与えるならば、それは必ずや、あらゆる点において、私と同様彼らをも悲しませるものだ。それ故もし私が害をなすならば、私も苦痛を受けるものと思わなければならぬ。何故なら他人は、私が彼らに示したより以上の愛を私に向って示すべきだという理由は何もないからである。したがって本来自分と平等なものから、できるだけ愛されたいという私の欲望は、彼らに対してもまた同様の情愛を十分に示す自然の義務を、私に課すのである。われわれと同様の性質をもった彼らと、そうしてわれわれとの間の、このような平等の関係からして、生活の指標としてのどんな規定と準則とを自然の理性が引出したかは、誰も知らないものはない。」（同書、一一頁）

○ロックにおける労働と所有

人間の身体は神によって創造されたにもかかわらず、私の身体は私の所有物である。同様に神によって創造された自然物も、私の労働によって私の所有となる。

「たとえ地とすべての下級の被造物が万人の共有わものであっても、しかも人は誰でも自分自身の一身については所有権をもっている。これには彼以外の何人も、なんらの権利を有しないものである。彼の身体の労働、彼の手の働きは、まさしく彼のものであるといってよい。そこで彼が自然が備えそこにそれを残しておいたその状態から取り出すものはなんでも、彼が自分の労働を混えたのであり、そうして彼自身のものである何物かをそれに附加えたのであって、このようにしてそれは彼の所有となるのである。それは彼によって自然がそれを置いた共有の状態から取り出されたから、彼のこの労働によって、他の人々の共有の権利を排斥するなにものかがそれに附加されたのである。この労働は、その労働をなしたものの所有であることは疑いをいれないから、彼のみが、己の労働のひとたび加えられたものに対して、権利をもつのである。少くともほかに他人の共有のものとして、十分なだけが、また同じようによいものが、残されているかぎり、そうなのである。」（同書、三二一～三二三頁）

○**無記・中立の自然状態**（ルソー）

ルソーによれば、自然状態とは人間にとって野蛮な状態でもなければ、悪の状態でもない。善にもなりうるし、悪にもなりうる、無記の状態にすぎない。

「まず第一に、この状態にある人間たちは、互いのあいだにどんな種類の道徳的な関係も、はっきりした義務ももっていなかったのだから、善人でも悪人でもありえず、また悪徳も美徳ももっていなかったと思われる。ただし、これらの語を物理的な意味に解して、個人に属して、自己保存に害のあるような性質を悪徳と呼び、自己保存に役立つようなものを美徳と呼ぶならば話は別であるが、その場合には単なる自然の衝動にもっとも逆らわないような人を、もっとも徳のある人と呼ばなければなるまい。しかし、普通の意味から離れずに、公平の衡《はか》りを手にしてつぎのようなことがらを検討してしまうまでは、そういう状態についてわれわれが下しがちな判断を中止し、われわれの先入見を信用しないほうが適当である。すなわち、文明人のあいだには悪徳よりも美徳のほうが多いかどうか、彼らの美徳はその悪徳が忌《い》まわしいものである以上に有益であるかどうか、あるいは、彼らの知識の進歩は、彼らが互いに行なうべき善を学ぶにつれてかえって相互に行なうようになる悪を十分に償ってあまりがあるかどうか、結局のところ、普遍的な依存関係に服従して、なに一つ彼らに与える義務のない人々からすべてを受けとらなければならないというような状態よりも、だれに対しても悪を恐れることもなく善を期待することもないというほうが、彼らにとって幸福な状態なのではなかろうか、というようなことがらをあらかじめ検討しなければならない。」（本田喜代治・平岡昇訳『人間不平等起原論』岩波文庫、六八～六九頁）

○一般意志による国家

なぜ道徳的心情が一般意志として国家の結合力とならねばならないのか、そしてそれがどのようにして行われねばならないのかを、ルソーはこう論じている。

「この諸条項は、正しく理解すれば、すべてが次のただ一つの条項に帰着する。すなわち、各構成員をそのすべての権利とともに、共同体の全体にたいして、全面的に譲渡することである。その理由は、第一に、各人は自分をすっかり与えるのだから、すべての人にとって条件は等しい。また、すべての人にとって条件が等しい以上、誰も他人の条件を重くすることに関心をもたないからである。

その上、この譲渡は留保なしに行われるから、結合は最大限に完全であり、どの構成員も要求するものはもはや何一つない。なぜなら、もしも特定の人々の手に何らかの権利が残るとすれば、彼らと公衆の間にたって裁きをつけうる共通の上位者は誰もいないのだから、各人は、ある点で自分自身の裁判官であって、すぐさま、あらゆることについて裁判官となることを主張するだろう。そうなれば、自然状態が存続するであろうし、また結合は必然的に圧制的となるか、空虚なものとなるであろう。

要するに、各人は自己をすべての人に与えて、しかも誰にも自己を与えない。そして、自分が譲りわたすのと同じ権利を受けとらないような、いかなる構成員も存在しないのだから、人は失うすべてのものと同じ価値のものを手に入れ、また所有しているものを保存するためのより多くの力を手に入れる。

だから、もし社会契約から、その本質的でないものを取りのぞくと、それは次の言葉に帰着することがわかるだろう。『われわれの各々は、身体とすべての力を共同のものとして一般意志の最高の指導の下におく。そしてわれわれは各構成員を、全体の不可分の一部として、ひとまとめとして受けとるのだ。』

この結合行為は、直ちに、各契約者の特殊な自己に代って、一つの精神的で集合的な団体をつくり出す。」（桑原武夫・前川貞次郎訳『社会契約論』岩波文庫、三〇〜三一頁）

第八章　カント・フィヒテ

〔カント〕

○ルソー体験

「私は傾向性からしても探求者である。私は認識への全き渇望と、認識においてさらに進みたいという落ち着きのない好奇心と、またあらゆる認識の獲得に対して満足を感じている。これだけが人間の栄誉をなしうるのだと私が信じ、何も知らない俗衆を軽蔑していた時代があった。ルソーが私を正直に戻してくれた。この優越の欺きは消え、私は人間を尊敬することを学ぶ、そして、もしこの考察だけが他のすべての考察に、人間性の権利を作り出すという価値を与えることができるのだと私が信じなかったならば、私は自分を俗な労働者よりもっと役立たずだと見なすことだろう。」（久保光志訳「『美と崇高の感情にかんする観察』への覚え書き」『カント全集』18、岩波書店、一八六頁）

○「善い意志」のみがたんてきに善い

「我々の住む世界においてはもとより、およそこの世界のそとでも、無制限に善と見なされ得るものは、善意志のほかにはまったく考えることができない。」

（篠田英雄訳『道徳形而上学原論』岩波文庫、二二頁）

○適法性と道徳性

「およそ行為の道徳的価値の本質的なものは、道徳的法則が意志を直接に規定するということにかかっている。もし意志規定が、道徳的法則に適っていても、それが感情を介してだけ――その感情がどのようなものであるにせよ、――行われるならば、従って〔道徳的〕法則のために行われるのではないとすれば、その行為はなるほど適法性（Legalität）をもちはするだろうが、しかし道徳性（Moralität）をもちはしないだろう、（後略）」（波多野精一・宮本和吉・篠田英雄訳『実践理性批判』岩波文庫、一五二頁）

○目的それ自体としての人間

「ところでここに或るものが存在する、そしてそのものの現実的存在自体が絶対的価値を有し、またそのものは目的自体として一定の法則の根拠となり得る、と仮定するならば、このもののうちに、そしてまたこのもののうちにのみ、可能的な定言的命法すなわち実践的法則の根拠が存するであろう。

そこで私はこう言おう、――人間ばかりでなく、およそいかなる理性的存在者も、目的自体として存在する、すなわちあれこれの意志が任意に使用できるような単なる手段としてではなく、自分自身ならびに他の理性的存在者たちに対してなされる行為において、いついかなる場合にも同時に目的と見なされねばならない、と。」

（前掲『道徳形而上学原論』一〇〇〜一〇一頁）

○意志の自律と他律

「意志の自律は、意志の特性であり、意志はこの特性によって（意欲の対象のもついかなる性質にもかかわりなく）自分自身に対して法則となる。」

（同書、一二九頁）

「意志が、自分自身を規定すべき法則を求めるに当って、その格律が意志自身に普遍的立法を課するに堪えるということによりほかのどこかに――換言すれば、意志が自分の本領から出て、何によらず意志の客体〔目的〕の性質のうちに、これを求めようとすると、必ず他律が生じる。」

（同書、一三〇頁）

○価格と尊厳

「目的の国では、いっさいのものは価格をもつか、さもなければ尊厳をもつか、二つのうちのいずれかである。価格をもつものは、何かほかの等価物で置き換えられ得るが、これに反しあらゆる価格を超えているもの、すなわち価《あたい》のないもの、従ってまた等価物を絶対に許さないものは尊厳を具有する。」

（同書、一一六頁）

○同時に義務である目的

「同時に義務であるところの目的は何々であるか
それは自己の完全性――他人の幸福である。
われわれはこれを相互に入れ更えて、一方自己の幸福と他方他人の完全性とを、それ自身に於いて同一人格の義務であるところの目的とすることは出来ない。」

（白井成允・小倉貞秀訳『道徳哲学』岩波文庫、二九頁）

〔フィヒテ〕

○カント哲学の欠陥

「カントの言うように、定言命法は実際によく意識されているのだろうか。意識されているとすれば、この意識はいったいどのような意識なのであろうか。カントはこの問いを提起することを忘れていた。なぜならカントは、すべての哲学の基礎を取り扱ったのではなく、『純粋理性批判』において理論哲学だけを取り扱い、そこでは定言命法は現われえなかったし、『実践理性批判』においては実践哲学だけを取り扱い、そこでは内容が問題とされるだけで、意識のあり方への問いは起こりえなかったからである。」（鈴木琢真訳「知識学への第二序論」『フィヒテ全集』7、哲書房、四二〇頁）

○絶対的衝動

「この種の衝動は自己を絶対的に自ら産出する衝動、絶対的な衝動、衝動のための衝動であろう。（これが、まさにこの限定の故に、或る反省点において表現されなければならないところに従って、これを法則として表現するならば、それは「法則のための法則」（Gesetz um des Gesetzes willen）、「絶対的法則」（absolutes Gesetz）ないし定言命法である。――「なんじは端的になすべし」（Du sollst schlechthin））。このような衝動において無限定なものがどこに存するかは容易に洞察され得る。すなわち、この衝動はわれわれを無限定なものの中へと目的なしにつき動かす（定言命法は単に形式的であって、一切の対象をもたない）。」（隈元忠敬訳「全知識学の基礎」『フィヒテ全集』4、哲書房、二五一～二五二頁）

○良心論

「〔自己自身を駆り立てる純粋衝動に関する〕この是認あるいは否認もやはり冷徹なもの、単なる認識判断なのであろうか、それとも、関心と必然的に結びついているのだろうか。明らかに後者である。というのも、絶対的自己活動へのあの要求、および経験的自我がこの活動と一致すべきであるというあの要求はそれ自身原初衝動であるからである。後者が前者と合致するならば、衝動は充足されるが、合致しなければ、衝動は充足されないままである。したがって、必然的に前者の是認は快と結合し、後者の拒絶は不快と結合している。われわれがわれわれ自身を軽蔑せざるをえないかどうかは、われわれにとってどうでもよいことではありえない。しかし、この快は享受とはいかなる関係をももたない。（中略）

前述の感情能力は、きわめて適切に高次の感情能力と呼べるものであるが、それは〈良心（Gewissen）〉と称される。良心の平安や不安、良心の咎（Vorwurfe）や安らぎ（Frieden）はあるが、良心の快は存在しない。良心という呼称を選ぶのは適切である。良心はいわば、それなしにはいかなる意識もまったく存在しないものについての直接的な意識であり、われわれのより高次の自然本性と絶対的自由についての意識である。」（〔 〕内は引用者による）（藤澤賢一郎・高田純訳「道徳論の体系」『フィヒテ全集』9、哲書房、一七八～一八〇頁）

第九章　ヘーゲル

○抽象的な自由

自由が現実において自由として成り立つためには、実際に行為されねばならない。その意味で、自由は具体的な共同体において展開されない限り、実現されず、ただ抽象的な概念としてあるにすぎないことを、ヘーゲルは以下のように述べる。

「単に概念に従って意志であるような意志は、潜在的には自由であるが、しかし同時にまた自由ではない。がんらい意志は真に規定された内容としてはじめて真実に自由であるであろうからである。このとき意志は顕在的に自由となり、自由を対象に持ち、自由であるのである。単にその概念に従ってはじめて存するにすぎないもの、潜在的に単に在るものは、直接的なものにすぎず、自然的なものにすぎない。このことはわれわれには普通の俗見においても知られているところである。小児は潜在的には大人であり、まず潜在的に理性を有し、まず理性と自由との可能性であり、かつかくて概念上自由であるにすぎない。ところでこのようにまず潜在的に在るものは、その現実性において在るものではない。潜在的に理性的である人間は、顕在的にも理性的であるように、自己から脱却することによって、しかしまた同じく自己内に入って形成することによって、自己自身の産出を通じて自己を完成しなければならないのである。」

（高峯一愚訳『法の哲学』第10節補遺、論創社、一二九頁）

○自由の実現の諸段階

ヘーゲルの倫理思想では、人間の自由の実現は、人格、道徳性、人倫において展開されるが、この自由の実現過程をヘーゲルは、次のように分かりやすく語っている。

「本書で法《レヒト》〔または権利《レヒト》〕について語る場合、われわれは、法という言葉で普通理解される市民的な法〔または権利〕だけではなく、道徳、人倫、世界史のことをも意味する。これらも同様にここに属しているのは、概念が諸思想を真理に従って集めるからである。自由な意志は、それが抽象的なままにとどまらないためには、まず自分に一つの現存在を与えねばならないのであり、この現存在の最初の感性的な材料は、諸物件、すなわち外的な諸物である。自由のこの最初のあり方は、われわれが所有として知るはずのもの、形式的で抽象的な権利〔または法〕の領域である。この領域には、契約としての媒介された形態における所有も、また犯罪と刑罰としてのそこなわれたかたちでの権利〔または法〕も属する。この領域でわれわれがもつ自由は、われわれが人格と呼ぶものである。すなわち、自由な、しかも対自的に自由な、そして諸物件において自分に一つの現存在を与える主体である。しかし、この現存在のたんなる直接性は、自由にとってふさわしいものではないのであり、この規定の否定が道徳の領域である。私はもはやたんにこの直接的な物件において自由であるばかりでなく、また止揚された直接性においても自由なのである。すなわち、私は私自身のなかで、主体的なもののなかで、自由なのである。この領域においては、外面性が無関係なものとして定立されるので、私の洞察と意図、私の目的が肝要となる。しかし、ここで普遍的な目的である善は、たんに私の内面にとどまっているべきではなく、みずからを実現すべきものである。すなわち、主体的な意志は、自分の内なるもの、すなわち自分の目的が、外的な現存在を具えることを要求する。したがってまた、善が外的な現実存在において成就されるべきであると要求するのである。道徳も、その前の契機である形式的な権利〔または法〕も、両者とも抽象物であって、人倫がはじめて両者の真理なのである。こうして人倫は、その概念においてある意志と、個人の意志すなわち主体の意志との統一である。人倫の最初の現存在は、ここでも一つの自然的なもの、すなわち愛と感情という形式における自然的なもの、家族である。ここでは個人はそのこわれやすい人格性を止揚しているのであり、彼の意識を含めて全体のなかにいるのである。しかし、次の段階では、本来の人倫の喪失、実体的な統一の喪失が見られる。家族は崩壊し、成員たちは相互に自立的なものとしてふるまい合う。なぜなら、ただ相互の欲求の結びつきが彼らを絡み合わせるだけだからである。この市民社会の段階は、しばしば国家と見なされてきた。しかし国家は、第三の段階の人倫である。個人の自立性と普遍的な実体性との途方もなく大きな合一がそこで起きるところの精神が、はじめて国家なのである。それゆえ国家の法は他の領域よりも高度のものである。それは、自由がそのもっとも具体的な形態においてあるものであり、ただなお世界精神の最高の絶対的真理の下に位するだけである。」（『法の哲学綱要』第33節補遺、城塚登『ヘーゲル』講談社学術文庫、三八八〜三九〇頁）

第十章　功利主義

○**功利主義の原理**

「自然は人類を苦痛と快楽という、二人の主権者の支配のもとにおいてきた。われわれが何をしなければならないかということを指示し、またわれわれが何をするであろうかということを決定するのは、ただ苦痛と快楽だけである。（中略）苦痛と快楽とは、われわれのするすべてのこと、われわれの言うすべてのこと、われわれが考えるすべてのことについて、われわれを支配しているのであって、このような従属をはらいのけようとどんなに努力しても、その努力はこのような従属を証明し、確認するのに役だつだけであろう。（中略）功利性の原理はそのような従属を承認して、そのような従属をその思想体系の基礎と考えるのである。」（ベンサム、山下重一「道徳および立法の諸原理序説」『世界の名著　ベンサム、J・S・ミル』中央公論社、八一〜八二頁）

第十一章　実存主義

○**情熱のない時代**

〔キルケゴール〕

「決定的なあれか-これかに当面しているかどうかは、個人自身の情熱的な欲求が決定的に行動しようとしているのかどうかに、個人自身のうちにそれだけのたくましさがあるか否かに、かかっている。（中略）それに反して、個人がその情熱に本質的な感激をもたず、行動しなければならなくなる度ごとに分別の妨害を許して柔弱になってしまうと、個人はその生活において決してあれか-これかの選択を見いだすにはいたらない。（中略）全体は一つの流れのようなものに、少しばかりの決心と少しばかりの偶然、少しばかりの賢さと少しばかりの勇気、少しばかりの確率と少しばかりの信仰、少しばかりの行動と少しばかりの出来事から成る流れになる。」

（桝田啓三郎訳『現代の批判』岩波文庫、一〇〜一二頁）

「数によって、団結によって強めはするが、しかしこのことこそ倫理的には一種の弱体化なのである。ひとりひとりの個人が、全世界を敵にまわしてもびくともしない倫理的な態度を自分自身のなかに獲得したとき、そのときはじめて真に結合するということが言えるのであって、そうでなくて、ひとりひとりでは弱い人間がいくら結合したところで、子供同士が結婚するのと同じように醜く、かつ有害なものとなるだけのことだろう。

昔は君主や傑出者や卓越者は、それぞれ意見をもっていたが、その他の人々は、自分たちは意見などもとうと思わないし、もつ力がないのだという、断固とした覚悟をもっていた。ところが今日では、だれでもが意見をもつことができるのだが、しかし意見をもつためには、彼らは数をそろえなければならない。どんなにばかげきったことにでも署名が二十五も集まれば、結構それでひとつの意見なのだ。」（枡田啓三郎訳「現代の批判」『世界の名著51　キルケゴール』中央公論社、四二〇頁）

○主体性こそ真理である

「客観性の道が強調するのは、なにが語られるかであるのに対して、主体性の道は、その内容がいかなる仕方で語られるかを重視する。（中略）これを明確な形で表現してみると、その客観的内容が真理であることもこれを口にする人しだいで非真理になるということである。（中略）あくまでも実存に生きている主体がそこに語り出された内容を自己の実存そのものとどのようにかかわらせてゆくのか、という問題である。客観性の道は思惟上の諸規定を問うにとどまるのに対して、主体性の道は内面性を追究する。この《いかなる仕方で》を追究する道の極致は《無限》に直面する情熱であり、そしてかく《無限》と出会い《無限》によって貫かれた情熱、《無限性の情熱》こそ真理そのものなのだ。ところで《無限性の情熱》はまさに主体性にほかならぬがゆえに、主体性こそ真理であり、真理は主体性にある。」（杉山好・小川圭治訳「哲学的断片への結びとしての非学問的あとがき」（中）『キルケゴール著作集』8、白水社、三四頁）

○信仰

「絶望がまったく根こそぎにされた場合の自己の状態を表わす定式は、こうである。自己自身に関係し、自己自身であろうと欲することにおいて、自己は、自己を措定した力［神…引用者注・以下同様］のうちに、透明に、根拠をおいている。」（枡田啓三郎訳「死にいたる病」『世界の名著　キルケゴール』、中央公論社、四三七頁）

○間接的伝達

「間接的伝達は、伝達の行為を、世上一般に考えられている伝達とは違った意味でひとつの芸術と化する。（中略）路上である人を呼びとめてこちらも立ちどまり、そこで立ち話をすることはそうむつかしくないが、通りすがりに同じく通りすぎる相手にむかって、自分も立ちどまらず、相手をも引きとめずに話しかけろといわれたら、しかも同じ道を行くように相手を促そうというのでなくて、相手がまさしく彼自身の道を進むように押し出してやるために話しかけろといわれたら、これは実にむつかしい仕事である。そして実存《エグシステンス》の内面性としての真理［主体的真理］の伝達が成り立つとすれば、現し身に生きる《エグシスデーレネ》ひとりの人間［実存する者］と同じく現し身に生きる《エグシスデーレネ》他の人間とのあいだの関係は右のようなものにほかならないのだ。」（前掲「哲学的断片への結びとしての非学問的あとがき」（中）、一七三〜一七四頁）

［ヤスパース］

○実存

「外面的には被規定性であり制限であるところのものが、内面的には本来的存在の現象である。ただ単に人類を愛する者は実は全然愛していないのであって、ただこの特定の人間を愛する者のみが、真に愛しているのである。」

（武藤光朗訳『哲学的世界定位［哲学I］』創文社、一二一頁）

「実存は明白には表象されえないもの、私のすべての役割の背後にあってこれらの役割を担うものであって、そこでは私は私自身と同一である。実存は、私が本来的であるところに、それゆえすべての了解の運動のなかでなお窮極的には了解することがないところに、また私が愛していて、しかも何故愛するのかを知らないところに、存在する。」

（林田新二訳『真理について1』理想社、一七二頁）

○超越者と自由

「神はけっして知の対象ではない、神は強制的に推論せられない、（中略）そればかりでなく、神は感覚的経験の対象ではありません。神は不可視的であります。それは（中略）ただ信仰せられるだけであります。

それではこの信仰はどこからくるのでしょうか。それは根源的には世界経験の限界から出てくるのではなくて、人間の自由から出てくるのであります。自己の自由を本当に悟る人間が、同時に神を確認するのです。自由と神は不可分のものであります。なぜでしょうか。

私が自由である場合、私は私自身によって存在するのではなく、私は私に授けられているのであるということを、私は信じて疑わないのであります。なぜなら、私が私のものでないことがあり、また私は強制的に私を自由たらしめることはできないからであります。私が本当の意味で私自身である場合は、私は自分自身によってそうであるのではないということを疑わない。最高の自由は、世界から自由であることによって、同時に超越者ともっとも深く結合されていることとして自覚されるのであります。」

（草薙正夫訳『哲学入門』新潮文庫、五五～五六頁）

○実存的交わり

「他者が彼自身であろうとしなければ、私は私自身となりえない。他者が自由でなければ、私は自由でありえないし、私が他者をも確認しなければ、私を確認しえない。〔実存的〕交わりにおいて私は、あたかも他人が私であり、私が他人であるかのように、単に私に対してのみならず他人に対しても責任を感ずる。」（小倉志祥・林田新二・渡辺二郎訳「哲学」『世界の名著 ヤスパース』中央公論社、一一一頁）

○理性

「理性は、どんな存在者をも絶対的に分離させることがなく、無関係な状態に陥ることを許さず、分散した状態で空無なものになることを許さない。何ものも失われてはならない。理性が効力をもつようになるところでは、存在するものは結合を求める。そこでは、普遍的な共同の生が生じ、心を開いた相互の関わり合いが生じる。理性はまどろみの状態にある諸々の根源を目覚めさせ、隠れているものを解放し、諸々の戦いの真正さを可能にする。理性は一切であるところの一者を求めていき、この一者を早まって不完全にまた偏って固定してしまうようなさまざまな欺瞞を解消する。——

理性は際限のない交わりを要請するのであって、理性自身が総体的な交わりへの意志なのである。」

（林田新二監訳『哲学的信仰』理想社、六二頁）

「いわば理性の雰囲気とでもいうべきものがある。その雰囲気は、ある完全に開かれたまなこが現実とその可能性とその際限なき解明可能性とを見てとるところに広まっており、また、そのまなこが裁き手となることなく絶対的な教説を言表することなく、誠実さと正義をもって存在するところの一切のものへとおし入ってその一切を有効ならしめ、一切のものを弁解したり隠蔽したりせず、また、一切のものを一義性によって軽薄にすることがないところに広まっている。」

（前掲『真理について1』一四三～一四四頁）

〔ハイデガー〕

○現存在と実存

「現存在は、ただたんに他の存在するものの間にだけ現われるような、存在者ではないのです。むしろ現存在は、自分の存在において、この存在そのものを問題とする存在するものであることによって、存在的に優位をみいだすのです。しかしながらこの現存在の存在構えには、現存在が自分の存在のなかに、この存在に対して、ひとつの存在関係をもっている、ということが属しているのです。（中略）

現存在〈人間存在〉が、それに対してこれこれの態度をもつことができ、なおかつつねになんらかの態度をとっている当面の存在自体を、わたしたちは実存〈エクシステンツ〉と名づけます。そしてこの存在するもの［現存在］の本質規定が、事象的な何か《ヴァス》ということを示すことによってなされることができずに、むしろその本質は、自分の存在を自分のものとして存在させねばならないというところにあるのですから、現存在《ダーザイン》という名称は、純粋な存在表現として、この存在するものを記すために、選ばれたのです。」

（桑木務訳『存在と時間』上、岩波文庫、三四〜三五頁）

○死へと関わる存在

「だれも他人から、かれの死ぬことを取りのぞくことはできません。（中略）死ぬことは、どの現存在もそのたびごとに、自分で引き受けねばならないのです。死は、それが「存在する」かぎり、本質からいって、そのつどわたしのものです。しかも死は独自独個の存在可能性であって、死において現存在は、そのつど自分自身の存在に、もっぱら関わっているのです。」（桑木務訳『存在と時間』（中）岩波文庫、二一三〜二一四頁）

○ひと

「〈ひと〉はどこでも到るところに、居合わせています。ただし現存在がいざ決断に迫られるばあいにはいつでも、もうすでにそこからこっそりと逃げ出しているのです。けれども〈ひと〉はあらゆる判断や決断に先立っているので、かれはそのつどの現存在から、責任をとり除いてやっています。（中略）だれもが他人であり、そしてだれひとりとしてかれ自身ではないのです。日常的な現存在とはだれだとの問いが答［え］られたこの〈ひと〉は、だれでもないものであって、このようなものにすべての現存在は、互いに交り合って存在していて、そのつどすでに自分を引渡していたのです。」

（前掲『存在と時間』上、二四四〜二四五頁）

〔サルトル〕

○対自

「対自は、即自の単なる無化より以外のものではない。対自は、［即自］「存在」のふところに、存在の一つの穴として、存在する。」

（松浪信三郎訳『存在と無』下、人文書院、一一二四頁）

○実存は本質に先立つ

「実存が本質に先立つとは、この場合何を意味するのか。それは、人間はまず先に実存し、世界内に出会われ、世界内に不意に姿をあらわし、そのあとで定義されるものだということを意味するのである。実存主義の考える人間が定義不可能であるのは、人間は最初は何ものでもないからである。人間はあとになってはじめて人間になるのであり、人間はみずからがつくったところのものになるのである。このように、人間の本性は存在しない。その本性を考える神が存在しないからである。」（伊吹武彦訳『実存主義とは何か　実存主義はヒューマニズムである』人文書院、四二頁）

○人間の責任

「実存主義の最初の手続は、各人をしてみずからあるところのものを把握せしめ、みずからの実存について全責任を彼に負わしめることである。人間はみずからについて責任をもつという場合、それは、人間は厳密な意味の彼個人について責任をもつということではなく、全人類にたいして責任をもつという意味である。（中略）じっさい、われわれのなす行為のうち、われわれがあろうと望む人間をつくることによって、同時に、人間はまさにかくあるべきだとわれわれの考えるような、そのような人間像をつくらない行為は一つとしてない。あれかこれか、そのいずれかであることを選ぶのは、われわれが選ぶそのものの価値を同時に肯定することである。というのは、われわれはけっして悪を選びえないからである。われわれが選ぶものはつねに善であり、何ものも、われわれにとって善でありながら万人にとって善でない、ということはありえないのである。（中略）われわれが、われわれ自身の像をつくりつつ実存しようと欲するなら、この像は万人のために、そしてわれわれ時代全般のために有効である。このようにわれわれの責任は、われわれが想像しうるよりもはるかに大きい。」（同書、四二頁）

第十二章　生の哲学

〔ニーチェ〕

○「弱者」の道徳

「いかに多くの畏敬を貴族的人間はその敵に対してもっていることか！　――しかもそのような畏敬は、すでに愛への一つの橋である……全くのところ、彼は自分のために、自分を際立たせるものとして敵を要求するのだ！　果たして彼が相手に取るのは、いささかの軽蔑すべき点もなく、極めて多くの尊敬すべき点のみを有する如き敵に限るのだ！　これに反して、《反感》〔ルサンチマン〕をもった人間の考想する「敵」を考えてみるがよい。（中略）彼はまず「悪い敵」を、すなわち「悪人」を考想する。しかもこれを基礎概念として、（中略）更にもう一つ「善人」を案出する――これが自分自身なのだ！」（木場深定訳『道徳の系譜』岩波文庫、四〇頁）

○神は死んだ

「諸君はあの狂気の人間のことを耳にしなかったか、――白昼に提燈をつけながら、市場へ馳《か》けてきて、ひっきりなしに「おれは神を探している！　おれは神を探している！」と叫んだ人間のことを。——市場には折しも、神を信じないひとびとが大勢群がっていたので、たちまち彼はひどい物笑いの種となった。「神さまが行方知れずになったというのか？」とある者は言った。「神さまが子供のように迷子になったのか？」と他の者は言った。（中略）狂気の人間は彼らの中にとびこみ、孔のあくほどひとりびとりを睨みつけた。「神がどこへ行ったかって？」と彼は叫んだ、「おれがお前たちに言ってやる！　おれたちが神を殺したのだ——お前たちとおれがだ！　（中略）だが、どうしてそんなことをやったのか？　（中略）おれたちは無限の虚無の中を彷徨するように、さ迷ってゆくのではないか？　（中略）いよいよ冷たくなっていくのではないか？　たえず夜が、ますます深い夜がやってくるのでないか？　白昼に提燈をつけなければならないのでないか？　（中略）神は死んだ！　神は死んだままだ！」

（信太正三訳「悦ばしき知識」『ニーチェ全集』8、ちくま学芸文庫、二一九～二二〇頁）

○誠実さと自己

「誠実からする道徳の自己超克、道徳家が自己超克してその反対のものに——わたしになること——これが、わたしの口から言われたときのツァラトゥストラという名が意味するところのものである。」

（手塚富雄訳『この人をみよ』岩波文庫、一八三頁）

「偉大な問題は、どれもこれもみな、偉大な愛を必要とする。そして、偉大な愛を燃やすことのできるのは、確乎として自己自身に立脚している剛毅で円熟した泰然たる精神の者たちだけである。ひとりの思想家が自分の問題と人格的に取り組み、その問題のうちに自己の運命、自己の危急、そのうえ自己の至上の幸福をも見いだすかどうか、それともその問題に対し「非人格的」な態度をとるかどうか、すなわち冷淡で好奇的な思考の触角で問題を撫でさすったり摑んだりするすべを知っているだけなのかどうか、これら両者のあいだには極めて重大な差別がある。後者の場合には、どんなに期待したところで、何ひとつそこから現われはしない。」

（前掲「悦ばしき知識」三七三頁）

○遊戯と幼子

「生は、生がわたしにもっとも重く、つらいことを要求したとき、軽く容易になった、もっとも軽く容易になった。（中略）わたしは、偉大な任務を相手として取り組むのに、遊戯以外の方法を知らない。遊戯こそは、偉大さを現わすものであり、その本質的な前提のひとつである。ちょっとでも自分を強《し》いてしている様子、暗い表情、堅い声調、それらはみなその人間の偉大さにたいする反証である。」

（前掲『この人をみよ』七二頁）

「幼な子は無垢《むく》である。忘却である。そしてひとつの新しいはじまりである。ひとつの遊戯である。（中略）ひとつの聖なる肯定である。

そうだ、創造の遊戯のためには（中略）聖なる肯定が必要なのだ。ここに精神は自分の意志を意志する。世界を失っていた者は自分の世界を獲得する。」（氷上英廣訳『ツァラトゥストラはこう言った』上、岩波文庫、四〇頁）

○運命愛

「人間の偉大さを言いあらわすためのわたしの慣用の言葉は運命愛《アモール・ファティ》である。何ごとも、それがいまあるあり方とは違ったあり方であれと思わぬこと、未来に対しても、過去に対しても、永遠全体にわたってけっして。必然的なことを耐え忍ぶだけではない、それを隠蔽もしないのだ、――あらゆる理想主義は、必然的なことを隠し立てしている虚偽だ――、そうではなくて必然的なことを愛すること……」

（前掲『この人をみよ』、七三頁）

〔ベルクソン〕

○持続

「私たちの持続はつぎつぎに置きかわる瞬間ではない。であればどうしても現在しかないことになり、過去が現在へ延びることも、進化も具体的な持続もなくなるであろう。持続とは過去が未来を嚙ってすすみながらふくらんでゆく連続的な進展である。（中略）過去はおそらくその全体があらゆる瞬間に私たちのあとについてきている。（中略）

過去がこのように生きのびる結果、意識にとりおなじ状態を二度通ることが不可能になる。環境はいくら同じでも、それに囲まれる当人は自分の歴史の新しい時点にあるのだから、もはや同一人にはたらきかけることにはならない。（中略）

私たちの人格はたえず伸び、ふとり、成熟する。その各瞬間は前あったものに何かが加わる新しいものである。もっと突っこむならば、新しいばかりでなく、それは予見のできぬものである。（中略）

私たちはある程度まで自分たちがなすところのものであり、私たちは自分をしじゅう創造しているものだといわねばなるまい。」（真方敬道訳『創造的進化』岩波文庫、二一五〜二一八頁）

○自由

「自我が自分自身に再びなるにつれて、意識の諸状態もその分、併置されることをやめて相互浸透するようになり、一緒に溶け合って、一つ一つが他のすべての状態の色に染まることになる。こうして各人は自分なりに愛したり憎んだりする流儀をもつようになり、そしてそうした愛や憎しみが各人の人格全体を反映することになるのである。（中略）

したがって、心は共感や嫌悪とか憎悪によって、まるで重くのしかかるほどの力によってであるかのように、決定されると私たちに教える心理学は、言語に欺かれている粗雑な心理学である。これらの感情は、十分な深さに達してさえいれば、それらの一つ一つに心の全内容が反映されるという意味で、それぞれが心全体を表現するものだ。したがって、心はこれらの感情のどれか一つの影響の下に決定されると言うことは、とりもなおさず、心が自分で自分自身を決定すると認めることである。（中略）それらの［心理状態］のうち一つを選ぶことさえできれば、そのなかに人格全体が丸ごと存在するのである。そして、この内的状態の外的現れがまさに自由行為と呼ばれるものであろう。（中略）行為は、それが結びつく動的系列が根底的自我と同化する傾向を増せば増すほど、それだけいっそう自由なものとなるであろう。」

（中村文郎訳『時間と自由』岩波文庫、一九六〜二〇〇頁）

○生命のエラン

「生命は運動であり物質性はそれと逆の運動であって、そしてどちらの運動も単一である。世界を形づくる物質が不可分な流れなら、物質をつらぬきながらそこに生物を切りとる生命もまた不可分なのである。ふたつの流れのうち物質は生命に逆らうが、逆らわれながらも生命は物質からなにかを取得する。（中略）はずみ［エラン］はひとつしかなく、それが世代をつらぬいて個体を個体に種を種にむすびつけながら生物の全継列を茫漠《ぼうばく》たる大河として物質上をながれさせている（後略）」

（前掲『創造的進化』、二九六頁）

○生命のエランと愛

「それ［神秘家の人類愛］は感性（人情）に属するものでもなく、理知に属するものでもない。それはこの両者を同時に含み、事実はるかにそれら以上のものである。なぜなら、この愛は、人情と理知との根元に、さらにまた爾余《じよ》いっさいのものの根元にある愛なのであるから。この愛は、神の被造物に対する愛、つまり万物を創造したその愛と一つになっており、尋ねる術《すべ》を知っている人には、創造の秘密を明かすであろう。（中略）神秘家の愛の方向は生のエランの方向と一つである。すなわちそれは、選ばれた少数の人間に欠けるところなく十全に伝えられたこのエラン自体なのであり、これらの人々はこのエランを今度は人類全体へ刻みつけようとするのである。」（森口美都男訳「道徳と宗教の二つの源泉」『世界の名著64ベルクソン』中央公論社、四五五〜四五六頁）

第十三章　マルクス主義

○人間とは類的存在である

人間は自らの類的本質を意識するからこそ、動物と異なって、普遍性をとらえることができ、科学、芸術、宗教を創造することができた。フォイエルバッハはこれを、以下の二文章で次のように言う。

「人間を動物から区別するものは、決して単に思考だけではない。むしろ人間の存在全体が、人間の動物からの区別である。もちろん思考しないものは人間ではないが、しかしそれは、思考が人間存在の原因だからではなく、思考が人間存在の必然的な結果であり特性であるからにすぎない。

だからここでもまた、われわれは、人間が動物以上の存在であることを知るために、感性の領域を越える必要はない。人間は動物のように特殊的存在ではなく、普遍的な存在であり、したがって、なんら制限された、不自由な存在ではなく、制限されない、自由な存在である。」（松村一人・和田楽訳『将来の哲学の根本命題』岩波文庫、九一頁）

「人間は他人がいなくとも考えるとか話すとかいう類的機能――なぜかというと考えるとか話すとかは真の類的機能であるからである――をはたすことができる。人間は自己自身にとって私であり君である。人間は自己自身を他人の地位におくことができる。そしてそれはまさに、人間にとってはただ自己の個体性が対象であるだけではなくて、自己の類・自己の本質もまた対象であるからなのである。」

（船山信一訳『キリスト教の本質』岩波文庫　上巻、四八頁）

○神は人間による創造物である

フォイエルバッハによれば、神とは人間の類的本質を対象化したものにすぎない。神が人間を創造したのではなく、人間が神を創造したことになる。以下の二文章から、フォイエルバッハのこの考えを看取することができる。

「神とは人間の最も主体的で最も固有な本質が分離され且つえり出されたものである。したがって人間は自分自身からは行為することができない。したがってすべての善は神から来るのである。神が主体的人間的であればあるほど、人間はそれだけますます多く自分の主体性と人間性とを疎外する。なぜかといえば神自身が人間の自己が疎外されたものだからである。」（同書、一〇〇頁）

「道徳的に完全な本質（存在者）としての神とは、道徳の理念が実現されたもの・道徳律が人格化されたもの以外の何物でもない。このような神はまた、人間の道徳的本質が絶対的本質（存在者）として措定されたもの以外の何物でもない。道徳的に完全な本質（存在者）としての神は人間自身の本質である。」（同書、一一七頁）

○マルクスのフォイエルバッハ批判

マルクスによれば、フォイエルバッハは、対象を消費的な感性的欲求の充足としてのみとらえ、人間の対象変革的な労働・社会的実践の成果として把握しなかった。マルクスは、これを「フォイエルバッハにかんするテーゼ」で以下のように述べている。

「5　フォイエルバッハは抽象的思惟にあきたらず、直観を欲する。しかし彼は感性を実践的な、人間的感性的な活動としてとらえない。

（中略）

7　それゆえフォイエルバッハは「宗教的心情」そのものが一つの社会的産物であること、そして彼の分析する抽象的個人が或る特定の社会形態に属することを見ない。」

（真下信一訳『ドイツイデオロギー』国民文庫、一一四～一一五頁）

○近代市民社会における労働の疎外

近代市民社会の社会構造の基盤である国民経済学は私有財産を生み出すが、こうした制度のもとでは人間自身の労働が疎外されることを、マルクスは以下のように述べる。

「労働者が骨身を削って働けば働くほど、彼が自分に対立して創造する疎遠な対象的世界がますます強大となり、彼自身が、つまり彼の内的世界がいよいよ貧しくなり、彼に帰属するものがますます少なくなる、ということである。このことは宗教においても同様である。人間が神により多くのものを帰属させればさせるほど、それだけますます人間が自分自身のうちに保持するものは少なくなる。労働者は彼の生命を対象のなかへと注ぎこむ。しかし対象へ注ぎこまれた生命は、もはや彼のものではなく、対象のものである。したがって、この活動がより大きくなればなるほど、労働者はますますより多くの対象を喪失する。彼の労働の生産物であるものは、彼ではないのである。したがってこの生産物が大きくなればなるほど、労働者はますます自分自身を失っていく。」

（城塚登・田中吉六訳『経済学・哲学草稿』岩波文庫、八七～八八頁）

○人間疎外と私有財産

マルクスは宗教的疎外および経済的疎外の原因を私有財産制度にあるとみなし、その揚棄こそ、疎外克服のための道であることを、以下のように述べている。

「全革命運動がその経験的基礎をも理論的基礎をも、私有財産の運動のなかに、まさに経済の運動のなかに、見いだすということ、このことの必然性はたやすく洞察される。

物質的な、直接に感性的なこの私有財産は、疎外された人間的生活の物質的な感性的な表現である。私有財産の運動――生産と消費――は、従来のすべての生産の運動についての、すなわち、人間の現実化あるいは現実性の運動についての感性的な啓示である。宗教、家族、国家、法律、道徳、科学、芸術等々は、生産の特殊なあり方にすぎず、生産の一般的法則に服する。だから私有財産の積極的止揚は、人間的生活の獲得として、あらゆる疎外の積極的止揚であり、したがって人間が宗教、家族、国家等々からその人間的な、すなわち社会的な現存へと還帰することである。宗教的疎外それ自体は、ただ人間の内面の意識の領域でだけ生ずるが、しかし経済的疎外は現実的生活の疎外である、——だからその止揚は〔意識と現実という〕両側面をふくんでいる。」

（同書、一三一〜一三二頁）

第十四章　プラグマティズムの倫理

○プラグマティズムの格率

「ある対象の概念を明晰にとらえようとするならば、その対象が、どんな効果を、しかも行動に関係があるかもしれないと考えられるような効果をおよぼすと考えられるか、ということをよく考察してみよ。そうすれば、こうした効果についての概念は、その対象についての概念と一致する。」

（パース、上山春平訳「観念を明晰にする方法」『世界の名著59　パース、ジェームズ、デューイ』中央公論社、八九頁）

○プラグマティズムの方法

「さまざまな人びとが、非常に相反する見解をもって出発するかもしれないが、研究が進むにつれて、外部の力によってひとつの同じ結論に導かれる。この場合、人びとの望んでいる所へではなく、あらかじめ定められた目標へ導いていく思想の活動は、運命の作用に似ている。既存の考えをいかに変更しても、研究の対象としていかに他の事実を選んでみても、またたとえ生まれながらの性向がどうであれ、わたしたちは、あらかじめ定められた意見からのがれることはできない。こうした強い期待が、真理と実在の概念にふくまれている。すべての研究者が結局は賛成することがあらかじめ定められている意見こそ、わたしたちが「真理」ということばで意味しているものであり、こうした意見によって表現されている対象こそ「実在」にほかならない。これが「実在」という概念を説明するわたしの方式である。」　（同書、九九頁）

第十五章　メタ倫理学

○倫理学とは何か

「私は、倫理学という語を、何が善であるのかについての一般的研究という以外、ともかくも他にいいようがない研究を意味するものとして用いようとしているのである。

倫理学はたしかに、善い行為とはなんであるか、という問いを問題にする。しかし、これを問題にする以上、何が善であるか、および行為とは何であるか、を示す用意がなければ、倫理学は明らかにその端緒にもつけない。」

（ムーア、深谷昭三訳『倫理学原理』三和書房、三頁）

○自然主義的誤謬

「たとえば、黄色を考えてみよう。われわれは黄色の物理的対応物を叙述することによって、黄色を定義しようとすることもできる。すなわち、われわれは黄色を知覚するためにはどんな種類の光の振動が正常な眼を刺激しなければならないかを述べることもできる。けれども、少し反省するだけで、そういう光の振動そのものは、われわれが黄色によって意味するものではない、ということがわかる。そのような振動は、われわれの知覚するものではない。（中略）

ところが、この種の単純な誤りが「善い」については普通に犯されているのである。（中略）倫理学は善いもののすべてに属するそういう他の特性が何であるかを知ることをめざしている。しかし、あまりにも多くの哲学者たちは、そういう他の特性の名を挙げるとき、実際に善いを定義しているのだと考え、こういう特性は事実まったく「他のもの」ではなく、絶対的かつ全面的に善さと同一のものである、と考えたのである。私はこの見解を「自然主義的誤謬」と呼ぼうと思う。そして私は、これからこの誤謬を片づけることに努めるであろう。」

（同書、一三～一四頁）

あとがき

今日、様々な場面で倫理が語られ、そして求められている。本書には、生命倫理・環境倫理・経営倫理・正義論が現代の倫理学の代表的部門として収められているが、「～倫理」と言われるものはそれだけではない。政治の倫理、情報・メディアの倫理など、今後ますます多くの場面で「倫理」が問題にされるだろう。

様々な場面で倫理が問題にされるということは、そうした場面で誰もが納得できる共通の価値基準が見あたらないからにほかならない。もし信じられる共通の価値があれば、ことさら倫理を問う必要はないだろう。共通の価値基準がなく、利害の衝突や様々な問題が起こるからこそ、「倫理」が問われるのだ。

かつては宗教が社会における共通の価値観を提供してくれていたが、今後もそれを期待することはおそらく困難であろう。ではどうしてそうした状況が生じたのだろうか。

倫理には、個人の生き方と社会の在り方という二つの側面がある、ともいえるだろう。もっとも、両者はまったく別のものではない。個人は社会のなかで初めて存在し、社会は個人の心に反映している。家族のなかでの私的な自己は、いまだ自立した個人ではない。家族から独立し、公共的な社会のなかに出て初めて自律した個人として存在できるのだ。それどころか、個人の心や人格は、もっぱら社会における他者との関わりによって成立するものにほかならない。

だが今日、共同体が解体するにつれて、個人と社会は乖離しつつある。「ニート」と呼ばれる、職にもつかず学校にも通わない自立できない若者の増加や、「ひきこもり」といった症例は、そうした今日の状況を象徴している。その結果として、社会から共通の価値が喪失し、規範意識が急速に失われつつある。その原因は、核家族化にあるのか、教育の荒廃にあるのか、それとも豊かさの逆説的帰結なのか。

他方、今日の世界とは、グローバリズムの拡大によって、あきれるほど恵まれた少数者と最低限の生活水準さえ維持できない多数の人たちの間の経済格差がますます広がりつつあるものだ。そうした唖然とするような不平等や格差を前にすれば、どんな倫理思想も色あせてしまうのだろうか。

例えば、かつてはもっぱら交換と貯蓄の手段であったお金が投資の対象となり、世界的な投機によって企業のみならず国家までもが破綻するといった事態も起きている。資本主義的な欲望のメカニズムが世界全体を覆いつつある。

われわれは、より豊かで便利な生活を求め、自分の欲望だけに忠実に生きればいいのだろうか。もしそうであるなら、そのときどんな世界が出現するのだろう。欲望が際限なく増大し拡大していった先には何があるのか。危機がそこにあることは誰もが気づきはじめている。貧富の差が拡大する一方で、他方では人口が爆発し、地球環境が破壊されれば、ビジネスはおろか、人間の生存さえも危うくなるからだ。

本書の「生命倫理」・「環境倫理」・「経営倫理」の箇所では、何が問題であるのかが扱われている。具体的に何が問題であるのかをまず知らなければならず、それを踏まえてどんな解決策が可能か、考えることもできるだろう。それに対して、社会のあり方を直接問題にするのが「正義論」の箇所だ。

本書の後半は、過去の主な倫理思想が扱われているが、それは単なる知識というだけでなく、現在の議論を十分に理解するうえで必須のものだ。たとえば、正義論という領域を切り開いたロールズの議論は社会契約説の現代版と考えることもできるし、生命倫理での自律尊重の原則の背景には、カントの存在を見ることができるだろう。もちろん、昔の価値観を現代の諸問題にそのまま適用することなど、あまり意味のあることではないだろうが、過去の倫理思想は何らかの示唆を与えるくれるかもしれない。

では、暴力沙汰にならずに、みんなが、何とか「地球」というひとつ屋根の下に暮らすには、どうすればいいのだろう。法というルールを定めて従えばいいのだろうか。たしかに法も最低限の倫理かもしれない。だが、法の内実を法で定めることはできないだろう。

偉大な知恵や英知が求められているのだろうか。たしかに、ある種の知恵が求められているのかもしれない。だが現在求められているものは、おそらく大したものではなく、誰もがすでに気づき始めている価値なのではないだろうか。先に共通の価値が失われつつあるといったが、共通の価値がなければ創り出せばよいだろう。ほかに方法はないからだ。もはや絶対の価値など誰も教えてはくれないからだ。創り出されるべきそうした共通の価値としては、「共生」や「環境」といったものを一応挙げることができよう。ほかにもあるかもしれないが、それは今後の課題としなければならない。

こうしたことを理解し考えることは、結局「よく生きる」ことを学ぶことだ。それに本書が寄与するところがあるならば、それは本書の存在価値といえよう。

最後に、ミネルヴァ書房編集部の田引勝二氏には、原稿の遅延などでご迷惑をかけたことをお詫びするとともに、全体の統一や語句の表記の確認、索引の作成など、本書実現にご尽力いただいたことに感謝申し上げたい。

二〇〇五年二月

編　者

《編著者紹介》

小坂国継（こさか・くにつぐ）

1943年　中国生まれ。
1971年　早稲田大学大学院文学研究科博士課程満期退学。
現　在　日本大学名誉教授。文学博士。
主　著　『環境倫理学ノート』ミネルヴァ書房，2003年。
『西洋の哲学・東洋の思想』講談社，2008年。
『倫理と宗教の相剋』ミネルヴァ書房，2009年。
『明治哲学の研究』岩波書店，2013年。
『近代日本哲学のなかの西田哲学』ミネルヴァ書房，2016年。
『鏡のなかのギリシア哲学』ミネルヴァ書房，2017年。
『西田幾多郎の哲学』岩波新書，2022年。
『道元の哲学』ミネルヴァ書房，2024年。

岡部英男（おかべ・ひでお）

1955年　長野県生まれ。
1988年　早稲田大学大学院文学研究科博士後期課程満期退学。
現　在　東京音楽大学音楽学部准教授。
主　著　『ライプニッツ読本』共著，法政大学出版局，2012年。
訳　書　ライプニッツ『人間知性新論』上・下，共訳，工作舎，1993，1995年。
ブーヴレス『合理性とシニシズム』共訳，法政大学出版局，2004年。
ベラヴァル『ライプニッツのデカルト批判』上・下，共訳，法政大学出版局，2011，2015年。
ライプニッツ『モナドロジー』共訳，岩波文庫，2019年。

倫理学概説

2005年４月30日　初版第１刷発行　〈検印省略〉
2024年３月10日　初版第14刷発行

定価はカバーに
表示しています

編著者　小　坂　国　継
　　　　岡　部　英　男
発行者　杉　田　啓　三
印刷者　坂　本　喜　杏

発行所　株式会社　ミネルヴァ書房
607-8494　京都市山科区日ノ岡堤谷町１
電話代表　(075)581-5191番
振替口座　01020-0-8076番

冨山房インターナショナル・新生製本

ISBN 978-4-623-04141-1

Printed in Japan

執筆者紹介（所属・執筆分担，担当順，＊は編者）

＊岡《おか》部《べ》英《ひで》男《お》（東京音楽大学音楽学部准教授，第１章，第６章）

＊小《こ》坂《さか》国《くに》継《つぐ》（日本大学名誉教授，第２章）

小《こ》阪《さか》康《やす》治《はる》（元郡山女子大学教授，第３章）

御《み》子《こ》柴《しば》善《よし》之《ゆき》（早稲田大学文学学術院教授，第４章，第８章）

兼《かね》利《とし》琢《たく》也《や》（早稲田大学非常勤講師，アテネ・フランセ講師，第５章）

八《はっ》田《た》隆《たか》司《し》（明治大学名誉教授，第７章，第９章，第13章）

高《たか》頭《とう》直《なお》樹《き》（兵庫県立大学名誉教授，第10章，第14章，第15章）

越《こし》部《べ》良《りょう》一《いち》（法政大学非常勤講師，第11章，第12章）

人名索引

あ　行

アイドース（Aidos）　283
アカデモス（Akademos）　117
アキレウス（Achil[l]eus）　105
アスクレーピオス（Asklepios）　247
アダム（Adam）　140
アダム・スミス → スミス、アダム
アナクサゴラス（Anaxagoras）　118
アポロン［アポローン］（Apollon）　113, 114, 247, 284
アリストテレス（Aristoteles）　3, 41, 73, 81, 82, 103, 122-128, 133, 136, 235, 276, 291
アリストパネス（Aristophanes）　112, 113, 149, 150
アルキビアデス（Alkibiades）　113
アレクサンドロス（Alexandros）　103, 122, 128
アンティポン（Antiphon）　112
イエス［イエス・キリスト］Jesus Christ［英・仏］（Christos［ギ］, Christus［ラ・独］）　104, 137, 139, 140, 193, 197, 215, 293, 294
井上泉　71, 77
井上達夫　91, 92, 99
ヴェーバー，マックス（Max Weber）　146, 147, 295
ウォルツァー，マイケル（Michael Walzer）　91, 96, 97, 281
エイヤー，アルフレッド（Alfred J. Ayer）　237-240
エピクテトス（Epiktetos）　135
エピクロス（Epikuros）　57, 129-131, 291
エマーソン（Ralph W. Emerson）　46
エラスムス（Desiderius Erasmus）　144
エーリック，P. R.（Paul R. Ehrlich）　55
エンゲルハート，H・トリストラム（H. Tristram Engelhardt, Jr.）　23, 27, 263, 265
オイディプス［オイディプース］（Oidipus）　175
オグデン（Charles K. Ogden）　240
オデュッセウス（Odysseus）　107
オリュンポス（Olympos）　283

か　行

カーソン，レイチェル（Racel Carson）　30-32, 265
カッドワース（Ralph Cudworth）　93
カリクレス（Kallikles）　112, 284
ガリレオ（Galileo Galilei）　144, 145
川本隆史　97, 99
カント，イマヌエル（Immanuel Kant）　42, 56, 84, 85, 92, 161-167, 171, 172, 230, 300
キケロ（Marcus Tullius Cicero）　60, 81, 144
キャラハン，ダニエル（Daniel Callahan）　38
キャリコット（J. Baird Callicott）　32, 35, 40
キルケゴール（Soren Kierkegaard）　189-194, 306
グラウコス（Glaukos）　282
グラウコン（Glaukon）　120
クリティアス（Kritias）　112, 113, 117
クレアンテス（Kleanthes）　135
ケパロス（Kephalos）　115
コペルニクス（Nicolaus Copernicus）　266
ゴルトン（Francis Galton）　10
コルボーン，シーア（Theo Colborn）　32
コロンブス（Christopher Columbus）　145

さ 行

サルトル（Jean-Paul Sartre） 189, 203-206
サンデル，マイケル・J.（Michael J. Sandel） 91, 93, 94
ジェームズ（William James） 228, 230-231
ジャクソン（Jennifer Jackson） 60, 73-76, 269
シュヴァイツァー，アルベルト（Albert Schweitzer） 46
シューマッハー，エルンスト・F（Ernst F. Schmacher） 56, 269
シンガー，P.（Peter Singer） 22, 27, 40, 42-44, 259, 265
親鸞 50
スティーブンソン，L（Charles L. Stevenson） 240-241
ストーン，クリストファー・D（Christopher D. Stone） 32, 47, 48, 267
スミス，アダム（Adam Smith） 93
ゼウス（Zeus） 57, 108, 110, 111, 132, 135, 284, 285
セネカ（Lucius Annaeus Seneca） 135, 292
ゼノン（Zenon） 131
セン，アマルティア（Amartya Sen） 91
ソクラテス（Socrates） 103, 106, 108, 113-118, 120, 127, 131, 133, 134, 185, 235, 286, 288
ソロー（Henry D. Thoureau） 46
ソロモン（Salomon） 138
ソロン（Solon） 108

た 行

ダヴィデ（David） 138
ダーウィン（Charles Darwin） 10, 266
チルドレス（James F. Childress） 26
ディケー（Dike） 81, 284
ディジョージ，リチャード・T（Richard T. De George） 60, 76, 270
テイラー，チャールズ（Charles Tayler） 91, 94, 95, 281
デカルト（Rene Descartes） 41, 57, 97, 143
デモクリトス（Demokritos） 107
デューイ（John Dewey） 228, 230-231
トゥーリー，マイケル（Michael Tooley） 22, 258, 263
トマス・アクィナス（Thomas Aquinas） 104
トラシュマコス（Thrasymachos） 112

な 行

ナポレオン（Napoleon Bonaparte） 168
西田幾多郎 50, 52
ニーチェ（Friedrich Wilhelm Nietzsche） 104, 207-211
ネス，アルネ（Arne Naess） 51-52, 268
ネメシス（Nemesis） 283

は 行

ハイデガー（Martin Heidegger） 189, 200-203
パウロ（Paulos） 215
パース（Charles S. Peirce） 228, 230, 316
ハチソン（Francis Hutcheson） 93
ハーディン，ギャレット（Garett Hardin） 54
パナケィア（Panakeia） 247
ハリソン，ルース（Ruth Harrison） 44, 266
パルメニデス（Parmenides） 117
ピコ・デッラ・ミランドラ（Giovanni Pico della Mirandola） 143, 147, 294
ビーチャム（Tom L. Beauchamp） 20, 26
ピーパー，アンネマリー（Annemarie Pieper） 98, 99
ヒポクラテス（Hippocrates） 4, 27
ヒュギエィア（Hygieia） 247
ヒューム（David Hume） 93
フィヒテ，ヨハン・ゴットリープ（Johann Gottlieb Fichte） 168, 169, 302

フォイエルバッハ（Ludwig Feuerbach） 217-220
プラトン（Platon） 109, 112, 117-122, 131, 136, 235, 285, 287
フランケナ，W・K（William K. Frankena） 83, 188, 276
フランチェスコ［フランシス］，アッシジの聖（Francesco Assisi） 46, 215, 267
プリチャード（Harold A. Prichard） 237
プリングル，L.（Laurence Pringle） 44
フロイト（Sigmund Freud） 104
プロタゴラス（Protagoras） 44, 111
ヘア（Richard M. Hare） 242-245
ヘーゲル（Georg Wilhelm Friedrich Hegel） 171-180, 220, 303
ベーコン（Francis Bacon） 41, 57
ヘシオドス（Hesiodos） 108-109, 141, 283
ペトラルカ（Francesco Petrarca） 144
ベルクソン（Henri Bergson） 207, 212-215, 312
ペリクレス（Perikles） 109, 110
ヘロドトス（Herodotos） 110
ベンサム，ジェレミー（Jeremy Bentham） 42, 43, 83, 182, 185, 186, 305
ホッブズ（Thomas Hobbes） 85, 145, 151-154, 296
ホメロス（Homeros） 105-107, 140, 282
ボールディング（Kenneth E. Boulding） 54
ポロス（Pholos） 115
ホワイト，リン（Lynn White） 41, 266

ま　行

マゼラン（Ferdinand Magellan） 144
マッキンタイア，アラスデア（Alasdair MacIntyre） 91, 93-96, 141, 280
マックス・ヴェーバー → ヴェーバー，マックス
マルクス（Karl Marx） 104, 219-224
マルサス（Thomas R. Malthus） 54
水谷雅一 60, 76, 270, 274
ミード，ジョージ・ハーバート（George H. Mead） 280
ミューア，ジョン（John Muir） 46
ミル，ジョン・スチュワート（John S. Mill） 83, 185, 186
ミル，ジェームス（James Mill） 185
ムーア，ジョージ・E（G. E. Moore） 235, 236, 238, 316
メドウズ（Dennis L. Meadows） 30, 54
メンデル（Gregor Johann Mendel） 10
モア，ヘンリ（Henry More） 93
森末伸行 82, 100

や　行

ヤスパース（Karl Jaspers） 189, 194-200, 307
ヤハウェ（Yahweh） 138
ユーイング（Alfred C. Ewing） 237
ヨナス，ハンス（Hans Jonas） 27, 38, 268

ら・わ行

ラーイオス（Laios） 284
ライダー，R（Richard Rider） 40
ラッシュ（Christopher Lasch） 52
リチャーズ（Ivor A. Richards） 240
ルソー（Jean-Jacques Rousseau） 85, 157-160, 299, 300
ルター［ルッター］（Martin Luther） 145, 146, 295
レイチェルズ（James Rachels） 20
レオポルド，アルド（Aldo Leopold） 30-38, 48, 53, 265
レーガン，T.（Tom Regan） 34, 40
老子 50
ロス（William D. Ross） 50, 237
ロック（John Locke） 21, 85, 154-157, 297
ロールズ，ジョン（John Rawls） 39, 80-99, 188, 245, 269, 276
ワーグナー（Richard Wagner） 211

事項索引

あ 行

か　行

さ 行

た　行

な　行

は　行

や　行

ら・わ行